All Voices from the Island

島嶼湧現的聲音

Denk ich
an Deutschland
am Main

蔡慶樺

美茵河畔思索德國

從法蘭克福看見德意志的文明與哀愁

在一座如同法蘭克福的城市裡，你所在處令人驚奇；
不停在此交會的異鄉人們，指向世界各地，喚起了旅行的欲望。

——歌德，《真理與詩歌》（*Wahrheit und Dichtung*）

目錄

序曲　當我在美茵河畔想起德國　9

文學之城　17

狂飆天才的誕生：歌德　21
歌德給當代德國的遺產——不可抹滅的德意志特質　33
我的家鄉是文學：文學教宗萊西—拉尼茲基　51
文學四重奏——帶著愛意又有點刻薄地讀書　61

大學之城　65

法蘭克福大學的光輝與黑暗　69

遲來五十六年的博士論文口試 81
德國大學的歷史自省 87
哲學與政治——大學焚書 95

社會學之城 105

阿多諾與班雅明——最後一個天才與被寵壞的孩子 109
聯邦共和國的黑格爾：哈伯瑪斯 125
從未過去的過去——「史家之爭」與納粹德國的罪責問題 143
哈伯瑪斯是納粹嗎？ 159

六八學運之城 167

革命之城，革命之年 171
對六八年的再思考 199

革命世代之城 217

法蘭克福學派兩代交鋒——阿多諾與克拉爾的師生矛盾 221
學運中的女性解放——番茄與胸襲事件 231
穿著籃球鞋的外交部長——左派青年費雪的政治路 247
成為自己想要成為的人——紅色丹尼與他的同代人 259
走過極端革命的年代——左派恐怖主義與赤軍團 271

醫學與科學之城 291

探詢遺忘之地：阿茲海默 295
疾病不是上帝的懲罰：埃爾利希 305
法蘭克福的數學家們 313
工業的陰影——一棟承載百年歷史與創傷的建築 325

正義與不正義之城 335

一道逆風的浪：紅色的羅莎．盧森堡 337
正義是我的義務：拒絕沉默的弗里茲．鮑爾 349
一堂為德國社會而上的正義課——法蘭克福大審 361
對人類真正的愛：平凡人辛德勒的不凡義行 371
他們選擇服從——第三帝國的外交官與戰後的外交官審判 377
人性是良心的準則——抗命的外交官們 395
沒有正義之戰——尼莫勒牧師傳頌全世界的那首詩 411

終章　一場在河畔的閱讀與追尋 425

序曲　當我在美茵河畔想起德國

二〇一二年某個上班日的早上，我將踏入辦公室時，一位同事在大門口抽菸，看到我便遠遠地喊著：「法蘭克福！」當下我便知道，自己將在幾個月後被派至法蘭克福，但當時並不知道，等待著我的是什麼樣的一座城市。

二〇一三年初，我來到美茵河畔工作、長居，直到二〇一八年夏天告別。這些年來，這座城市給予我的一切，比我原來所預期的多得太多。這座城市，有太多有故事的人曾在這裡生活。這裡所累積的生命故事與歷史厚度，絕不比世界上任何其他大都市遜色。而我的生命，也在與這座城市的對話中，愈來愈厚實豐富。

因為工作的關係，我認識了形形色色的法蘭克福人，大部分法蘭克福人都愛著這座城市，雖然他們對於這座城市也有各式各樣的批評，然而，基本上都還是地方愛國主義者（Lokalpatriot），也就是說，以一種如同愛著國家的心，愛著這座城市；甚至，比愛他們的國家更愛他們的城市。

某次，我與朋友在酒吧裡看足球，為法蘭克福和諧隊加油。在中場休息時朋友說，法蘭克福在德國人的心中形象並不太好，很多人覺得這並不是特別有吸引力的城市。如果你問德國人，是否來過法蘭克福，大部分人可能會告訴你，來過，但不算真的來過，因為他們都只認得機場。此外，許多人也認為法蘭克福是罪惡的城市，賣淫、毒品、賭博、竊盜等罪行塑造了這座城市的醜惡面貌。當然他們有道理，這裡在統計上始終是德國犯罪率最高的地方，但我們還是為法蘭克福抱不平，法蘭克福確實是這樣，但法蘭克福不只是如此，還有更多的面貌等待探索。於是，我有了這個想法：來寫一本談法蘭克福的書，談這裡的人、歷史、思想、政治、文化。

但這本書不只關於法蘭克福，而是透過這個美茵河畔的都會，去看百年來的德國歷史。這個城市裡會發生過的正義與不義之事，那些宿命，那些鬥爭，正是這個國家的縮影。要理解這個國家，不可能避開法蘭克福。

於是便有了這本法蘭克福之書，這本在美茵河畔談德國之書。

法蘭克福是屬於全世界的城市。不只因為這裡有五成市民來自外國或是移民第二代，不只因為歐洲央行及全球的大銀行都在此，還因為這裡產生了影響全世界的文化力量。法蘭克福之子歌德留下的文學遺產，是德國、歐洲，以及世界文化史的瑰寶。百年來法蘭克福大學所培育的思想家們，也影響西方學術發展的走向。哲學家哈伯瑪斯在此寫了他大部分的作品，堅持民主憲政的價值，從哲學角度論述歐盟的價值，並永不停歇地對抗保守主義與任何政治激進主義。為了感謝這座城市，他甚至將其手稿與藏書都捐贈給法蘭克福。

法蘭克福也是屬於全德國的城市。法蘭克福曾有機會成為聯邦共和國的中心。戰爭剛結束時，西德政治家與人民討論如何重建德國的一切，包括建都。當時首都的候選名單上有四個：卡塞爾、波昂、法蘭克福與斯圖加特，柏林因為被社會主義勢力包圍，不可能做為首都。這四個城市裡，卡塞爾被全面炸毀，比法蘭克福更處於廢墟狀態；斯圖加特的財政相當困難，近乎破產。真正被認真考慮的城市只有法蘭克福與波昂。法蘭克福的財力、地理位置、腹地都是一流，當時的市政府也開始著手規劃未來首都設於此地時必須發展的基礎建設，而當時像個鄉村、現在仍像個鄉村的波昂——法蘭克福人認為，其唯一的優勢就是聯邦總理阿德諾在那裡有個小房子。

因此，在討論首都地點時，基民黨支持波昂，社民黨支持法蘭克福，而黑森邦的基民黨也支持法蘭克福，形成兩城對決的局面。最終，老總理還是發揮了影響力，讓波昂成為聯邦共和國首都。可是對於法蘭克福人來說，即使不是政治中心，銀行使這裡成為金融中心、大學使這裡成為學術中心，美茵河畔的這個國際都會才是他們心中真正的首都。

然而，也有一些法蘭克福人在這座城市表達了他們的恨。那是法蘭克福的六〇年代。那個年代在德國興起的新左派，以西柏林及法蘭克福為重心，發動了一場席捲全德的學生運動。這場運動，不只是政治改革的呼聲，還是自我思想、生存方式的革命，以及對上一代的價值觀及歷史觀發出的挑戰。其影響之大，即使在五十年後的今日，人們還是無法忘記那個夏天所發生的一切。

一九四五年戰爭結束後，存活下來的德國人被稱為四五世代，他們戰後唯一的目的就是重拾正常生活，在英美法蘇占領下，拋棄國家主權，從零點（Stunde Null）開始重建一個國家；他們不願提起戰前的一切，他們的下一代在戰後的成長過程中，不曾在學校教育或家庭飯桌上知道那一段歷史。法蘭克福的哲學家霍內特（Axel Honneth）稱那段時間為「你不問，我們不說」，或者如另一位哲學家呂博（Hermann Lübe）所說：「以緘默做為溝通」（Kommunikatives Beschweigen），以使自己順利地從第三帝國的子民轉化為共和國公民。[1]

可是，真的能那麼順利嗎？你不問，我們不說，答案就能自動浮現嗎？政治思想家漢娜．鄂蘭於一九五〇年回到放逐她的祖國時，見到崩壞的戰後德國，以及崩壞的戰後德國人。她在〈來自德國的報導〉（Bericht aus Deutschland）中寫著，她看到「有生命的鬼魂」四處遊蕩。這個敘述如此傳神，那徒有生命的活死人在戰後的廢墟流竄，背負著難以擺脫、也不願擺脫的戰爭之罪，只想沉默地安度餘生。

可是到了六〇年代，那些上大學的人是希特勒政權將垮、或者終戰後才出生的，他們是乾淨的一代，但卻在轉型正義未被徹底實踐的情形下，必須一同背負納粹罪名。上一代雖然不說，但他們終究提出了尖銳的質問，德國所犯下的那些錯誤，誰應該負責卻又沉默了。在這樣尖銳的質疑中，青年們不願意沉默，許多人走向了左派道路。

這六〇年代的世代，希望克服之前的歷史，讓一切重新洗牌，青年們反抗的不只是全球資本主義化，還針對德國未能處理的納粹過往發出憤怒之聲。學生們衝到教授面前，怒吼「長袍之下，腐朽千年」（Unter den Talaren – Muff von 1000 Jahren），表達他們對上一代、尤其是其政治錯誤的不滿。納粹官方宣傳語中，常稱第三帝國為「千年帝國」（Tausendjähriges Reich），這個「千年帝國」雖然只存在了十二年，可是給戰後的德國留下無限傷痛。六〇年代青年認為他們成長在上一代的謊言裡，一切都必須被質問。

六〇年代的反抗不只是對德國罪責的歷史問題之反省，還是對自身存在意義的重新思考。一九六四年，哲學家馬庫色（Herbert Marcuse）在美國出版了《單向度的人》（*One Dimensional Man*），三年後在德國出版德文版。他將那個進入工業與資本主義高度發展的時代定義為技術統治的時代，量化的、實證的、科技的思考主導了當代人，可是對於社會的根本問題，沒有人再想尋求答案——馬庫色稱之為「單向度思想」。在這種思想模式中，當代人以單面向方式生活，對於資本主義帶來的貧富不均與剝削、消費社會如何全面性地控制人類生存方式，全無警覺或抵抗之心，甚至樂意成為這種單向度社會的一員。

六八世代的青年們要面對的就是這樣的時代。他們經歷了德國戰後快速重建、經濟成長的年代，他們的父母們經歷過戰爭，不願面對戰爭罪責問題，只希望冷處理納粹那十二年，在經濟發展中尋求國家的出路；可是一九六七年這本書在德國問世後，學生們開始不滿自己活在一個讓人窒息的社會。他們不再願意留在單向度的生命裡，想在那個充滿鬱悶之氣的年代找到新的可能。他們質問上一代，挑戰上一代的一切政治決策：越戰、帝國主義、殖民主義、冷戰，對納粹過往的沉默。

甚至女性也在這個時代尋找新的定位，不只對上一代人，也對同代的其他男人。在德國，墮胎始終非法，女人的身體由大部分是男人的國會議員決定；一直到一九六二年，女性才被允許在銀行開設自己的戶頭，之前必須有父親或先生的同意，而一直到一九六九年，才被允許自己開店、開公司。那個年代，女人首先是誰的女人，然後才是女人。就在這樣的不滿中，許多女性參加了六〇年代的運動，推動男性也推動的改革，但也推動男性不在乎的改革。

這場運動改變了許多人的生命，也改變了一個國家，可是究竟是變得更好或者更糟？迄今難有一致的結論。七〇年代，對社會的反抗逐漸脫離學生運動的性質，走向激進的恐怖主義。赤軍團分子告別了六八世代的理想性，認為再怎麼上街抗議都不可能改變得了這個與資本主義成為共犯的國家，只有透過武裝革命才能徹底打破體制，重造理想世界。於是德國經歷了一個暴力的年代，當時留下的傷痕，到今日都還無法完全癒合。

而法蘭克福在那革命的年代扮演了關鍵的角色，相對於波昂做為西德的首都，六〇年代的法蘭克福被暱稱為「反叛的首都」（Gegenhauptstadt），無數的抗議者來到這座城市，一個個傳奇的學運領袖如克拉爾、孔恩－本迪、費雪等人，讓法蘭克福成為當時德國、甚至歐洲反抗的重地，社會主義大學生聯盟便以法蘭克福為學運的基地。他們選擇以法蘭克福為起點，改變這個國家。

為什麼是法蘭克福？一方面這裡傳統上是金融區，正是最代表高度資本主義發展的地方，當然也是集結許多資本主義社會批判者的地方；而法蘭克福地區的美國總領事館、中情局德國總部、美軍歐洲總部等等代表著美帝主義的機構，也成為左派學生們示威抗議的標的；此外，這個相當國際化的都市，也提供了國際左派串聯的便利環境；德國最重要的出版社都設在這裡，為青年們提供了知識養分；更重要的，六〇年代國際人文社會科學界，新左派崛起，法蘭克福學派在社會批判的強大話語權，吸引了無數想要從新的左派角度認識、批判並且改造社會的青年人。這個城市與批判的思想緊緊相連。

一九六八年的動亂之年，一個又一個法蘭克福人衝向街頭，後來又離開了街頭。當年他們所為之奮鬥的那個更好的社會，是不是來臨了？我未在這個時代見到希望，我看到的是一個各種壓制形式更幽微、更難抵抗的單向度時代。但即使如此，在那些令人心灰意冷的時刻裡，總是會有人挺身而出。本書所敘說的法蘭克福與德國，不只有毫無希望的事，也有希望，有為人性保留火種之義行。那些勇敢的人們，在法蘭克福為這個迷亂世界指路。

一九四五年，法蘭克福被盟軍轟炸，九成以上成為廢墟，當時沒有人想到今日能夠重建成美茵河畔的現代都會，正如沒有人能想像在道德虛無的困境中，德國如何重新回到正常的國家。但一切終究會過去，在經歷那麼多苦難後，仍應樂觀活下去，這是法蘭克福教會我們的事。一如《單向度的人》一書結尾所引用班雅明的話：「正是為了那些毫無希望的事物，我們才被賦予希望。」（Nur um der Hoffnungslosen willen ist uns die Hoffnung gegeben）

注釋

1 Axel Honneth, Intellektuelle Biographie, in Hauke Brunkhorst, Regina Kreide und Christina Lafont (Hrsg.), *Habermas-Handbuch*. Stuttgart 2009. S. 1.

文學之城

法蘭克福是一座文化底蘊深厚的城市。在這裡舉辦的書展已有五百年傳統，書展主辦單位稱法蘭克福是「思想的世界首都」（Die Welthauptstadt der Ideen），雖是稍嫌誇張的自傲，但考量這座城市幾百年來承載著歐洲知識的流通與出版，並因此吸引出版業、創作者、思想家在此落腳，不能不承認這樣的自傲確有幾分道理。

法蘭克福廣場上矗立的歌德（Johann Wolfgang von Goethe）雕像，點出了這位法蘭克福之子為他的家鄉所確立的文學地位；而他旁邊的雕像，是西方活字印刷術的發明人古騰堡（Johannes Gutenberg），他也住過法蘭克福，並在法蘭克福印製重要作品。古騰堡的雕像旁還有福斯特（Johannes Fust）與謝符爾（Peter Schöffer），他們與古騰堡一起印書，沒有這幾個人，古騰堡聖經將無機會問世，西方文化世界將不是我們今日見到的這個模樣。

而德國最重要的出版人，幾乎都選擇法蘭克福做為戰場。例如出版業知名的紹爾冷德（Sauerländer）家族，幾百年來在此出版了雨果（Victor Hugo）、布希納（Georg Büchner）等文學經典；蘇爾坎普出版社（Suhrkamp）在此為戰後的德語區貢獻無數文學理論與哲學作品；在蘇爾坎普任職編輯多年的修弗林（Klaus Schöffling），於兩德統一後在法蘭克福另設修弗林出版社，挖掘無數新秀作家，豐富了當代德語文學的面貌；校園出版社（Campus）的政治學、史學、經濟學、哲學等批判性理論之作，盤據了每個德國大學生的書架；費雪平裝書（Fischer Taschenbuch）將托瑪斯・曼（Thomas Mann）、德布林（Alfred Döblin）等一流文學家推廣到大眾閱讀市場；倘無維多里歐・克羅斯特曼出版社（Vittorio

Klostermann），則德國哲學影響世界的力量將不會那麼巨大，在此創立的二〇〇一出版社（Zweitausendeins），其平價藝術與文學系列叢書，餵養了戰後西德饑餓的心靈。此外，《法蘭克福廣訊報》（FAZ；Frankfurter Allgemeine Zeitung）做為德國最重要媒體之一，其副刊版也主導了德語世界的文藝走向。

在幾個重要的法蘭克福出版社、法蘭克福市政府與大學合作下所創辦的「法蘭克福詩學講座」（Frankfurter Poetikvorlesungen），也已成為文學界的盛事。自一九五九年起，包括諾貝爾文學獎得主在內的德語區一流作家，每年在大學舉行公開課程，學生與市民們擠滿最大的講堂，聽這些文學家或評論者述說創作理念、手法，以及文學與社會的關係。迄今近七十位講者，已使這個講座成為文學史上的重要事件，也把法蘭克福推向藝術與思想的最前線。

此外，很多人不知道，德國國家圖書館並不在首都柏林，而是在法蘭克福。或確切地說，德國有兩座國家圖書館，分別位於萊比錫與法蘭克福，萊比錫與法蘭克福的圖書館分別從一九一二年及一九四六年開始蒐藏德國出版品，在冷戰時期為兩個國家保存文獻，百年來所有的德國作品都必須提送國家圖書館，今日藏書已達三千多萬冊，也因此獲得「國家的記憶」（Das Gedächtnis der Nation）之名。而擁有國家的記憶的法蘭克福，因此也在文學中擁有特別的高度，因為那是象徵德國創作能力的聖殿。

法蘭克福就是這樣擁有強大文學力量的城市。以文學做為起點來理解這座美茵河畔的城市，以及理解德國，正是一條能看到最好風景的道路。本篇書寫在此成長、寫作的歌德，以及被文學力量吸引而來的文學評論教宗，如何形塑了法蘭克福的面貌。而歌德在此留下的遺產，又以什麼方式影響了德國的政治與歷史風貌。每每行過歌德故居、圖書館、大學或那些出版社的所在地，我總覺得，那些文學身影仍在這座城市的巷弄中徘徊著，與當代人一起構成了這個國家的記憶。

狂飆天才的誕生：歌德

歌德與法蘭克福

法蘭克福是文學的城市，是歌德的城市。

說到法蘭克福，很多人的第一印象是，那是個國際金融城、那是個航空城。法蘭克福人也常自稱其城市為「銀行克福」（Bankfurt）或者「美茵哈頓」（Mainhatten），以彰顯其如同曼哈頓一樣的金融特色。然而這個城市並不全然那麼俗氣，這裡也是文學的城市。

法蘭克福販售最昂貴名品的道路，就叫「歌德街」（Goethestraße）。歌德街就在歌德廣場（Goethe-platz）旁，廣場上豎立著歌德的塑像，周遭是華麗雄偉的各大銀行建築及購物區。從辦公室到市立圖書館的路上，我必須騎車經過瑞士銀行大樓、德意志銀行大樓、商業銀行大樓、歌德街，穿越無數西裝筆挺的銀行家，穿過購物人潮，在購物街的另一端進入市立圖書館。一路上可以看到金融、商業與文學自然而然地融合在法蘭克福街景，看到法蘭克福的多樣姿態。

法蘭克福在那麼財金商業的氣氛中，能夠融入文學，不能不歸功於世界文豪歌德。他出生的故居就在法蘭克福鬧區小巷中，我多次到歌德之家，總能見到世界各國的遊客慕名而來。歌德自己這麼寫著：「一七四九年八月二十八日，中午鐘響十二聲，我在法蘭克福來到這個世界。」這個現址Großer Hirschgraben 23-25號的住所，是法蘭克福最好的城市行銷利器，幾百年來為法蘭克福帶來文學之城的榮耀；可惜歌德故居在二戰時被炸毀，戰後以當年的樣子重建。

訪客可以看到一個標準的富裕家庭，房子不大，但房間很多，包括廚房、畫室、音樂間、書房等等，以及許多當時流行於中產家庭間的擺飾，例如天文鐘、戲偶劇院等，當然許多拉丁文藏書也是那個時代受過教養的市民階級的必要收藏。歌德在此度過童年與青少年時光，直到中學畢業坐上馬車離開家鄉，遠赴萊比錫大學讀書。

大學畢業後，歌德去了史特拉斯堡深造，後又回到法蘭克福。他一心只想從事文學創作，但他的父親認為這是浪費時間、不切實際的夢想，堅持利用關係把他送到法蘭克福郊區一個叫韋茲拉爾（Wetzlar）的小鎮的帝國法院上班。

帝國法院

帝國法院（Reichskammergericht）成立於一四九五年，是德意志神聖羅馬帝國（Das Heilige Römische Reich Deutscher Nation）最重要的法律機構之一，如同今日的聯邦憲法法院對德國的意義。帝國法院原設在沃爾穆（Worm），後遷移至史拜爾（Speyer），最後移至韋茲拉爾。

這個今日名不見經傳的小鎮，現在也只有五萬多人，幾百年前當然更少。為什麼在這個小地方會設立帝國法院？這有非常特殊的歷史原因。中世紀時，在羅馬帝國領土上有一條橫貫歐亞大陸的皇家之路（Via Regia），從西班牙的聖地亞哥—德孔波斯特（Santiago de Compostela）延伸到莫斯科。相傳耶穌十二門徒之一的大雅各安葬於聖地亞哥—德孔波斯特，使得這條皇家之路成為朝聖者之路。無數朝聖者虔誠地踏在皇家之路上，活絡了整個歐洲大陸甚至東西方的文化交流。

皇家之路也是重要的「貿

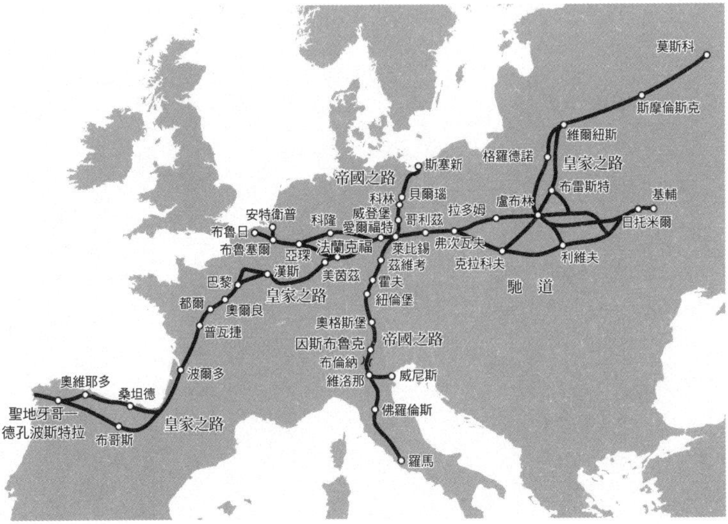

從聖地牙哥德孔波斯特通過巴黎、法蘭克福、萊比錫直到莫斯科的皇家之路，是無數朝聖者踏上的長途，也把歌德送到萊比錫讀書，並連接了俄羅斯，使俄羅斯也參與了歐洲文明的發展；而由北到南經過萊比錫、紐倫堡、佛羅倫斯直到羅馬的帝國之路，不只因為連接了羅馬而成為宗教意義與政治意義的朝聖道，還因為將北方帶向文化鼎盛的文藝復興之都，而成為無數文學家與藝術家的「壯遊」道，歌德便曾踏上帝國之路，赴羅馬居住了三年。

易之路」(Handelsstraße)。這條貿易之路在日耳曼人的大地上，連接了法蘭克福與萊比錫等重要城市——也因此歌德當年才能遠赴萊比錫讀書。這條路是維繫帝國的重要命脈，也使得路上連接的各個城市享有與其他諸侯治下城市不同的地位，部分城市甚至擁有鑄造自己錢幣的特權。法蘭克福與萊比錫就因地理之便，崛起成為德國重要商業城市，幾百年來一直是最重要的展覽之城，這兩個城市從中世紀以來舉辦的書展，到今日仍是全球文化界的聖地。

而位在這條皇家之路上的韋茲拉爾，就在這樣的歷史背景下有著不可忽視的重要性——即使今日已被完全遺忘。來自德意志領土的菲特烈一世皇帝（Friedrich I Barbarossa，知名的紅鬍子），於一一八〇年頒布命令，賦予韋茲拉爾與法蘭克福市一樣的「帝國城市」(Reichsstadt) 地位，直接受神聖羅馬帝國管轄保護。因此韋茲拉爾在十四、十五世紀時，已吸引不少外來人口，居民超過六千人，直到馬丁・路德揭起宗教改革大旗，不同教派在歐洲大陸上捲起的三十年戰爭波及韋茲拉爾，使居民數銳減到千餘人。

三十年戰爭結束後，韋茲拉爾休養生息，逐漸恢復。一六八九年神聖羅馬帝國決定把帝國法院搬離因戰爭被法國人摧毀的史拜爾，一六九三年正式落腳於韋茲拉爾，直到帝國在十九世紀初因拿破崙戰爭而垮臺前，這裡一直是帝國的司法中心。當時這個城市居民約有六千人，近四分之一是帝國法院人員及家屬。歌德於一七七二年來到韋茲拉爾，成為其中一人——有意思的是，歌德的祖先封・佩登豪森（Johann David Seip von Pettenhausen，法學博士）在十七世紀時也是當地的市政委員及望族，其外曾祖父（另一個法學博士）也曾任職於帝國法院，因此歌德在這個城市其實有非常多的遠親，與這個城市甚有淵源。

在德國電影《歌德！》（*Goethe!*）中，一開始就描述出身法學世家的歌德，在萊比錫大學讀法律時，完全無心於課業，只想奉獻心力給文學，後來在法學考試上失敗，黯然回到家鄉。不過，在開設律師事務所的父親約翰・卡斯帕・歌德（Johann Kaspar Goethe，又一個法學博士！）堅持之下，歌德還是去了史特拉斯堡大學繼續讀法律，取得法學教師資格（Lizentiat des Rechts; lic. iur），這個學位在近代被視為碩士，但在中世紀時等同於博士，因此歌德終於符合父親的期待，成為法學博士。歌德博士先生於是在畢業後回到法蘭克福，並由父親透過關係，舉薦到帝國法院實習。

這位法學博士對法律依然沒什麼熱情，他在這個城市的法律工作乏善可陳，只在那裡待了四個月，但那個夏天卻使韋茲拉爾在世界文學史上留下浪漫的身影，因為歌德在此寫下了第一部小說：《少年維特的煩惱》（*Die Leiden des jungen Werthers*）。

狂飆於理性之外

這本小說是萊比錫的出版人維剛（Johann Friedrich Weygand）慧眼獨具的作品。當時年輕的歌德剛剛在一七七四年自行出版了戲劇作品《戈茨・馮・貝利辛根》（*Götz von Berlichingen*），小有名氣，維剛想找尚未被市場注意的潛力作者，便寫信到法蘭克福，問這位不務正業的法律人，是否還有什麼類似的手稿可以交給他出版，於是歌德寄去剛剛寫好的小說初稿。就這樣，一位轟動歐洲的文學家誕生，那年，歌德才二十五歲。

《少年維特的煩惱》為什麼這麼轟動？這是一個愛情悲劇，因為歌德為真正美好的事物設下了一個唯一的標準：愛。這是一種唯美的情感，追求愛的人對於這種情感的渴望超越一切世俗的規範，除了愛，什麼都不算數。這種態度震驚了當時歐洲貴族多年建立的禮教社會。

歌德之前的中世紀文學並不重視文學本身的價值，而強調文以載道——文學提供的並不是娛樂或藝術內容，而是道德倫理價值。傳統的文學觀主張，文學是一種傳播社會共同價值的工具，而非藝術。另外，除了文學內容外，當時對於文學的形式也多遵循著亞里斯多德希臘悲劇的傳統，對於劇情安排必須遵循一定的規則。

但是這種對文學的要求，到了十八世紀中期之後產生了革命性的反對思想：一股被稱為「狂飆突進運動」(Sturm und Drang）的文學思潮誕生了。這個運動重視的不是道德或社會規則，而是強調文學本身即有其價值，毋須做為承載其他東西的工具；文學天才們，擁有創造自己獨特文學規則的能力與例外性。

這個狂飆突進運動有其思想發展背景。在文藝復興及人文主義打下的基礎上，十八世紀的啟蒙運動為歐洲精神文化帶來巨大的進步，這個運動來自英格蘭及法國，但德國後來也跟上此思潮，康德就定義啟蒙為「人類擺脫自己造成的不成熟狀態。不成熟狀態也就是：個人在無他人領導下，就不能使用理性的無能」。這是一個對於人類使用理性能力無限樂觀的宣言，強調人類單憑自己的勇敢使用理性，就能走向不斷進步的道路。而在狂飆突進運動中，在十八世紀尾聲，德意志大地上的文化界誕生了幾位年輕的天才——其中最具代表性的就是席勒（Friedrich Schiller）與歌德——在密集的幾十年裡以不可思議的質與量出版無數經典著作，鍛造了一段文學之天才時代（Geniezeit）。

翻開德國這段文化史，不能不讚嘆，也許我們真的不能不承認某種更高的存在者確實掌管著世界，在十八世紀下半葉時，這位存在者突然決定，讓這麼多天才同時在德意志的土地上綻放光芒。如果不是某種超越自然的因素，我們很難解釋，為什麼幾十年間德語世界文化突然如煙花般奪目絢爛——除了文學，當時也是德國哲學的黃金時期，從康德、費希特（Johann Gottlieb Fichte）、賀爾德（Johann Gottfried Herder）、謝林（Friedrich

《少年維特的煩惱》一七七四年首版，由萊比錫的維剛出版社（Die Weygandsche Buchhandlung）發行。這是歌德第一個合作的出版社，出版了非常多狂飆突進運動的作品，在德國文學史中非常重要。在首版封面尚可以看出，因為這本小說的驚世駭俗，作者以匿名方式出版。　（Foto H.-P.Haack /Wikimedia Commons）

Wilhelm Joseph von Schelling）到黑格爾，在短短幾十年內構築出的觀念論哲學王國，向世人昭示了德國文化的深沉與壯麗。

什麼是天才？今日我們認為是智力超群的人，但在幾百年前的歐洲，對於天才的定義與今日意涵不同。「天才」的拉丁文 Ingenium 原本的意思是：獨特的特質、與生俱來的天賦、幻想、銳利的洞察力。德語接收了這個拉丁文字彙，也保留了這些意義。狂飆突進運動的文學天才們，就兼具這些特質，他們繼承了啟蒙對人類天賦的信心，但在理性之外，更強調感性與激情；他們沒有循規蹈矩的特質，他們的能力不在維繫社會，而在呈現人類無比豐沛的情感——那些我們都能在自己內在感受到的激情，但卻無以名之，直到這些天才的作品出現，我們才驚嘆，他們描述的就是我們壓也壓不住的那些感受與躁動。

人們總以為日爾曼人冷靜，甚至冷酷，可是在歌德的筆下，我們可以看到絕不冷靜的日耳曼人。冷靜與激情構成了日耳曼人的兩張面孔，激情卻又能在秩序中生活，這是這個民族、這個國家奇特、卻又以某種和諧方式存在的矛盾。或者說，天才們在深沉的理性中呼喚著情感與自由，並感染了所有同時代的人。在這個背景下，可以想像《少年維特的煩惱》是搭著一股激情的、反對理性與規則的思想浪潮，被散播到全歐洲。因此這本書的成功，不只是一本書的暢銷，也是這個文學運動、這個天才時代的紀錄。

洛蒂，要過得幸福哪

在這個思潮下，歌德出版了這本書信體的愛情小說，敘述自己在帝國法院實習時愛上韋茲拉爾城內一位少女洛蒂（Lotte）的悲劇。之所以是悲劇，不只因為洛蒂也與歌德的上司訂婚，也因為歌德在小說的結尾，加入了他在萊比錫大學法律系的同學、也是一起在帝國法院任職的朋友耶路撒冷（Karl Wilhelm Jerusalem）的真實故事——一七七二年十月二十九日，耶路撒冷在一段與有夫之婦痛苦無比的戀情失敗後，在現在位於韋茲拉爾席勒廣場五號（Schillerplatz 5）的房裡舉起手槍，結束了自己二十五歲短暫的一生。一夜搶救無效，隔天宣告不治。

小說主角維特也在耶誕夜後，想到自己失敗的愛情，哀戚欲絕，響過十二聲鐘聲的午夜裡，他寫下遺書：「洛蒂！洛蒂，要過得幸福！要過得幸福哪！」（Lotte! Lotte, lebe wohl! Lebe wohl!）然後便舉槍自殺。這三個句子，先呼喚了愛人的名字，再幽幽地喚她：我將永別了，此後無我的人生，妳一定要過得好。困於愛情中的少年，情緒在最高點處被引爆，生命在此結束。讀者莫不跟著悲嘆。

真實世界裡的歌德當然沒有自殺。他所認識的那個少女，全名叫夏洛蒂・索菲・亨列特・布夫（Charlotte Sophie Henriette Buff），出生於一七五三年，小歌德四歲。因為母親早逝，夏洛蒂必須負起照顧父親及弟妹的責任，而父親也因為家庭的重擔，希望夏洛蒂嫁給歌德的上司克斯特納（Johann Georg Christian Kestner）。

雖然歌德瘋狂地愛上這個上司的未婚妻，但是夏洛蒂與克斯特納還是於一七七三年結婚，後來兩人離開了韋茲拉爾，到克斯特納的故鄉漢諾威，在那裡生養十二個小孩並終老。一八〇〇年克斯特納去世，夏洛蒂一八二八年才去世。一八一六年，小說出版四十幾年後她去了威瑪，拜訪當時已是世界文豪的歌德。這一段重逢故事，後被托馬斯・曼（Thomas Mann）寫成小說《洛蒂在威瑪》（*Lotte in Weimar*）。在托馬斯・曼的描述裡，這對年輕時的情侶在老年的重逢並不如預料中浪漫，歌德並不想重回年少時的情境。而事實上歌德確實也對重逢沒有太大喜悅，當天的日記裡他這麼冷靜地寫著：「中午時，里德爾斯與來自漢諾威的克斯特納夫人來訪。」

雖然舊情早已逝去，但當年歌德確實深深愛著洛蒂。在情人與上司結婚後，歌德傷心欲絕，結合前一年耶路撒冷自殺事件，寫成了《少年維特的煩惱》，這本激情與悲哀之書，於一七七四年首次以佚名的方式在萊比錫秋季書展出版，立刻造成轟動。這個無名作者，在自己的失戀故事結尾處寫進了這段悲劇，在全歐洲丟下一顆炸彈——文學竟然呈現了完全不重視禮教倫理的狂野情緒，甚至歌頌非理性、允許為了激情結束自己生命，對於那個僵化的、市民封建的傳統社會給出一記重擊。這是對啟蒙的批判性的繼承，甚至是革命，把啟蒙直接推向了狂飆突進，也使歌德一夕間成為德語文學界最知名的作者，當時幾乎人手一冊，甚至引起一些為感情所困的青年仿效，踏上自殺之路。

小說如此成功，一個很重要的原因當然是歌德的文筆實在太好，以熱切的文字寫出自己的愛情故事，文句間極具感染力——歌德說他是用「內心之熱血」（mit dem Blute meines Herzens）、全面釋放其能力與感受疾書寫成的。可是另一個原因，也是這本書在一個對的時機出現，在人們急於尋找文學作品表達感受的時刻——在那個惺惺作態的禮教文明世界裡，多少人有著如維特一樣的生命與感情問題，卻不知如何宣洩？後來歌德在其自傳《詩歌與真理》（*Dichtung und Wahrheit*）中說，這本小說能取得這麼巨大的成功，是因為剛好在一個正確的時代被催生出來，這本小說受這個時代裡的那些年輕讀者們所喜愛，因為這本小說不試圖去贊同、批判什麼，而是提供讀者激烈的情感迸裂點。歌德說的，當然就是狂飆突進的時代精神。

對於愛絕不妥協的追求，也許是歌德的文學兩百多年來留給世人最大的狂飆突進精神。每次我騎單車穿越歌德街，經過歌德廣場，看到那尊俊朗的文豪雕像時，總會想，在這廣場上每天來來去去的眾生，有多少位少年維特？多少個深夜裡無法克服憂傷的苦情男女？這兩百多年來，我們讀了這麼多愛情小說、這麼多感情指南，我們比起歌德，更知道愛情是什麼嗎？更能瞭解自己的情緒嗎？

歌德給當代德國的遺產——不可抹滅的德意志特質

歌德字典

一九四六年十二月十二日，德國被解放僅僅一年多，仍在廢墟狀態的柏林市中心，柏林德意志學術院（Deutschen Akademie der Wissenschaften zu Berlin，即後來的東德學術院〔Akademie der Wissenschaften DDR〕）決議，由知名的古典語言學者夏德瓦特（Wolfgang Schadewaldt）主持一項不可能在一個世代內完成的大型研究計畫：「歌德字典」（Goethe-Wörterbuch）。

這個字典編撰計畫將收錄所有歌德著作中的字彙。做為一個寫作能力與熱情都超越常人的作家，歌德創造了幾百年來都難再有人望其項背的大量文字，這些文字聚集成了一個獨立的文本世界。在這個世界裡，詩人以現代的德文寫作，卻又為現代德文帶來無盡的創新。從十九世紀開始，德國文學界一直有呼聲，盼能夠整理歌德的所有作品，編輯出一套能完整交代其詞彙脈絡的字典，可是這工作實在太複雜，遲遲未被實現，直到二次大戰結束，終於開始了這項計畫。

夏德瓦特決意編撰一套《歌德字典》，蒐羅並注釋所有歌德使用的德文字，以及他在何種脈絡下使用這些字、不同脈絡中又有何意義差異——每一個字！——德國從一八八七年到一九一九年間，以極大的毅力與三十多年的時間，編輯完成歌德全集共一百四十三卷。而這字典計畫就是預計整理歌德建立的浩瀚文字世界，可想而知，這必然是德國戰後文學史上最浩大的工程。

因此，柏林德意志學術院最後必須與哥廷根學術院（Akademie der Wissenschaften zu Göttingen）及海德堡學術院（Heidelberger Akademie der Wissenschaften）合作，召集兩德一流的日爾曼學及語言學學者才得以進行。但因為工程太過浩大，預計須到二〇二五年才能完成——如果一切順利的話。

這是歷史的弔詭，在威廉帝國時代德國國力最強，在威瑪共和時代文藝鼎盛，卻都無法產生一套歌德字典。為什麼在那個人們吃都吃不飽、只能睡在廢墟中的困苦年代，德國要耗費如此大的心力進行這個文學工程？被夷為平地的日爾曼大地，最需要的難道不是科學工程，讓國家加速完成重建嗎？

因為德國才經歷了十二年的黑暗，經歷了絕對的道德與文化崩壞，戰後，德國將走向哪裡？主導國家重建的那些德國掌權者們必須在硬體建設外，同步思考如何從軟體面完善國家制度及文化道德面向。這時回到德國最精華豐富的古典文化，更能彰顯德國擬從道德廢墟中重新站起來的決心，也是一種堅決的宣示：德國也參與了人類文明發展的美麗傲人面向，請勿將所有德國歷史與形象，都化約在那十二年裡。

另一個重要的原因，在歌德大量創作的那段時間——大約是十八世紀下半葉到十九世紀上半葉——正是德國文化最傲人的天才時代。狂飆突進運動、啟蒙運動、觀念論等等一波接著一波的思潮，在短短幾十年間如同奇蹟出世般的德意志文化巨人們，為人類留下無限珍貴的文化遺產。歌德所創造的文學宇宙，正是解讀他那個奇蹟世代之思想寶庫。

因此，在《歌德字典》第一冊裡，三個學術院院長聯名發表的前言中如此強調：對於歌德的語彙如此深入研究，不只是為了維繫德語世界的共同文化資產，也因為「歌德的語言世界，由於其包羅萬象的世界觀，以及其中包涵的同樣廣大的自然的人性，描述了一種空間，在其中所有使用德語的國家都會有彼此互屬的感覺」。[1]

這一冊出版於一九七八年，冷戰正分裂德國民族的時候。這樣的文學成就證明了，始終有些共同的價值能跨越政治隔離，這宣告了「所有使用德語的國家都會有彼此互屬的感覺」之前言，讀來也特別有感，更讓人能感受歌德的意義。英國布里斯托大學的學者雪拉特（Yvonne Sherratt）在《希特勒的哲學家們》（*Hitler's Philosophers*）一書中，描述希特勒在《我的奮鬥》中喜愛挪用德國思想家的片段，來揉造其法西斯主義意識形態，雖然他從未認真讀完任何嚴肅的思想家著作。雪拉特稱希特勒為「天才的調酒師」（Bartender of Genius），從德國文化巨人的養分中調製其雅利安至上的哲學。但有個人是希特勒不願意碰的——雖然沒有人比他更能展現德國文化的高度——那個人就是歌德。希特勒的親近友人形容，這位德國元首喜愛充滿戲劇張力以及鼓吹德國一統的席勒作品，而不喜那個做為偉大人物、深思熟慮的歌德。希特勒這麼寫著：「歌德的房子給人死氣沉沉之感，你只要處在他臨死之房間，就會知道這種感覺。在那房間裡他應該要求多些光線，應該要更多更多光線。」[2]這也正給了我們克服納粹思想遺緒的線索。比起法西斯的狂熱躁動特質，我們或者更該在一種深沉的心緒中，在那無光之處，理解文化巨人想對我們敘說的事物，回到那難以被調酒師調製的天才思想裡，到那些難以被政治挪用的文學遺產中。這也正是那些日爾曼學教授們在這樣龐大的字典工程中皓首窮經之用意。

歌德與黑格爾

因此，要在納粹帝國垮臺後重建德國，不能不恢復歌德建立的另一個德國的版圖。要理解德意志國家這個思想與詩人之國的內在特質，不可能避開歌德，因為歌德是德語世界的共同文化資產，同時也是那個思想的奇蹟世代中的一員，而正是這個奇蹟世代共同建構的精神文化，定義了德國及德國人民的自我理解。

從歌德與他的同代人之關係，可以更清楚呈現歌德文化遺產的意義。以《精神現象學》、《法哲學論綱》、《哲學史》以及無數課堂講稿定義德國哲學輪廓的一代大哲黑格爾，也是柏林大學校長，可說是那個時代德國大學人文精神的祭酒。在他赴柏林成為普魯士精神領袖前，曾在耶拿工作過，而耶拿與歌德任職宮廷顧問所在地威瑪是相臨的兩個城市，兩人因而有多次見面的機會。黑格爾曾在其哲學作品及講課中多次引用歌德，更曾購買歌德文集贈給自己的兒子卡爾，可見他對歌德的高度評價。

以歌德的跟班在歷史上留名、並記述了一本《歌德談話錄》（*Gespräche mit Goethe*）的艾克曼（Johann Peter Eckermann），曾這麼記錄歌德某次與黑格爾在威瑪家中見面的情景。[3] 那是一八二七年十月十八日。艾克曼記錄著：「那個歌德個人對他非常高度評價的黑格爾來訪——雖然黑格爾哲學中產生的某些東西，並不怎麼讓歌德喜歡。」兩人在那一夜煮茶談心，論斷當代的其他哲學家，並提及所謂「辯證法」的意義。黑格爾說：「基本上，辯證法不過是被規約出來的、以特定方法被培植出來的背反精神（Widerspruchsgeist），這種精神存在每個人內在中，這種天賦使得每個人能夠在錯誤虛假之事物中判別出真實。」

對此，歌德提出他的想法：「這只在這種情形下為真：這種精神上的技藝及其相關能力，不會經常被誤用為將錯誤虛假之事給予真實地位，並將真實視為虛假。」

黑格爾答道：「這確實會發生，但只適用在那些精神有病的人身上。」歌德接著黑格爾的話說，他讚賞自然能夠不使這種不辨虛實的病症出現，因為「我們所面對的是無盡的以及永恆的真實，對於那些不以純粹與誠實方式觀察並處理對象世界（Gegenstand）的人來說，真實會將這些人斥責為『不足的』。但我也確定，某些辯證法的病人，會在自然的進展中，找到良善的解方」。

這一段對話點出了幾個重點：那是個追求永恆的真善美的時代，也是歌德所稱的「我們所面對的是無盡的以及永恆的真實」。即使黑格爾強調每種事物都內在地有其矛盾與衝突，而每種負面的東西都不可能毫無道理地存在（「凡合理必存在，凡存在比合理」），他也強調，辯證法之真義就在於從虛偽中辨別出真實。這是人生而為人必有之天賦，那些無法分別虛偽無法珍惜真實之人，並非沒有這種天賦，而是受疾病之苦，妨害了其使用理性的能力。歌德甚至樂觀地說，即使存在這種病，自然必然存在著治癒這種疾病的解方。

那是個在脫離饑荒、疾病、戰亂之後，相信某種純粹美好的真實的啟蒙年代；那是對人類理性與能力有無限信心、堅信人類能夠想像、理解並追求那種真實的時代——即使最後這種追求可能失敗，然而運用大自然給予人類的理性天賦，本身就是人類可以、也應該負起的天命。就是在這個意義下，康德談人類可以認識什麼、應該認識什麼，以及，人是什麼。也是在這個意義上，我們能更好地瞭解歌德與他的同時代人的文學哲學目的。

因此，我們可以理解為什麼戰後德國文學界在饑荒的年代還是重拾歌德遺產，因為那是最真實與永恆的德語資產，當一切都毀壞時，只有文學屹立不搖。在納粹暴政結束後，衷心認同德國文學與文化的外國人不能不問，為什麼這樣一個誕生無數文化精華的國家，為什麼這一個孕育出歌德文學成就的國家，卻也是一個殘暴野蠻的國家？歌德說的「我們所面對的是無盡的以及永恆的真實，對於那些不以純粹與誠實方式觀察並處理對象世界的人來說，真實會將這些人斥責為『不足的』」正點出了一個關鍵：確實存在著部分人，無視真實，不以純粹與誠實方式面對這個世界。而這樣的人為世界帶來了毀滅性的災難，歌德一生的工作，就是以純粹與誠實方式觀察並處理世界。

歌德是德國的藥方，歌德字典的編者們清楚地知道。

浮士德：德國人的悲劇

歌德的遺產裡，最不可思議的成就，也許是《浮士德》這部史詩。歌德花了六十年時間寫作這部長篇詩歌，為德國文化獻上了再怎麼強調其重要性也不為過的經典。

黑格爾在其《美學演講錄》中說，《浮士德》是絕對的哲學悲劇，如何理解這個說法？《浮士德》是一部人類為求索知識不惜出賣靈魂的悲劇，黑格爾借用了歌德的詩句，說哲學亦是一種不斷追求某種肯定的東西、卻又不斷否定一切的悲劇，這是「不停止否定的精神」（Der Geist, der stets verneint）。

飽讀群書的浮士德博士問魔鬼孟菲斯，究竟他是什麼，孟菲斯答以：「我是這樣的力量的一部分：永遠意欲著邪惡之事，而又持續創造出良善之物。」（Ein Teil von jener Kraft, / Die stets das Böse will und stets das Gute schafft.）浮士德追問此話何意，孟菲斯答：「我就是那持續不斷否定的精神！」（Ich bin der Geist, der stets verneint!）「一切出現的東西都值得毀滅……」（denn alles, was entsteht, / Ist wert, daß es zugrunde geht...）

在不斷毀滅與否定中期待見到某種建設性的創造，這也是德國人矛盾性格的體現，或者該說是德國人的「悲劇」。自歌德寫作《浮士德》以來，德語中便出現了「浮士德的」（faustisch）這個形容詞，意思是「持續不斷地追求新的體驗與知識，以及更深層的認識，並且永不滿足」。這個形容詞完全可以用在德意志民族之上。這個浮士德的民族，在知識上不斷否定已有的東西、以追求新的進展，並且無法停止，從不滿足。

我想敘述一個「浮士德的」德國人故事，從他身上看這個德國悲劇之命運。

許維特（Hans Schwerte），一九一〇年十月三日出生於希爾德斯海姆（Hildesheim），在柏林、維也納、漢堡、艾爾朗根等地讀日爾曼文學，二戰結束後以德國詩人里爾克的時間概念為題，取得博士學位，並接著撰寫教授資格論文《浮士德與浮士德的》（*Faust und das Faustische*），一九六二年出版後受到學界重視，推動了戰後的歌德研究，也使他成為國際知名的歌德專家。一九六四年起，許維特在艾爾朗根大學（FAU：Friedrich-Alexander-Universität Erlangen-Nürnberg）任教，一九六五年起擔任亞琛工業大學（RWTH Aachen）日耳曼文學教授，一九七〇到七三年擔任該校校長，並擔任北萊茵西法倫邦高等教育國際交流事務負責人；一九七八年退休，一九八三年被授予聯邦十字勳章。

許維特教授的一生顯赫，是標準的德國知識貴族。問題在於：並沒有許維特這個人。

許維特有兩個名字，兩個身分。他隱藏多年的本名叫作許奈德（Hans Ernst Schneider），許奈德一九〇九年出生於哥尼斯堡，在當地大學讀文學與藝術史，一九三二年加入了納粹的學生組織。一九三五年他在哥尼斯堡大學取得博士學位，一九三七年加入納粹黨以及衝鋒隊，並在遺傳局（Amt Ahnenerbe）任職，後被派到荷蘭，編輯宣傳刊物，負責荷蘭親納粹人士聯繫工作，並且管理研究室器材，提供集中營裡從事人體實驗所需的醫學儀器器材。

戰爭末期，許奈德看出納粹將敗，於是聯繫上安全機關的友人，委請銷毀有關他的檔案。於是戰爭結束時，他脫下軍服，隱身在街頭平民間，一九四六年找上了他的妻小，讓妻子向當局謊報其先生已經陣亡，並以另一個名字與自己的太太「再婚」，「領養」自己的小孩，且再讀了一次博士。

就這樣，許奈德偽造了自己的身分，開始了許維特的人生。

德文裡有個特殊的字，Doppelgänger，直譯為「雙行者」，意思是形容一個與某人極像的他人，像到甚至難以辨別，最後影響了原來本尊之認同。但在這個字更起源的用法裡，雙行者並非不同的兩個人，在格林德語大字典裡這麼定義「雙行者」：「被他人相信為具有同時間分身在兩個不同地方能力的人。」（jemand von dem man wähnt er könne sich zu gleicher zeit an zwei verschiede-

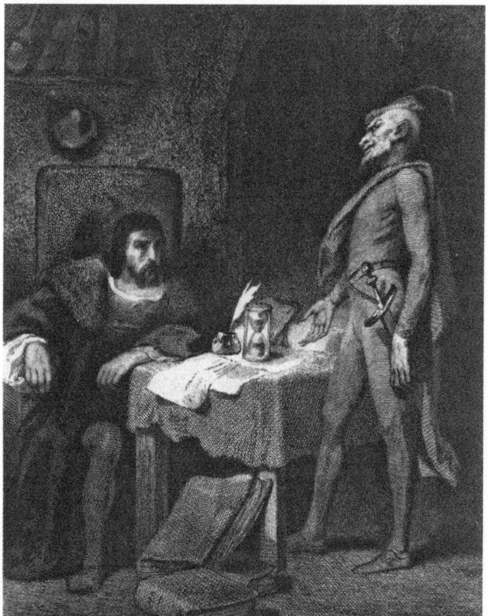

浮士德與魔鬼孟菲斯互相詰問
（Tony Johannot /Wikimedia Commons）

nen orten zeigen）這是個魅惑人的神祕概念：多重身分、多層次的世界，同時存在，這個概念後來傳到其他語言裡，在不同文化中生根，是許多藝術創作鍾愛的主題。

看看許維特／許奈德的經歷，簡直就是天才小說家才想得出來的故事。他並非同時間擁有另一個分身，而是自己結束了自己的存在，然後開始另一段存在。他娶了自己的前妻，領養了自己的孩子，住進了自己的家。他親手殺了自己，奪去了自己的祕密身分，卻又因而活了下來。他也是不斷毀滅的力量。

這個毀滅的力量，否定著卻又創造出某些積極的事物：他寫了一本受學界肯定的教授資格論文，在德國最好的理工科大學，第一個以文學研究者的身分當上了校長，並代表德國與鄰國進行國際學術合作。最後是荷蘭的學者挖掘出許維特／許奈德的可疑之處，在他退休多年後揭露了此事。

如浮士德否定自己：我把自己去納粹化了

他的一生正是德國的縮影：德國不能接受其法西斯的過去，必須想辦法克服這段歷史，並在戰後為國家找到新的定位；許維特則是必須拋棄其有罪之身，尋找新的認同，打造一個祕密身分之外的清白新生。而令人驚訝的是，戰後德國一開始對於罪責問題的態度，與許維特一模一樣，不是想辦法去面對並克服，而是絕口不提，假裝一切不曾發生過。

在這個意義上，許維特的雙重身分雖然是個案，卻非例外，甚至可說是系統性的事件——他具備著浮士德的命運，不斷否定已有的東西、以追求新的進展，在這裡他必須否定自己曾經的身分、政治態度、信仰，追求全新的認同，如同無數的納粹體系共犯在戰後沉默地生活。

而德國豈不也在其國家發展道路上，不停地否定與雙重化自身嗎？例如阿德諾（Konrad Hermann Joseph Adenauer）這位戰後第一位總理，他是受納粹迫害者，但在戰後他容忍了納粹社會繼續存在，只做了表面化的去納粹工作，因為涉入者太多、涉入程度太深，沒有人願意甘冒國家分裂的危險去面對那段不堪歷史，即使是受害者亦然。

可是，如同許維特的悲劇一樣，這個一廂情願的「往前看」最後終告失敗。每個人就和許維特一樣，盼望突然在戰後自動轉化為非納粹，許維特接受媒體採訪時，拒絕承認自己是待罪之人，他說：「我把自己去納粹化了。」（Ich habe mich doch selbst entnazifiziert.）德國也想把自己去納粹化，但不可能存在這種完美運作的自動漂白機制。那些創傷難以這麼被一筆勾銷，最後都將爆發，為社會製造另一個傷口——最明顯的例子就是一九六〇年代，不滿於父母輩隱瞞戰時歷史的清白世代們，走上街頭，以暴力抗爭要求上一代及其所屬的國家給出交待。

經歷過納粹時期的德國，可說走入了一個困境——不只是政治意義的，也是精神意義的。在政治上，許許多多德國人都是許維特，他們服從了、甚至支持了暴政，可是在戰後這些人卻必須轉化為民主共和國的國民；他們是納粹，卻又必須被去納粹化，必須有一個機制才能使這個「轉型正義」的過程被順利執行，所以才有了六〇年代的法蘭克福大審。然而，政治上或司法上的機制容易建立，精神上的力量又要從哪裡求索？德國人如何可能成功地否定自身，關鍵仍在於自身的精神傳統，例如歌德為德國人留下的遺產。

回到歌德傳統

出生於威廉帝國時代的德國學者弗里登塔（Richard Friedenthal），於納粹掌權後流亡英國，戰後便留在英國，寫了許多關於德國重要思想家的專著，其中最受歡迎的一本就是《歌德：他的一生，他的時代》（*Goethe: Sein Leben und seine Zeit*）。在該書中他寫道，存在著離歌德不遠的時代，以及遠離歌德的時代。他在二十世紀初開始閱讀歌德時，那是個離歌德不遠的時代，甚至有些見過歌德、與他說過話的人都還在世，那是德國人仍與那「偉大的前輩」（großen Alten）仍有緊密連結的時代。而遠離歌德的時代呢？自然是二十世紀。遠離，不只是時間上的距離，還是文化上的距離。

處在文化廢墟中的德國，是最遠離歌德的時候。必須在思想上回到離歌德不遠的時代，才能為這個國家重新找到道德的定位點，以確立行動的方向感。另一位親身經歷德國暴政的知名史家邁涅克（Friedrich Meinecke），在《德國的浩劫》（*Die deutsche Katastrophe*）一書，便提出了這樣的思考，他的叩問也是一種浮士德的提問：在人類困境中索求希望。

在《浮士德》第一部中，有一個知名的段落：格麗卿的問題（Gretchenfrage）。

那個段落是十四歲少女格麗卿（Margarete Gretchen）對浮士德的提問。格麗卿被擁有知識的浮士德所吸引，兩人在花園中親吻，接著，格麗卿便提出了德國文學史中那個出名的問題：「現在說吧，你怎麼看宗教？」（Nun sag, wie hast du's mit der Religion?）

浮士德不願正面回答宗教問題，而極為虔誠的格麗卿，直接提出了她的疑問，毫不留餘地，因為她知道，這個她所迷戀的智者，並不信仰上帝。兩個不同知識與信仰立場的人、兩個世界、兩個世代構成了這一幕：基督教與啟蒙、傳統與自主之間的張力如此巨大，即使彼此相愛卻幾乎不可能和解。

花園中的浮士德與格麗卿。在這裡，格麗卿提出了德國文學史上的著名問題：「現在說吧，你怎麼看宗教？」（Jacques-Joseph Tissot /Wikimedia Commons）

後來在德文中，「格麗卿的問題」（Gretchenfrage）便成為固定用法，意思是：一個與責任、良知相關的重要且棘手的問題。

在德國現代史中許多關鍵時刻，我們也可以提出各種格麗卿的問題。例如那些曾經參與戰爭罪行、卻在戰後否定自己的「許維特們」，難道他們毋須面對這樣的問題嗎？「說吧，你怎麼看那十二年？」「你怎麼看那六百萬性命？」

這些格麗卿的問題，也是六〇年代青年們在街頭上對其父母們丟出的質問：你們都做了些什麼？你們能對我們坦白嗎？你們的罪責有誰負起了？為什麼我們在承擔？為什麼我們幫助美國去轟炸越南？不是說了必須記取戰爭教訓嗎？為什麼這個世界仍然那麼不正義？

邁涅克在《德國的浩劫》中所提的，也是這樣一個格麗卿的問題：在經歷浩劫之後，德國文化還有救嗎？現在說吧，你怎麼看德國？

邁涅克是一個偉大的學者，是史學家與哲學家德洛伊森（Johann Gustav Droysen）、狄爾泰（Wilhelm Dilthey）的學生，開創了德國史學界思想史（Ideengeschichte）研究路徑，注重歷史中的思潮與概念的誕生及演變。他也是個偉大的人格者，在希特勒掌權後立刻卸下一切公職，不願與集權整體同流合汙。戰後，他倖存於戰火，然而已八十幾歲，雙眼接近全盲。一九四五年，這位老者在一片廢墟中，手邊沒有任何書籍或參考資料可用，全憑口述著成一本思考德國為什麼會遭遇浩劫的書，並於隔年以《德國的浩劫》為名出版，是史學界於戰後第一本反省德國歷史罪責成因的重要著作。

邁涅克在書中問了一個核心問題：為什麼在德國這樣的國家裡會產生納粹？如何拯救這個浩劫後的文化國家？

他看到了十九世紀的歐洲歷史發展有兩股思想傳統：社會主義以及民族主義。十九世紀新的社會關係是：資本主義發展創造了新的大眾，大眾走向了民主化與社會主義，以爭取自己的政治權利與生活條件。社會主義成為大眾的「福音」，拔除舊根基、創造新事物的革命被視為必要手段，「為千年帝國帶來新的人類幸福」。同時，第二股意識形態民族主義的滋生，是隨著財富增加、受過教育的中產階級擴張，加上十九世紀人口大幅增長，使大眾開始追求自身民族的權力政治地位提升。這種民族主義逐漸發展成帝國主義，各民族競逐資源與生存空間。最後這種民族主義結合強調瓦解傳統的社會主義革命論，匯流出了國家社會主義，在緊迫與不安中產生強大的意識形態力量，這股力量想摧毀舊的理想世界，包括以往自由主義的、人文主義的、建立於幸福與個人自由之上的世界觀，以及基督教理想的傳統。

並且，普魯士王國以及晚期的德意志帝國都發展出軍事主義特殊道路，帶著嚴格的紀律以及義務感，強調全體一致，限制個人的判斷能力，對於真正重要本質的觀察被限制了。這種普魯士的自豪，加上德國在國際政治中的馬基維利主義立場，塑造出了力量之人（Machtmensch），而歌德時代德國文化所強調的人性之人（der humane Mensch）則逐漸式微。那是精神力量走上政治力量的偏差道路，是古典自由主義的世界公民精神（Weltbürgertum）走向民族國家（Nationalstaat），是歌德時代走向俾斯麥時代，最終通向了希特勒時代。他認為，在精神與力量之間的鬥爭——或者說擁有文化能力（kulturfähig）與反文化勢力（kulturwidrig）之鬥爭——力量最終勝過了精神。

德國人類特質（das deutsche Menschentum）在軍國主義勝出前，強調的是人相對於共同體而有「高貴、助人與良善」的義務，歌德時代的德國人承認並實踐這種義務，重視自由的個體性。可是在精神與力量的鬥爭中，市民階級退讓了，沒有在文化上持續深耕發展，以至於讓群眾馬基維利主義（Massenmachiavellismus）與軍國主義勝出。邁涅克認為，這是市民階級在面對國家社會主義以及軍國主義時的罪咎及責任。

這是一個光明黑暗彼此鬥爭的路線。對於邁涅克來說，德國的傳統絕非由俾斯麥與希特勒的兩個帝國來代表；德國在普魯士軍國主義之外，還有德意志威瑪古典傳統，由歌德、席勒等人引領而開拓出的對於人類文明與人性的珍視。到了現代德國，古典傳統消失，讓位給十九世紀以來的社會主義與民族主義勢力，進而結合成大眾狂熱的希特勒主義。換言之，納粹暴行的發生，是古典價值的淪喪所造成，而非德國思想深處蘊藏著暴力性質。

邁涅克寫道，德國的傳統中，貫穿俾斯麥—希特勒這條線索是「力量」（Macht），但浪漫主義古典傳統是「精神」（Geist）。精神高舉啟蒙遺產，但力量在十九世紀的浪潮裡壯大，而德國人的罪責就在於放任「人性之人」在鬥爭中敗給了「力量之人」。因而，要面對德國的歷史錯誤道路，正確的做法，是重新回到德國的啟蒙、人性及對世界之愛的思想傳統，而不是強調民族主義、國家主義的「德意志性質」(Deutschheit)。

因此在該書的結尾，在戰後幾週的廢墟中思考未來如何重建德國時，邁涅克呼籲在每一座德國城鎮都能成立一個文化共同體，他將這樣的共同體命名為「歌德社群」(Goethegemeinde)，任務在於再興並沉浸在歌德及他的同代文人的這種「在我們全部的書寫成果中，最德國的德國人」，「以在我們祖國的不幸及被徹底毀滅中，感受到某種無法毀滅的東西，某種不可抹除的德意志特質(character indelebilis)」。

邁涅克這個親身經歷過德國文化之毀滅的一代大儒，對拯救德國於荒蕪之中所開出的藥方相當到位；要抵抗最黑暗的東西，我們需要最光明的武器。他選擇了歌德，因為這位相信人類價值的作家，代表的是最站在力量對立面的光明精神。歌德曾在其詩〈神性〉(Das Göttliche)中寫下這樣的句子：「人類如此高貴，樂於助人且良善，單單憑此，便足可將人類與所有我們所知的其他事物區分開來。」「只有人類能夠做到那不可能的：他可以辨別、選擇並做出正確的事；他能夠讓瞬間成永恆。」[4]

也正因如此，法蘭克福崇敬歌德格外有象徵意義。法蘭克福在戰後是被摧毀最嚴重的德國城市之一，九成以上的市區被盟軍炸毀，美茵河畔均成廢墟。歌德，成為此城市重新站起之希望。於是市區的歌德雕像再被豎起，大學以歌德命名，史泰德美術館(Das Städel Museum)中最受喜愛的典藏也是那幅歌德在義大利的巨大肖像，而市政府設立的「歌德獎」，表揚能實現歌德理想的人士，也已是國際知名的榮耀。這不只是因為法蘭克福有一種「在地榮耀」，還因為歌德這一個偉大的法蘭克福人，以自身的文學成就與文化高度，做為一個最明確的模範，讓我們能夠對人性重拾信心。這一個最德國的德國人，是這個文化大國的建立者以及拯救者。

歌德是法蘭克福人，但也不只是法蘭克福人，甚至，某個意義上，他也不只是德國人。一八三二年二月十七日，與歌德有多年友誼的瑞士作家索瑞（Frédéric Soret）這麼記錄他與歌德的一次談話。歌德稱，他一生的功業，只是把他得到的、看到的東西，蒐集起來，使之有用。不管是智者或瘋人，他梳理一切人類所呈現的東西，「他人已經播種，我只是收穫」、「我的作品，是集體的存在（être collectif），而以歌德的名字出現。」

這次談話後一個月，歌德就逝世了，然而歌德的精神並未離開。如同他說的，他的作品與名字，是全人類共同的存在。

注釋

1 Werner Hartke et. al.: "Gleitwort zur ersten Lieferung," *Goethe-Wörterbuch*. Erster Band. Stuttgart 1978.

2 Yvonne Sherratt: *Hitler's Philosophers* (Yale University Press, 2013), p. 21.

3 Johann Peter Eckerman: *Gespräche mit Goethe in den letzten Jahren seines Lebens*. http://gutenberg.spiegel.de/buch/-1912/279

4 Johann Wolfgang von Goethe: „Das Götliche," in *Goethe's Schriften*. Bayerische StaatsBibliothek digital, 1789, S. 215

我的家鄉是文學：文學教宗萊西—拉尼茲基

永遠的局外人

說到法蘭克福與文學，有一個名字永遠留在法蘭克福人的記憶裡，但他不是德國人，他選擇了德國與法蘭克福，做為他第二個家鄉，以及第一個精神的原鄉。

馬賽爾・萊西—拉尼茲基（Marcel Reich-Ranicki），戰後主掌《法蘭克福廣訊報》文藝版的波蘭人，他在這個德國極重要的質報上對德國文學的評論，相當程度上左右了戰後德國寫作與出版的方向，其影響力之大，使得他被暱稱為「文學教宗」（Literaturpapst）。《南德日報》（*Sudeutsche Zeitung*）總編輯凱瑟（Joachim Kaiser）曾在該報文學版這麼描述他：「德國最被廣為閱讀的、最被畏懼的、最受矚目的，因而最被憎恨的文學批評者。」

一九二〇年，萊西—拉尼茲基出生於波蘭的猶太家庭，他的父親是波蘭商人，母親是說德語的波蘭猶太人，因此萊西—拉尼茲基從小生活在多語的環境裡，但他最喜愛的語言還是德語，那是因為德語對他來說是文化語言。受母親影響，他自小喜歡文學，每年八月二十八日母親生日時，他向母親祝壽，母親總是毫無例外地問他：你知道今天還是誰的生日嗎？

他總是毫不遲疑地說出歌德的名字。

小學時，母親帶他回到兩人的原鄉讀書。他在柏林讀小學，直到一九三八年時高中畢業。早熟的他在小學時已經展現了對文學的熱情，他說，在學校裡因為他比同學都更早能閱讀並引述文學作品，使得他在同學間並不受歡迎，他成為「局外人」（Außenseiter）——這個身分，幾乎刻劃了他的一生。[1]高中畢業後他遭納粹驅趕回華沙，被囚禁在猶太人隔離區，因為通曉德語，得以為占領波蘭的納粹軍隊擔任翻譯。當時在小小的華沙舊城區隔離了幾十萬猶太人，後來爆發了反抗行動，萊西—拉尼茲基也參與了那次反抗，失敗被捕。他與太太原將被送入毒氣室，卻在最後一刻逃離華沙。

波蘭被蘇聯解放後，他加入波蘭共產黨，協助波蘭重建。原來他的姓只有萊西，他不得不加上拉尼茲基，因為萊西太過德國化，也太過猶太化。憑藉其雙語能力，他為波蘭政府的情報機關及外交部工作，最後也成為我的同行，外派到倫敦擔任波蘭的外交官員。但後來他被召回華沙，並被解職，原因是共產黨政府認定他的意識形態立場與黨不相符。在短暫入獄並獲釋後，他不再為政府做事，而全心投入文學。他開始為報刊撰寫德國文學評論，並在出版德國文學的波蘭出版社工作。最後這位立場被懷疑有問題的前外交官，也被政府下令禁止出版任何作品。波蘭已無他所能容身之處，一九五八年，他帶著妻小，去了德國，從此不再回到家鄉。

他先去了漢堡。漢堡向來是德國的媒體重鎮，《明鏡週刊》、《時代週報》（*Die Zeit*）、《週日世界報》（*Welt Am Sonntag*）、《北德廣電》（NDR）、《圖片報》（*Bild*）等大媒體都在這裡，他很快地找到為各媒體撰寫文學評論的工作。後來，當時最好的報紙《法蘭克福廣訊報》文學版主編出缺，他遂於一九七三年來到法蘭克福，直到二〇一三年過世為止。一九九九年，他出版了《我的一生》（*Mein Leben*），超過五百五十頁的自傳，文筆優雅清晰，寫出他從威瑪共和、納粹德國到聯邦共和國、從華沙到柏林、漢堡、法蘭克福的動盪一生，每一頁都精采。根據出版社於二〇一五年的資料，這本自傳的銷售數字是不可思議的紀錄：超出一百二十萬冊（其中也包括我買的兩本，第一本在臺灣，但是赴德國工作後，實在太喜愛這本書，不得不再買一本）。

對文學的愛

在自傳裡，他回憶如何開始其早熟的對文學的熱愛。那是一九三二年底，十二歲的小男孩得了一張戲票，得以進到真正的戲院——不是兒童戲院——去看席勒的戲劇《威廉・泰爾》（*Wilhelm Tell*）。他說，那個晚上開啟了他對德國文學永遠不變的愛。

在納粹掌權時，他在納粹的首都柏林讀書。在德文課上這個愛著文學的少年表現優異，除了「極佳」沒有拿過別的成績。但高中畢業會考時，他卻只得了「佳」，後來校長偷偷告訴他，閱卷委員們並未考慮給他「極佳」，因為那「不適合」——意思是，對一個猶太人學生來說不適合。在一九三八年的氣氛下，可以理解老師們的顧慮。[2]當時已經有許多德國的猶太人準備逃亡到國外。與萊西－拉尼茲基同住在柏林的叔叔，有位朋友是化學家，少年常常去他家看書。在逃亡前夕，這位長輩跟他說，你來我家吧，帶一個小行李箱，我帶不走的書，你就搬回去吧。萊西－拉尼茲基拉了一只大行李箱，欣喜若狂地裝滿了里爾克等知名作家的全集。他向化學家道謝，化學家告訴他：「您根本不需要向我道謝。這些書我不是送您的，我事實上只是借給您這些書，就像這些年的時間對您來說也是借來的。我的年輕朋友啊，就連您，最終也免不了被驅離此處的命運。而這許多的書呢？最後您也得留下它們，如同我現在一樣。」[3]化學家是對的，兩年後，萊西－拉尼茲基終究要歸還他借來的時間。他被解送回華沙的猶太人隔離區，離開柏林前他只能匆匆地抓了幾本書放進行李，這些書中的絕大部分，他沒能帶走，他還給了時代的無情。

一條通往詩的小巷

對文學的愛讓萊西－拉尼茲基在戰後來到德國，在漢堡工作到一九七三年為止。一九七三年十二月二日，他與妻子坐上開往法蘭克福的火車，此後的四十年他在這裡住下，並寫了無數影響德國文學道路的評論。而自一九七四年開始，雖然《法蘭克福廣訊報》的總編輯並不感興趣，但是在萊西－拉尼茲基的堅持之下，還是開始了連載至今的傳奇，已成德國詩歌最重要專欄的「法蘭克福詩選」（Frankfurter Anthologie）。

「法蘭克福詩選」是每週六文藝版的詩歌專欄：一首詩，搭配一位文評家的詮釋與評論。當年六月十五日由萊西—拉尼茲基撰寫第一篇評論，他評論了大詩人歌德——還能是誰呢？——的〈在午夜〉（Um Mitternacht）。那篇評論的名字就叫作〈一條通往詩的小巷〉（Der Dichtung eine Gasse）。

到現在為止，「法蘭克福詩選」共經歷了兩千多個週六，帶領德語區的讀者們走入這條小巷，走進了兩千多首詩歌。萊西—拉尼茲基不是詩人，他讓我們認識詩人，把詩帶到我們的生命裡，在這個意義上讓我們也成為了詩人。德國幾百年來自豪於其「詩人與思想家之國」的稱號，倘無萊西—拉尼茲基四十年的努力，這個文學的國度必不能如此強大。

政治無法竊走的東西

因為他在文學評論界的地位，從一九八八年開始，他也受邀主持文學電視節目《文學四重奏》（*Das Literarische Quartett*），進一步擴大了他的影響力

文學教宗馬賽爾．萊西—拉尼茲基。對許多人來說，他是讓人愛上法蘭克福的理由之一。（Wikimedia Commons）

與文學市場。他從一位文字工作者成為一位影像工作者，但工作內容還是他的最愛：文學。

二〇〇八年，為了表彰他的文學貢獻，德國電視獎擬頒榮譽獎給他。他受邀去科隆參加這個盛大的典禮。但是，當知名主持人格夏克（Thomas Gottschalk）唱名請他上臺領獎時，他去了臺上，面對無數攝影機的拍攝，他說：在他這一生中，接受無數文學獎項，總是為了每一次的獲獎感激不已，但是今晚，他必須拒絕接受這個獎項。

他說，他無意傷害或侮辱任何人，但是他必須拒絕，因為德國的電視程度如此低落，他不能接受這樣的電視環境所頒發的獎項。也許他應該早點說，這樣他就不用來這個頒獎典禮了，可是他並不知道主辦單位的規畫，以為只是一個文學獎項。他來了，而且必須坐在這裡一整個晚上，浪費了原本可以做其他美好事情的時光。他在臺上向著臺下滿臉尷尬的演藝人員們呼籲：去讀歌德吧、去讀布萊希特吧，去劇場看看那些真正美好的戲劇吧。

就在這時，格夏克介入，想化解尷尬的氣氛。他向萊西—拉尼茲基說，臺下坐著各大電視臺的總監，不如我們一起來策劃一個特別節目，談談今日電視不再談論的東西，例如教養、閱讀、教育。萊西—拉尼茲基插話：談談文學！對，談談文學！對，我們做一個這樣的節目，讓各大電視臺在週日晚上聯播。萊西—拉尼茲基說，好的，我接受，雖然我懷疑這能不能成。說是說，到底能不能實現……格夏克接話：您得的可是德國電視獎啊，只要您收下這個獎，您想要怎樣就怎樣！

兩人遂達成共識，全場鼓掌歡呼。[4]

萊西—拉尼茲基說：好吧，既然我們達成共識了，我來說個故事好結束今晚。冷戰時期，蘇聯偉大的大提琴家羅斯托波維奇（Mstislav Rostropovich），被邀請到薩爾茲堡與柏林愛樂合作，當時的指揮家是柏林愛樂的君王卡拉揚（Herbert von Karajan）。羅斯托波維奇第一次到薩爾茲堡，也是第一次與卡拉揚合作。排演時，羅斯托波維奇演奏了理查．史特勞斯交響詩《唐．吉訶德》。之前，卡拉揚從未見過這位鐵幕那一端來的大提琴家，只聽過他人讚賞他的藝術成就，而就在第一次見面，就在第一次合作排演結束時，卡拉揚說了一句簡短的話：「羅斯托波維奇先生，從今天起，我們彼此互稱你（Du）。」並擁抱了羅斯托波維奇。

這個熱愛文學的老者以這個故事，表達音樂與藝術的力量能穿透了歷史、政治的隔閡，使兩個站在敵對陣營中的偉大天才，從此成為一生的生死之交。這時他轉向格夏克，告訴他：我的年輕朋友哪，從今天起，我們兩人互稱你吧。

二〇一二年，九十二歲的他被邀請到了德國國會，對大屠殺發表悼念演講。他緩緩步入，以

萊西—拉尼茲基逝世後，與妻子同葬於法蘭克福中央公墓，市民時常在其墓地上擺放石頭悼念。（Wikimedia Commons）

沉重的聲音說出了當年在華沙所遭遇的一切，臺下聽眾紛紛拭淚。隔年，這位終生愛著德國文學的波蘭裔猶太人，即使其雙親都在集中營中被毒殺也無法憎恨德國文化的猶太人，以九十三歲高齡在法蘭克福過世。一個被稱為文學機構（literarische Instanz）的批評者步下了文壇，法蘭克福為他舉行了隆重的喪禮，視為國喪，高克總統也出席致哀，而格夏克，這個可以與亡者平輩稱呼的人，也在喪禮上發表悼詞。《明鏡週刊》以他為封面人物追思他，內文引了他解釋為什麼文學如此重要的話：「在這個國家，還是得保有一些政治無法染指的東西。」（es muss in diesem Land möglich sein, dass es etwas gibt, woran sich die Politik nicht vergreift.）這句話確實可為他一生作注，這位法蘭克福人畢生的工作，就是在保存真正珍貴的東西。

另一個小故事，可以看出這位文學教宗如何受到法蘭克福人的尊敬。法蘭克福的專欄作家普列沃（Jens Prewo）在他的《愛法蘭克福的一百一十一個理由》（*111 Gründe, Frankfurt zu lieben*）一書中，寫了一段往事。他寫道：「如果有人問我，誰是我最尊敬的法蘭克福人，這問題很容易回答：馬賽爾・萊西－拉尼茲基。」

他說，高中畢業的那個暑假，他在郵局找了一個打工機會，幫忙郵差送信。結果，萊西－拉尼茲基就住在他所負責的街區，他非常興奮，因為終於有機會見到這位可敬的法蘭克福人。他常常去按鈴要送掛號信，但萊西－拉尼茲基從未應門。因為，專心閱讀、寫作的他怕受打擾，早就把門鈴聲音停掉了。

當時的萊西—拉尼茲基已建立文學批評第一把交椅名聲，除了出版社時常寄來新書外，無數懷著作家夢的人們，也從全德語區各處寄來草稿，希望能獲得文學教宗的垂青。可想而知，他每天都必須收掛號信。於是這位業餘郵差，每天都得去按門鈴，那永無人應門的門鈴。

直到兩個星期過去了，不知道為了什麼原因，萊西—拉尼茲基開了門，見了這位年輕的業餘郵差，拿過信件，說了一句「十分感謝」，此外一句話也沒說。很多年後，普列沃成為記者，與萊西—拉尼茲基相熟，常常進入其住處訪問他。但是，他最難忘的，還是自己十幾歲時，為這位知名的法蘭克福人送信的那些愉快而驕傲的時光。

在《愛法蘭克福的一百一十一個理由》中，普列沃認為「萊西—拉尼茲基」這個名字是其中之一。很多法蘭克福人會同意這樣的看法。

他過世後，德國再無這樣重量的文學評論者，但是法蘭克福沒有忘記他在歌劇院廣場上的咖啡店讀報、讀書、寫作的身影。二〇一六年，在他位於法蘭克福古斯塔夫弗萊塔街（Gustav-Freytag-Straße）的故居上，設立了紀念碑。另外，他在柏林的故居也設立了一面紀念碑，寫著一九三四年至一九三八年，萊西—拉尼茲基在此居住。兩面紀念碑上都刻了他所說過的同樣的一句話：「我的家鄉是文學」（Meine Heimat ist die Literatur）。

注釋

1 Reich-Ranicki, M. *Mein Leben.* München 2000, S. 21.

2 Reich-Ranicki, *Mein Leben.* S. 92.

3 Reich-Ranicki, *Mein Leben.* S. 97.

4 在這個頒獎風波後一週，果真催生出一集特別節目：《餘波——萊西－拉尼茲基與格夏克對談》（*Aus gegebenem Anlass – Marcel Reich-Ranicki im Gespräch mit Thomas Gottschalk*）。

文學四重奏——帶著愛意又有點刻薄地讀書

話語，話語，以及話語

我常說，在德國有強大的公共知識分子傳統，朋友們常問我，難道臺灣沒有公共知識分子嗎？當然有，但我的意思倒不是德國才有積極介入公共事務的知識分子，而是，這個國家的知識人與文化人擁有非常強大的話語權。不只文化界非常清楚和強調自己的公共角色，一般德國人也極為重視文化界的意見，因此常常可以看到文化界針砭時事，登上媒體頭版，哲學家與作家們針對時政議題偶有公開信或連署，總是舉國矚目。例如，作家葛拉斯（Günter Grass）對政治的批評幾無例外地會登上媒體頭版，他還曾是《明鏡週刊》的封面人物。

以萊西—拉尼茲基的電視節目為例，足可說明文化界在德國社會的地位：德國第二公共電視臺（ZDF）的長青節目，《文學四重奏》。

這個節目我非常喜歡看，第一代主持人是已逝世的文學批評教父萊西—拉尼茲基。因為對於文學的熱情及源源不絕的敘事能量，他成為主持文學節目的最佳人選。一九八八年第一集開播，形式就是四個人坐在沙發上，就一個主題談書。其他三人分別是：作家與文學教授卡拉謝克（Hellmuth Karasek）、奧地利文學批評者及德國各重要報紙文化版記者勒夫勒（Sigrid Löffler）、作家及文化記者布須（Jürgen Busche，他也是德國總統魏茨澤克〔Richard von Weizsäcker〕的文膽）。

第一集裡，萊西－拉尼茲基是這麼開場的：各位觀眾，這不是個脫口秀，這個節目只會有話語，七十五分鐘不停的話語，話語，以及話語。如果幸運的話，也許也會有思想產出。這個節目裡難免會有爭辯，我們也不想要避開爭辯。如果您不是喜歡話語文字的人，如果您不是喜歡文學的人，您轉錯頻道了，這個節目會讓您感到極為無聊。

我從未對這個節目感到無聊。

要以這樣的方式談書，既充滿愛意又帶點刻薄

第一集的主題是，德國六八學運對於文學有什麼影響。這不是一般的讀書會，而是激烈的辯論，他們在那七十五分鐘裡激辯三本書以及詩集，每人都對作者生平、文學發展、作品內容、創作手法以及時代歷史關係等滔滔不絕，甚至彼此攻擊，火花四濺。他們不會彬彬有禮，行禮如儀地評論文學，而是充滿火藥味地明確表達立場，後來在某一集中，萊西－拉尼茲基這麼說：我們要以這樣的方式談書，既充滿愛意又帶點刻薄，用心良善卻又有點惡意，可是不管怎樣都要明確，因為明確才是批評者的禮節。

他們的評論當然並不都能讓我信服，例如萊西—拉尼茲基會評論葛拉斯的《錫鼓》（*Die Blechtrommel*）是優秀但不重要的著作——我們都知道他錯了。可是他們並不試圖說服我們，他們不是做學術研究的人，他們要與文學奮戰，剖開作品，在時代中呈現作品的意義，以及他們對作品的愛與恨。

他們不只談當代作者，也談古典作品，不只談書，也談社會、政治、愛情……不用說，文學的世界當然涵蓋一切，例如在第一集裡，他們從學運談到哲學、馬庫色、班雅明、阿多諾等，談越戰，談文學與政治的關係。他們也評論朋友們的著作，做為文學批評家的他們有許多文壇朋友，而他們充滿愛意又帶點刻薄、用心良善卻又有點惡意的明確批評，當然得罪了很多人。例如萊西—拉尼茲基會與葛拉斯、艾芙烈·葉利尼克（Elfriede Jelinek）、瓦爾澤（Matin Walser）、漢克（Peter Handke）、弗里施（Max Frisch）等撕破臉皮，差不多是所有大學德語文學系會為其作品單獨開課的每一個作家。

甚至他們也彼此得罪——以他們的激辯程度，如果一直相安無事才讓我驚奇。例如某一集談論村上春樹的《危險的情人》（*Gefährliche Geliebte*，《國境之南，太陽之西》的德文譯本），萊西—拉尼茲基將該書的性與愛的描述與《查泰萊夫人的情人》相提並論，指責另一個評論者勒夫勒總是排斥愛情情節，並把愛情視為某種令人不快反感之事，令勒夫勒大為震怒，宣布退出該節目。

這個節目自開播至今，已近三十年，中間曾停播不少時間，這些年來共播出大約九十集，四重奏的成員也換過好幾輪。在當年電視影響力極大時，每集節目平均約百萬人收看，某些爭議性高的主題更是能製造極高收視率及媒體報導。今日網路時代，電視的重要性相對減弱，收視率降到大約一半。但仍是德國重要的文化節目，人們仍然關注著這些文化人的意見，媒體依然報導著節目的內容，而每一集被評論的文學作品，總是會熱賣，無論是好評或惡評。

二〇一七年三月三日開始，另一位一流的作家苔雅．朵恩（Thea Dorn）接下主持棒，為這個節目帶來另一種正面刺激。朵恩來自法蘭克福，曾在法蘭克福讀哲學，受法蘭克福的哲學家們影響很大，苔雅．朵恩這個筆名就是取自狄奧多．阿多諾（Theodor Adorno）的轉音。前幾年她與理察．華格納（Richard Wagner）合寫了一本《德國文化關鍵詞》（*Die deutsche Seele*），探索德國文化的核心精神，展現其博學多識，引來文壇重視，她也因而時常受邀上節目討論文化議題，自己也主持文學廣播節目。除了會寫，她還是個思考銳利、口才極佳的人，她接手後的《文學四重奏》，與萊西－拉尼茲基還在時一樣精采。

這個時代，一切都那麼迅速、那麼容易讓人分心，一切學科都以實用與否被判定價值，一切都追求絢麗。這個播了近三十年、只有話語的純粹文學節目還能有強大的影響力，證實德國的確仍有足夠的人文市場。坐在電視前，看著臺上四位熱愛文學的人激辯著絕不實用的哲學與文學，整整一個多小時彷彿世上除此之外再無值得你我面紅耳赤之事，並想到全德國多少人也與我共同關切著文學，知道變化的時代裡有些不變的事物，我便稍稍感到安心。

大學之城

德國有許多美麗的大學城。海德堡、杜賓根、哥廷根、弗萊堡、馬堡等美麗的小城中，知名的德國教授們與無數來自全世界的學生，為德國幾百年來的學術發展建立良好傳統，那些典雅精緻的大學老樓，那些古老小巷中的學生酒吧，那監禁鬧事學生的校方監獄等，都是談起德國大學城時的標準意象。

在這個意義上，法蘭克福並不是大學城。

但我認為，法蘭克福大學與這座城市百年來的歷史緊密相連，要看清這座城市的面貌，不能不看看這座法蘭克福人最喜愛的大學。這間大學不像其他德國傳統名校歷史那麼悠久，建校不過短短百年，可是其影響力絕對不亞其他德國大學，甚至不亞於世界上任何一間大學。雖由猶太人捐助創立，但這裡的學術研究，並不偏頗任何族群——第三帝國那段歷史除外——這裡曾孕育猶太神學家布伯（Martin Buber）、基督教神學家蒂里希（Paul Tillich）、社會哲學家霍克海默（Max Horkheimer）、阿多諾、哈伯瑪斯（Jürgen Habermas）等，哲學家班雅明與鄂蘭也曾棲息在這所大學，諾貝爾醫學獎得主埃爾利希（Paul Ehrlich）也在此培養了一整代領先世界的醫學人才。這所大學，左右了德國歷史的走向，也左右了法蘭克福的城市面貌。

但遺憾的，被稱為死亡天使的集中營人體試驗醫師孟格勒（Josef Mengele），也在此取得博士學位，這理當是學術殿堂的地方，卻訓練出了殺人機器。而在法西斯時代，大學也配合政治，放逐了不符合納粹意識形態的教職員與學生。這間大學有其榮耀面，卻也有其陰暗面，討論法蘭克福大學的歷史，與討論戰後德國的歷史一樣，忽略那些不法與不正義的面向，都是不完整的。本篇便從法蘭克福大學開始，說說這座城市與這個國家不一樣的故事。

法蘭克福大學的光輝與黑暗

大學成立

法蘭克福因為猶太人，而有了一所極佳的高等學府：法蘭克福大學，正式名稱為法蘭克福約翰．沃夫岡．歌德大學（Johann Wolfgang Goethe-Universität Frankfurt am Main）。

法蘭克福大學不像其他德國名校擁有悠久的歷史傳統，成立不過短短百餘年，卻因吸引了一群優秀學者，讓這所大學在創校之初就邁入世界一流學府之列，只是大學在納粹時期失去了大量的優異頭腦，終究未能留住其學術能量。可以說，其崛起、其敗落，都與猶太人的命運相關。

德國傳統大學多與國王或貴族有關，在中世紀時成立與運作的財源來自宮廷，因此很多大學的名字都冠上皇室的名字，例如慕尼黑大學的正式名稱為慕尼黑路德維希．馬西米蘭大學（Ludwig-Maximilians-Universität München），用以紀念巴伐利亞王國國王。但是法蘭克福大學不一樣，這個大學一開始也必須向國王申請，獲准後才能設立，以確保該校符合普魯士的學術規定，因此，學校一開始的名字叫作皇家法蘭克福大學（Kögnigliche Universität zu Frankfurt am Main）。不過，大學以基金會方式運作，有極高的自主性。這所大學是市民的大學，如同法蘭克福這座城市一樣，充滿了市民精神。

法蘭克福從中世紀以來就是知名的商業城市，富商密集程全德最高，二十世紀初在法蘭克福有超出五百位百萬富翁。當年以猶太人為主的法蘭克福市民看到猶太子弟在接受高等教育上的不利，希望能成立一所不同於傳統的新式大學。在當時的市長阿蒂克斯（Franz Adickes）及許多猶太裔企業家、銀行家支持下，來自社會各階層的代表們決議，辦一所類似英美一流大學的市民大學。一九一一年，在當時的草案中寫著：法蘭克福要的不是傳統大學，而是一所自由的大學。意思是，這所大學將與逝去的老時代的殘餘無關，必須更能反映當代的商業與精神生活。

一九一四年，第一所完全來自私人募資的基金會大學成立了。大學治校並不是以校長意見為主，而是由校長、當時五個學院的院長、加上出資者、地方政商名流，組成校務董事會共同決定，因為市民參與了這所新大學的成立與規畫，因此當時雖然是相當艱困的一戰年代，但很快就取得了成功。

大學成功的原因也在於建立了現代化教育體制，成立者一開始就希望大學不只是傳授理論、進行抽象學術研究的地方，還要能兼顧理論與實踐。例如，當時法蘭克福大學的自然學科擁有自己獨立的學院，而那個時代自然學科在其他傳統德國大學裡，還是哲學學科下的一門子學門。另外，經濟學及社會科學也被獨立成單獨的學門，同時也成立了許多隸屬於大學的研究單位，例如後來成為傳奇的社會研究所（Institut für Sozialforschung）。一所不同於德國中世紀以來傳統學術系統的現代大學，全貌已然成型。

有個地方可以看出大學現代化的企圖。雖然大學出資者很多猶太人，但創校者從一開始就不想讓信仰之事干涉學術，為大學保留獨立自主的思想空間。雖然大學也研究神學，但並不像許多德國傳統大學，研讀神學的重要目的是為了訓練神職人員，市長阿蒂克斯宣示，這所大學必須獨立於宗教認同，於是並不設立神學系（Theologische Fakultät），而以宗教學系（Religionswissenschaft）取而代之。各種宗教信仰的師生都可以齊聚一堂討論神的問題——不管是哪一種宗教的神。這不只符合獨立學府精神，也符合法蘭克福的自由與寬容精神。

大學自己的網頁上這樣形容納粹上臺前的榮景：一九三三年以前法蘭克福大學的教授職員錄，就像是德國飽學之士的Who is Who名冊，例如諾貝爾醫學獎得主埃爾里希、諾貝爾物理學獎得主封．勞爾（Max von Laue）、波爾恩（Max Born）與斯特恩（Otto Stern）；還有一流學者們，如哲學家布伯、神學家蒂李希、政治經濟學者勒維（Adolph Löwe）與歐本海默（Franz Oppenheimer）、社會學家曼海姆（Karl Mann-

二十世紀初，在當時法蘭克福市長阿蒂克斯（右）與多位企業家、銀行家的支持下，一所嶄新、反應當代商業與精神生活的市民大學：法蘭克福大學誕生了。（Wikimedia Commons）

heim）、神經學家格德斯坦（Kurt Goldstein）、皮膚學及性病研究的先驅者赫斯海姆（Karl Herxheimer）、解開數學界知名的希爾伯特（David Hilbert）二十三道難題之一的數學家鄧恩（Max Dehn）等等。另外也有無數才華洋溢的學生坐在這些教授的課堂裡，日後也追隨他們老師的腳步，成為一流的研究者。其中一人就是幾乎以一人之力決定了戰後德國社會學發展的阿多諾。

這樣的說法實在太過謙虛，衡量當時德國學術界在世界上的領先地位，可以說法蘭克福大學所吸引來的教授們，稱世界一流也不為過。該校歷史系教授哈默斯坦（Notker Hammerstein）便說，大學剛剛創立時召集了世界頂尖頭腦，在法蘭克福市的大大小小咖啡廳、歌劇院、沙龍等地聚集討論，創造了對世界開放、寬容與自由的知識氣氛，那是大學及這座城市的「黃金二〇年代」（Die Goldenen Zwanziger）。

從大學創校初期的學者名單可以看出，猶太人有很高的比例。一九三三年納粹掌權前，大學的教授中有三分之一是猶太人。並非創始者刻意打造猶太大學，而是本著自由的精神，願意廣納在其他傳統德國大學難以找到位置、不願皈依基督教的猶太學者，也因此為大學贏得進步與現代的形象。也是這間大學畢業的作家徐威布須（Wolfgang Schivelbusch）就這麼描述二〇年代的法蘭克福大學：「接納不受寵愛的雛鳥的叛逆大學。」

也正是這些不受寵愛的雛鳥，打造了黃金二〇年代，只是這個輝煌的年代在希特勒上臺後立刻就結束了。一九三三年春天，上百位猶太教授被迫離開教職，無數學生被迫退學。

納粹的教師們

法蘭克福大學教育學系兩位學者穆勒（Saskia Müller）與歐特邁爾（Benjamin Ortmeyer）的《一九三三年到一九四五年傳播意識形態的教師們》（*Die ideologische Ausrichtung der Lehrkräfte 1933–1945*），研究納粹時代的「國家社會主義教師協會」（NSLB；Der Nationalsozialistische Lehrerbund）。這是一本翻案之作，兩位作者透過詳盡的史料蒐集，證明了國家社會主義教師協會如何配合納粹意識形態，設計帶有仇恨內容的教學，發行親納粹教育期刊，有系統地以種族主義、法西斯主義、反猶主義的方式教育學子，並向偏馬克思主義的學校進行鬥爭。這個協會是當年德國中小學教師受官方認可的最大型協會，有九七%的教師是協會會員，其中更有三分之一是納粹黨員，因此這個非常納粹化的協會在戰爭結束後，就被同盟國解散。然而，教育界一直有為該協會辯解之辭，認為納粹化的教師只是個案，多數教師雖然加入協會，但那是受制於納粹時代的職業要求。這本書推翻了這個說法，指出在協會有意運作下，教師都成為系統性傳播政治意識形態的工具，因而協會也是納粹罪行共犯結構之一

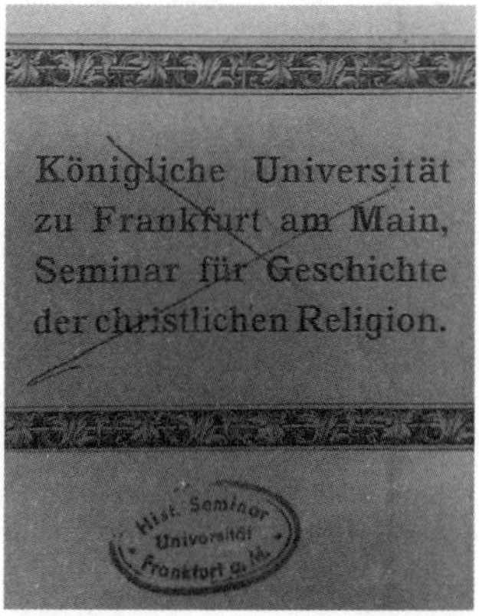

在法蘭克福大學圖書館的老藏書裡，還可以看到當年的皇家法蘭克福大學藏書票。（蔡慶樺攝）

環。甚至，大屠殺倘無這樣的教育機器做好準備工作，亦將無法順利執行。

穆勒與歐特邁爾描述，協會所信仰並積極教育的納粹意識形態是崇尚建立在民族主義及種族主義上的德意志民族共同體，並且反猶、反吉普賽人、反共產主義者、反具遺傳疾病者，以及，反無用者（Unbrauchbare）。

納粹不只視猶太人為外部敵人，在德意志民族內也尋找敵人，「無用者」，就是不被認同為德國人的德國人，那些生病的、體弱的、同性戀的、身障的、精神疾病的人，被視為無用、「低價值」（Minderwertige），是民族的腫瘤，對健康的民族體有害，因而被施以強迫節育、「安樂」死等手段，而為了合理化這些不人道手段，從教育著手，便成為了教師協會的運作目標。在有系統地灌輸意識形態後，官僚—教育—技術—政治的共犯體遂完全成型。

該書作者們討論了中小學教師。我們還可以問：那麼大學呢？不只必須教學，還身負學術研究、以批判思考為天職的大學教師們，很遺憾的，並未例外。一九八九年，法蘭克福大學學生會自發組織了一個讀書討論會，研討納粹時期的法蘭克福大學歷史，後來，學生們把蒐集而來的史料、訪談、調查報告以及論文編輯成書：《棕色的奪權——一九三〇年至一九四五年的法蘭克福大學》（*Die braune Machtergreifung. Universität Frankfurt 1930-1945*）。這本書詳細記錄了當時法蘭克福大學如何配合納粹一體化政策（Gleichschaltung），而將猶太裔學生們驅趕出校園。大學因而成為極權主義統治機器的配合環節。

在《重建職業公務員法》（*Gesetz zur Wiederherstellung des Berufsbeamtentums*）的規定下，前述那些打造法蘭克福大學黃金二〇年代招牌的教授們，許多被迫離開學校，許多課程取消，而註冊的學生數也遽減，有些是猶太裔學生，而有些則是因為政治立場不「正確」。少了那些教授與學生的大學，不再有任何知識上的吸引力。

在一份名為「為盡速解散而派任非雅利安人教授至法蘭克福」（Versetzung nicht-arischer Professoren nach Frankfurt zwecks baldigem Abbau）的校方檔案中，可以看到一個奇特的現象，那些猶太裔的教授離開了，可是，中央當局卻從別的地方再補入猶太裔教授。一開始，納粹政權容忍那些曾為德國上過一戰戰場的猶太公務員與教授，這些曾為雅利安人流過血的猶太人，不必適用《重建職業公務員法》，得以暫時保住工作。可是，在柏林主管高等教育的當局還是想擺脫這些教授，於是將全德的猶太裔教授都送到法蘭克福大學，以便在未來透過解散這間猶太及自由主義色彩太過濃厚的大學，一併解僱這些血統不純正的「愛國者」們。這個檔案便包括了一九三四年九月，校方寫給法蘭克福市長的抱怨信。而在校方動用政界與媒體關係後，最後得以保住這所大學。

法蘭克福大學就這樣一方面強迫猶太裔教授離開，一方面又被迫接收其他地方的猶太裔教授。從這個荒謬的現象，可以看出當時猶太裔學者的困境。

猶太學生被逐出課堂

除了教授，猶太學生也被逐出課堂，法源依據主要是一九三三年四月二十五日通過的《解決德國學校及大學人數過多法》（*Gesetz gegen Überfüllung der deutschen Schulen und Hochschulen*）。根據這部法律，非雅利安人學生的數目，不得超過全體的一．五%，這尤其嚴重影響了法蘭克福大學，因為該校有些學系猶太裔學生的比例甚至超過一成。

因此，接下來在一九三三年夏季學期，猶太學生註冊數目遽減五〇%。而留下來的學生，也必須面對各種反猶羞辱，例如大學大門設立了崗哨，專門檢查學生證件之用，以阻撓猶太學生進入課堂。該年五月，所有非雅利安人學生必須將學生證更換為紅色以利區別，並不得加入學生會。猶太學生在學校餐廳因而必須支付校外人士的價格，不得參加學生保險，也喪失已獲得的獎學金，甚至必須繳還已領取的獎學金。

逐漸的，已經快拿到博士學位或快參加畢業考試的學生，也因血統不正確而被剝奪畢業機會。例如當時在法蘭克福大學醫學院牙醫系的傑出博士生伊絲特．科諾普夫（Ester Knopf），一九三七年時已經寫完博士論文，但因為她是出生於波蘭的猶太人，其指導教授將論文退還並告訴她：「我去了院長那裡，他說，德國的博士頭銜是非常榮耀的頭銜，我們不能授予猶太人。我建議您去瑞士試試看。」

除了逐出猶太學生外，法蘭克福大學還採取其他手段，把大學「淨化」為合乎納粹意識形態的教育機構。例如，校方也強迫持共產主義政治理念的學生退學。另外，那些已經獲得校方授予博士學位的非雅利安人，大學也剝奪其博士頭銜。在納粹掌權的十二年間，法蘭克福大學取消了已經授予的一百一十四個博士學位。

從黃金的二〇年代，到大量解聘教員與驅逐學生的三〇年代，一所原來最自由化的大學，就此被一體化。

納粹黨用一體化（Gleichschaltung，動詞 gleichschalten）這個字，非常值得探究。這個字原來被使用在物理與電學，是中性的技術字彙，gleich 是同時、一致、同等，schalten 是開關、調整；在納粹的用法中，便是指把全國的組織、機關、團體調整為依照國家社會主義意識形態運作，遵循權力核心所定下的路線，使得全國在世界觀、政治立場上都調整為一致。可以想像，在納粹積極於各公務機關與教育單位推動一體化政策時，猶太色彩強烈的法蘭克福大學是首要目標。這間大學及其中許多師生都是不符合共同體期待的「異質者」，都不可能在血統、意識形態上與雅利安人「同步」，當然是必須被排除於外的對象。

一所大學的「轉型正義」

也正因為有這麼一段陰暗的過去，戰後，法蘭克福大學發展出一個極為特殊的方向，對於自身的歷史執行「轉型正義」。

一開始，這不是那麼自然而然的，戰後的大學如同當時主流德國社會的態度，絕口不提陰暗的過去。甚至，根據法蘭克福歷史系教授史騰姆勒（Gunter Stemmler）在《測量榮譽》（*Die Vermessung der Ehre*）一書中所揭露，法蘭克福大學在戰後一九五三年至一九六四年期間，居然還頒贈榮譽市民、榮譽博士學位等榮銜給多位曾加入納粹黨員的地方仕紳名流。這除了顯示大學擬在校務經費上爭取更多資助的心態，其實也顯示了，校方決策者認為納粹歷史並非需要面對之事。

但是，隨著六〇年代檢察官鮑爾（Fritz Bauer）的努力，司法界開始追查納粹迫害猶太人的罪行，加上學運世代要求對父母輩的過去做出明確交代，整個聯邦德國對於納粹問題有了不一樣的理解。大學也在這樣的「轉型正義」呼聲裡，往前邁進。

現在，走入大學的正門，便可以看見設立在主樓前廣場的悼念第三帝國時期被迫勞動者紀念碑，這個廣場就叫作「諾貝爾特—沃爾海姆廣場」（Norbert-Wollheim-Platz），紀念戰後第一位提告的被強迫勞動者。而主樓前也設置銅牌，以德英雙語銘刻著猶太裔作家阿梅里（Jean Améry）的話：「沒有人可以自外於其民族的歷史。我們不應該、也不允許讓過去自行安息，因為倘若如此，過去便會再次發生，而成為新的現在。」

二〇〇〇年開始，「大屠殺之歷史與影響弗里茲鮑爾研究所」（Fritz Bauer Institut zur Geschichte und Wirkung des Holocaust）正式落腳法蘭克福大學。這個研究單位是公私部門集資設立，紀念追查納粹罪行的鮑爾檢察官，出版甚多關於第三帝國歷史、法西斯主義與當代反猶主義發展的研究，時常舉辦講座，是推動轉型正義歷史教育的重要機構。相關的故事，可參閱本書「正義與不正義之城」中關於鮑爾檢察官的部分。

另外，法蘭克福大學內也設立「大屠殺歷史與影響」（Geschichte und Wirkung des Holocaust）教席，成為全國唯一設立大屠殺研究教席的大學。目前擔任教席的是歷史學者史泰恩巴赫（Sybille Steinbacher），同時主持鮑爾弗里茲研究所，訓練學生研究法西斯主義等各種極端意識形態，目的在於避免這種反人類罪行捲土重來，這在這個極端政治意識形態愈來愈盛行的當世，顯得更加重要。

遲來五十六年的博士論文口試

德國大學的自我保存

一九三三年，海德格（Martin Heidegger）接掌了弗萊堡大學，發表了知名的（也是惡名昭彰的）就職演說：「德國大學的自我保存」（Die Selbstbehauptung der deutschen Universität）。

在演講中，他以回顧西方思想史的高度談及校長與大學的使命、大學對於德國民族的意義，認為全體大學師生都處於「我們的精神－歷史之在此存有的開端之力量下」，意思是，德國大學正處在重回歐洲精神開端的契機中，這個開端即是希臘哲學的產生。從這個開端之後，西方人才有思想與語言去掌握自身之存有，也因此所有的學術才得以可能。在此意義下，所有學術都是哲學。但哲學並非純粹「理論」之事，而是做為開端與西方民族自我理解與保存的關鍵，決定了共同體的命運。海德格就這樣將學術推向了政治。第三帝國的政治計畫，正是一種尋回開端的政治哲學，而他擔任大學校長，就是要率領師生們發展新的、符合民族思想需求的學術，呼喚德國學術界應該在危機中尋找生機，為保存歐洲文化而奮鬥。

海德格從思想史角度提出的大學使命，落實在納粹教育政策上，卸下那些存有哲學概念後，出現的就是追隨元首、致力打造大學做為德意志精神共同體的教授們，以及那些被排除在共同體之外的前同事及同學們。所有大學都配合納粹一體化政策，開除猶太人教職員生並讓忠實於納粹意識形態的教授治校。

這種學術不能只是學術、學術也必須在「元首」的領導之下做為救國之術的想法，在每個大學都被忠實執行。希特勒上臺後沒多久，開始有計劃地改造大學。一九三三年四月七日，通過著名的《重建職業公務員法》，是驅離政府中成分不佳公務員的起點，當然包括大學教職員；四月二十二日，通過對《學術大學教育學生法》（*Gesetz über die Bildung von Studentenschaften an den wissenschaftlichen Hochschulen*），明訂德國大學擬教育的學生對象是「具有德國血統及以德語為母語者」；二十五日，通過《解決德國學校及大學人數過多法》，規定各大學最多能招收的非雅利安人新生比例為一．五%。各邦也在這一年通過各種法令，將大學治校的原則從「自主」調整為「服從元首原則」（Führerprinzip）。

一九三四年五月，第三帝國的「科學、教育及民族塑造部」（Reichsministerium für Wissenschaft, Erziehung und Volksbildung）設立，並在當年通過「帝國教授資格授予章程」（Reichs-Habilitations-Ordnung），將教職資格授予權從大學移至科學部，為清除非雅利安的教員確立法制面架構；一九三五年通過《大學教師除職及替換法》（*Gesetz über die Entpflichtung und Ersetzung von Hochschullehrern aus Anlaß des Neuaufbaus des deutschen Hochschulwesens*），徹底清洗不符合納粹意識形態的教師。也因此，在三〇年代末期，大量德國學術菁英被迫離開高等學府，流亡新大陸，結束了德國學術的黃金年代，也為美國學術研究帶來寶貴的正面能量。例如霍克海默、阿多諾、馬庫色、弗洛姆、鄂蘭、優拿斯（Hans Jonas）、施特勞斯（Leo Strauss）等流亡哲學家，均曾任教美國各校，倘無這些人，將無法想像今日美國思想界的學術發展。

未能口試的論文

法蘭克福大學執行「服從元首原則」極為徹底。這所大學長久以來帶有濃厚的猶太及自由主義色彩，對納粹來說，特別需要貫徹一體化，也因此有極高比例師生被迫離開校園。其中一個名教授就是當年社會學系的曼海姆，一位被迫流亡的學生是他所指導的博士生妮娜·魯賓絲坦（Nina Rubinstein）。魯賓絲坦的命運反應了那個時代大學的不義與寡情，以及這個時代如何平反當時的錯誤。

今日走在法蘭克福大學的學生餐廳大門口，會看到門前路名，叫作「妮娜—魯賓絲坦路」（Nina-Rubinstein-Weg），大部分人不知道這是為了紀念一段被迫害的歷史。

魯賓絲坦出生於俄語的猶太家庭，雙親於一九〇七年從俄羅斯流亡到柏林，隔年在柏林生下她。魯賓絲坦在此接受德語教育，直到一九一四年雙親離異後，跟著母親移居哥本哈根，一九一七年移居彼得格勒，一九一八年因為布爾什維克掌權而回到柏林。這些漂移的童年經驗不只使她在俄語、德語、丹麥語多語環境中成長，讓她日後決定選擇翻譯做為職業；也使她就讀博士期間，選擇以移民為研究主題。

一九二八年她進入柏林大學學習中國藝術史，一九二九年，為了追隨被稱為威瑪時代社會學明日之星的曼海姆讀書，她轉到海德堡大學學習社會學，並在他的指導下決定博士論文將比較法國大革命與俄國革命之後的移民情形。一九三〇年，曼海姆出任法蘭克福大學社會系教授，她跟著轉學到法蘭克福大學，三年後在曼海姆指導下寫成二百四十七頁的論文草稿《一七八九年後的法國移民：論政治移民的社會學》（*Die französische Emigration nach 1789. Ein Beitrag zur Soziologie der politischen Emigration*）。

這本論文雖完成了，最終卻沒能送交口試。因為在口試開始前，身為猶太人的指導教授曼海姆被校方解職，被迫逃離德國去了英國，而校方也不願為這本曼海姆已經接受的論文召開口試委員會。那本論文就躺在社會系的辦公室裡，無人聞問。

妮娜的流亡

一九三三年，魯賓絲坦也踏上指導教授的後塵，逃離德國——她並未放棄博士學位之夢，逃亡前還拜託另一個曼海姆的非猶太裔學生去系辦取回她的論文。於是，她便帶著她沒有機會口試的論文草稿，逃到了巴黎。到一九四〇年為止，她在巴黎依靠語言能力才能以翻譯維生。在巴黎時她想把一九三三年已寫好的論文譯為法文，在巴黎大學申請學位口試。但如同當時許多逃到巴黎的猶太流亡者一樣，她終日為生計奔波，這個計畫最終未能實現。

她的論文分析的是因政治因素而移民的現象，很巧合的是，在寫完論文後，魯賓絲坦也因政治因素被迫流亡，在巴黎成為政治移民。她以自身的不幸見證了她學術書寫的內容，這是某種悲哀的巧合。

後來法國也淪陷了，她於一九四〇年離開巴黎，前往里斯本，這次匆忙的逃命，她沒能帶上當年寫好的論文草稿。在里斯本她搭上了往新大陸的船，如同當時許多猶太裔知識分子，到美國尋找免於納粹暴政的機會。

到了美國後，她住在紐約，依然以翻譯為生，最後被聯合國僱用為同步口譯員。此外，她也是一位知名的攝影家，曾在美國舉辦多次攝影展。一九六八年她退休了，但仍持續翻譯俄國文學。

論文再發現

當年她遺留在巴黎公寓的草稿與書籍，被女鄰居收起，打包運到父母的農莊中存放，因而得以躲過戰火。戰爭結束多年後才重新被找到，發掘者將論文寄到紐約還給魯賓絲坦。後來這件事傳開來，加拿大的政治思想史教授克特勒（David Kettler）知道後，認為必須還給魯賓絲坦遲來的正義。

克特勒本人出生於一九三〇年的德國，也在一九四〇年時被迫逃到加拿大，他是知名的曼海姆思想研究專家，可說不管在學術興趣或個人的生命經驗上，他都與魯賓絲坦有著同樣的淵源。於是，一九八八年，他帶著論文草稿去法蘭克福大學找校方反應，他認為這個事件是個重要的學術與政治倫理問題，因為當年校方並未善盡保護學生的責任，才使魯賓絲坦失去她應有的博士學位。

法蘭克福大學表示願意給魯賓絲坦答辯這本論文的機會。於是，一九八九年十二月四日，魯賓絲坦飛到德國，在五十六年後站到考試委員會面前答辯。八十幾歲的她對《紐約時報》說，博士學位對她已無太大意義，但她希望這個行動能凸顯，當年高等教育如何受到納粹種族意識形態控制，而迫害學生應有的權益，她要為那些受害者發聲。

那位保存了草稿的法國女鄰居，也出席旁聽了答辯。這個答辯以及與法國鄰居的重逢，是大學當年慶祝成立七十五週年的盛事。她通過口試後，被授予哲學博士學位。當年曼海姆被迫離開教職、被命令停止指導學生時，寫了一封信給魯賓絲坦，說她有權利完成學業，也鼓勵她長期堅守，不要放棄，終有一天可以取得學位。曼海姆的話終於成真，只是沒想到這頂博士帽竟然遲來了五十六年。

二〇一六年，大學食堂前的這條路被正式更名為「妮娜—魯賓絲坦路」，但魯賓絲坦博士已經沒有機會看到母校的這條路，一九九六年，她過世於紐約。

德國大學的歷史自省

喚出那些名字

知名哲學家艾賓豪斯（Julius Ebbinghaus）在戰爭結束後重返馬堡大學，並被美軍政府選為校長，希望藉由他的學養及道德，高度重振大學的學術價值。他返回大學時，立刻進行了一場演講，直指德國人的罪責問題，其中一個重要的指控對象就是大學。他說：「在還來得及時，德國的大學錯過了機會，未能傾全力公開抵抗學術及民主國家被摧毀。在那個暴政之夜裡，大學錯過了點燃自由及法治之火的機會。」

魯賓絲坦的遭遇，證實了艾賓豪斯的反省。在德國的轉型正義工作中，許多被逐出校園的教職員與學生們，其個人命運值得我們再探索，以反省大學及大時代如何愧對這些人，及如何還給他們應得的，以落實正義。尤其是與魯賓絲坦一樣的無名學生們更是長期被遺忘，知名的教授們在戰後還有可能獲得機會重回講堂，例如法蘭克福大學社會研究所就在戰後搬回了德國。許多研究員及教師能結束流亡生活，回到熟悉的學校裡；可是那些還只在學術生涯起點、面孔模糊的學生們，被迫放棄學業、放棄即將到手的學位，人生中頭腦最佳的一段學習時光就這麼作廢，戰後也因為年紀大了，許多人必須直接進入職場，人生無法重來。如魯賓絲坦，一旦啟動了流亡的機制，似乎再也沒有回頭路。誰來追回那段時光？有多少人如魯賓絲坦一樣「幸運」，還能在多年後尋回自己被剝奪的人生？

除了那些沒有機會完成學業的學生外，還有已經完成學業、但最後因政治因素而被剝奪學位的人。二〇〇五年《明鏡週刊》有篇〈喚出那些名字，很重要〉（Es ist wichtig, die Namen zu nennen）的報導，便呈現了六十位學生在納粹時期的命運。

二〇〇三年冬季學期，科隆大學歷史系教授瑪吉・澤羅西－揚澤（Margit Szöllösi-Janze）開設一門研討課：「國家社會主義時期的科隆大學」（Die Universität zu Köln im Nationalsozialismus），與二十八個修課的學生一起探討研究那十二年間的大學校史，他們一起翻找檔案文件，得出的結果讓每個人都驚訝不已。檔案裡許多校友的博士學位被剝奪（Depromotion），其中一名修課的學生芭芭拉・曼特（Barbara Manthe）說：「我極為震驚，有那麼多被遺忘的名字。現在只能在檔案庫裡看到，而這些人已經過世多年，不再有人記得他們。我認為，喚出這些名字，非常重要。」

曼特且批評，在戰後校方什麼都沒做，讓曾經犯下的錯就這麼悄悄地沉寂在歷史裡，因為校方塑造了「我們並未參與」的神話，可是從這些被拔下博士頭銜的校友身上就可以看出，校方是共犯，甚至是積極熱心的共犯。

二〇〇五年，科隆大學進行了一場紀念儀式，重新頒授學位給納粹時期被剝奪學位的六十位校友們。當年這些人被剝奪學位，並非因為他們的學術表現有問題，僅因為他們是猶太人。那一天，科隆大學校長弗萊穆特（Axel Freimuth）在儀式上代表大學懺悔道歉，表示當年大學違背了高等學府應有的人道主義理想，他為該校未曾負起應負的責任感到可恥。六十個曾深受屈辱的名字一個一個被宣讀，他們未能到場見證遲來的正義，但在場的師生們都一同反省著這段尷尬的歷史。

《明鏡週刊》報導，全德約有一千八百位教職員生在第三帝國時代失去其學術頭銜。戰後，杜賓根大學於一九四九年時率先宣布，納粹時期對猶太人的學位剝奪行為無效，應恢復其學位，但其他大學則裝聾作啞。為什麼學界的轉型正義竟然在戰後多年還遲遲無法被落實？曼特的推論是，大學必須拖到九〇年代、甚至下一個世紀才能面對自己的共犯問題。因為老教授們在位多年，這些都是當年與當權者合作的幫兇；而另一方面，也因為這個議題複雜，被剝奪學位的不只是猶太人，還包括許多同性戀、身心障礙等被納粹歸類為「無尊嚴者」（unwürdig），即使在德國社會要為各種不同身分的受害者平反，也經歷了多年複雜討論與爭辯。

哥廷根大學的轉型正義

德國公法學重鎮哥廷根大學也有類似的歷史。

這間大學素來享有極高的學術盛名，哥廷根市因此也接納了無數來自全德與全世界的留學生，而成為一個雖小卻備受重視的小城，城市標語也打上「哥廷根，創造知識之城」（Göttingen, die Wissenschafft），顯見這城市對學術之重視。當年知名的法學學生歌德，就曾在《詩歌與真理》中寫下他的嚮往。他寫著，因為哥廷根大學那些名師，學生時代他總是計劃來此求學，「我最渴求的願望是，在那些老師的腳下坐著，記下他們的教導，可是我的父親不為我的願望所動。」最後歌德只好退而求其次去了父親的母校萊比錫大學讀法律。

納粹執政時，同樣有許多學生懷抱著如同歌德一樣的嚮往來到這個大學。可是當時的大學已經不再只是純粹的學術殿堂，而是一個政治動員的機器。一九三三年五月，納粹黨員、日爾曼學者諾伊曼（Friedrich Neumann）接下校長位置，為大學歷史揭下可恥的一章。這位新任校長於當年五月十日，舉行了公開的焚書儀式，批評雷馬克（Erich Maria Remarque）的反戰小說《西線無戰事》（*Im Westen nichts Neues*）。在他授意下，許多不符合納粹意識形態的師生被解僱，並撤銷已授予的博士學位。

哥廷根大學學校網頁設立專區交代了這一段歷史。三〇年代初期，大學約有二百三十八位教授，三千位學生在此註冊。當時的哥廷根大學被稱為「勞動的大學」（Arbeitsuniversität），因為對學術要求甚高，這裡的師生莫不兢兢業業研究。然而，這些學術人是德國的知識菁英，其政治立場向來趨向德國國族主義及保守主義，對於威瑪共和的議會民主制並不信任。納粹上臺後，學生們組成了反猶社團，校方更與這種明確反威瑪的意識形態一拍即合，徹底執行一體化政策。當時即使有哲學家內爾森（Leonard Nelson）、左派作家及經濟系學生漢娜・佛格特（Hannah Vogt）等少數師生試圖介入，還是無法扭轉大學納粹化的道路。根據一九三三年四月七日通過的《重建職業公務員法》，當年有四十五位教師被解僱。在納粹政權期間，有七十二個博士學位被撤銷。

這一段歷史重創了哥廷根對於學術曾有的自豪。戰後，諾伊曼並未受到太嚴重的懲處，他被禁止任教，但是後來得以申請正式退休。部分當年被驅離大學的師生，死於戰時，再也無法求得他們應得的正義。

很遺憾的，很多困難的轉型正義議題，竟然也必須等到加害者都不在了，才可能被正視，即使德國這樣處理法西斯歷史的模範國家亦然。不只前述的科隆大學、哥廷根大學，幾乎當時的德國名校都有其陰暗的政治過往。於是，進入二十一世紀後，愈來愈多德國大學投入了這個尷尬但不得不做的歷史計畫。近年來學術界的納粹一體化歷史研究便成為顯學。例如《學術的自我動員——「第三帝國」中的科技大學》、《歧視、排除、驅逐——國家社會主義中的柏林科大》、《納粹時期的柏林大學》等等都是這十年來出版的專著，深入而完整地呈現了大學中的加害者與被害者面貌。另外各大學也執行各種相關研究計

一九三三年五月，哥廷根大學校長、納粹黨員諾伊曼，公開焚書，並且撤銷許多不符合納粹意識形態的學生的博士學位。
（Wikimedia Commons）

畫，公布無數檔案，例如杜賓根大學執行的研究計畫：「國家社會主義時期的杜賓根大學」（Universität Tübingen im Nationalsozialismus）。

法蘭克福大學：學術的政治化

魯賓絲坦的命運也道出了，猶太人師生占了極高比例的法蘭克福大學亦有此陰暗歷史。二〇一六年出版的《學術的政治化——一九三三年前及之後法蘭克福大學猶太學者及其對手》（*Politisierung der Wissenschaft. Jüdische Wissenschaftler und ihre Gegner an der Universität Frankfurt am Main vor und nach 1933*）便是一個極佳的研究成果。

該書是法蘭克福大學紀念建校一百週年的自省之作。當年這個自由主義氣氛特別強烈的大學，非常不符合納粹的意識形態，一九三三年後，三分之一的教師被迫離開法蘭克福。《學術的政治化》便記錄那許多教職員生的命運；記錄這所大學，如何從收容另類學者的思想之家，轉化成納粹種族政策的執行機器。

大學在建校百年時，重新挖掘這段歷史，書寫許多如同魯賓絲坦的悲慘命運，也記錄了校方在當時配合政權的錯誤。除了那些受害者，書中也記錄加害者的名字，而其中之一個必須記住的，是法蘭克福大學訓練出來的醫學博士孟格勒。

在美劇《豪斯醫生》（*House*）某一集中，主角豪斯醫生的女上司訓斥他，要他確認病症後才可以下藥，勿將病人當白老鼠，她說：「我們又不是孟格勒！」可見這個名字的不尋常。為什麼她這麼說？因為孟格勒代表的，正是德國醫學界最陰暗的一章，也是法蘭克福大學歷史上的汙點。

孟格勒在法蘭克福大學取得學位後，仍留校研究工作，他所研究的方向正是遺傳醫學，並使用其醫學專業為納粹種族主義的狂熱背書。在法蘭克福大學建校百年時，該校教育學者歐特邁爾便舉行了一次公開演講：「醫生孟格勒與歌德大學」（Dr. Mengele und die Goethe-Universität），細數了大學與這位醫師的關係。

孟格勒因為在集中營裡施行人體試驗，背棄了醫者救人天職的誓言，被稱為「死亡天使」（Todesengel），戰後便因此戰爭罪行而

擁有輝煌歷史的法蘭克福大學，也曾培養出恐怖的殺人機器。孟格勒（中）是法蘭克福大學醫學博士，在集中營裡進行人體實驗，被稱為「死亡天使」。圖為他與另外兩位黨衛軍（SS）理察・貝爾（Richard Baer，左一，奧許維茲指揮官）、魯道夫・胡斯（Rudolf Höss，右一）於一九四四年攝於奧許維茲集中營前。

逃亡南美洲。一九六四年，這位慕尼黑大學及法蘭克福大學的博士，被兩間大學雙雙撤銷博士學位。孟格勒為捍衛其博士學位，甚至委託律師在德國辯護，但最後仍然落敗。這是大學轉型正義的一步。

比起魯賓絲坦，這才是不配獲得博士學位的人。遺憾的是，像孟格勒這樣的人不在少數，當年，本應該以救人為天職的醫生們，有許多參與了納粹的醫學實驗，甚至對不符合民族利益的人執行強迫節育或安樂死。在一九三九年到一九四五年間，約有三十萬人死於納粹的醫生之手，其中約有一萬人是青少年與兒童。殺害這三十萬人的醫生中，有多少人記得希波克拉底誓詞對醫師「病人福祉至上」的要求？撤銷孟格勒的博士學位，是法蘭克福大學正確的行動，那並非進行政治追殺，而是守住學術不受政治侵犯的界限。

今日，在法蘭克福大學學生會的辦公室前，一張掛在樓梯間的大海報展示孟格勒的生平，提醒學生們這位學長曾犯下的罪過，也提醒學生們，學術的真正目的應當是保存人類文明的價值，而非摧毀。

哲學與政治——大學焚書

做為一個哲學閱讀者，不免常常要面對這個問題：哲學有何用處？許多人已經提出過無數睿見，我無法說出更好的想法，黃冠閔教授在哲學之道叢書《什麼是……？》的總序：〈為甚麼哲學會被判定為無用？〉中說，哲學學習事關公民社會的圖像。這是很好的定義，哲學試圖回應這些攸關當代社會根本價值的問題：你希望我們這個社會有什麼樣的哲學？你希望活在什麼樣的公民社會裡？哪樣的公民社會如何才可能？

但我想從另一個角度思考哲學的用與無用：哲學對某些人來說，也許確確實實有其用處，然而那哲學之有用，卻不一定是我們所樂見的。

我想的是做為政治的哲學、有著政治目的的哲學。哲學並非思想的遊戲，而是治國之術，西方哲學奠基者柏拉圖已明確指出。我們必須學習哲學，才能真正理解良善的公共生活為何，能夠明智處理人間困難的倫理議題。可是如果我們有意地誤用哲學，哲學可不可能也成為一種誤國之術？

做為存有哲學代表者的海德格當年被任命為弗萊堡大學校長，成為第三帝國的桂冠哲學家，顯見抽象的理論與政治實踐之間的緊密關係。他在就職演講中回到希臘哲學，訴求所謂偉大之物，訴求在民族共同體中尋找拯救，這樣的哲學難道不有用嗎？海德格批判的對象正是那些不符合民族期待的無用學術。而這樣的「有用」，是一種「御用」，對哲學來說是巨大的危機。

今日在柏林洪堡大學法學院前倍倍爾廣場（Bebelplatz），有一個小小的地下角落，那是悼念納粹焚燒書籍之處，銘刻著詩人海涅的句子：「那焚燒書籍之處，最後也將焚燒人類。」納粹掌權那十二年，不符合納粹意識形態的作者、不配合一體化政策的大學教師，其著作均被納粹焚燒，而最後，他們真的也焚燒了人類。在法蘭克福羅馬山廣場（Römerberg）的地上，也鑲嵌了一塊紀念碑，上面刻著馬克思等人的名字，要世人勿忘一九三三年時在這個廣場上，曾經燒毀了那些對第三帝國無用、卻是人類共同珍貴資產的作品。

那是一九三三年五月十日，法蘭克福大學校長呼籲該校師生參與焚書行動，他們用牛車把無數書本從大學裡運送到羅馬山廣場，校方有意將這次行動擴大為政治動員，讓師生以外的市民也能參加，因此不在校園裡燒焚，而選擇在市政廳前的廣場舉行儀式。在晚間的焚書儀式中，大學安排了九位學生代表呼喊口號。從這些口號中，可以看出哪些作品方向及作者不符合納粹意識形態.

第一位呼喊者：反對階級鬥爭及唯物主義，擁護民族共同體的理想來維繫生命！我將馬克思與考茲基的作品丟入火焰。

第二位呼喊者：反對墮落與道德淪喪！支持在家庭與國家中培育倫理！我將海因李希・曼

（Heinrich Mann）、格雷瑟（Ernst Glaeser）及克斯特那（Erich Kästner）的作品丟入火焰。

第三位呼喊者：反對思想不忠誠及政治背叛，要對民族與國家奉獻！我將佛斯特（Friedrich Wilhelm Förster）的作品丟入火焰。

第四位呼喊者：反對過度強調欲望生活而枯死靈魂，支持人類靈魂的高貴！我將佛洛伊德的作品丟入火焰。

第五位呼喊者：反對偽造我們的歷史並貶低我們歷史偉大的成就，要敬畏我們的過去！我將路德維希（Emil Ludwig）與黑格曼（Werner Hegemann）的作品丟入火焰。

第六位呼喊者：反對充滿民主—猶太內容的、違反民族精神的新聞，支持能建設國家、有責任感的作品！我將沃爾夫（Theodor Wolff）與伯恩哈特（Georg Bernhard）的作品丟入火焰。

第七位呼喊者：反對背叛參與世界大戰軍人的文學，支持以防衛精神教育民族！我將雷馬克的作品丟入火焰。

第八位呼喊者：反對毀壞德意志語言，支持保護我們民族的珍貴財產！我將克爾（Alfred Kerr）的作品丟入火焰。

第九位呼喊者：反對傲慢無禮，要敬畏永恆的德意志民族精神！我將圖修斯基（Tucholsky）與歐希茲基（Ossietzky）的作品丟入火焰。

「有用」的哲學

在這些今日讀來依然怵目驚心的口號裡，彷彿可以想像當初焚毀這些無用之書的學生心中的恨意，及其站在火光旁憤怒的神情。雷馬克描述戰爭的殘酷，佛洛伊德探索人如何受欲望驅動，馬克思呼籲無產者的國際聯合……納粹認為這些是必須受審查並銷毀的思想，由此可以知道，對他們來說一個公民社會的圖像應該是什麼樣子——就是沒有這些作者、以及他們所訴求的那些理想。

那麼，什麼是有用的哲學，什麼是值得保存、推廣的思想？當然是符合納粹世界觀的。一九四〇年代，配合納粹一上臺即實施的《重建職業公務員法》，德國的大學教師被「清洗」乾淨。尤其是哲學系，被迫離開教職的教師比例遠高於其他科系，除了哲學系原來就有甚高比例的猶太人外，哲學這種攸關思想及意識形態的學科，更會被黨機器嚴格檢查。

留下來的哲學家，都可說是成分正確。許多人發揮其聰慧天才，為德國哲學與納粹世界觀的結合做出貢獻。例如格羅克納（Hermann Glockner），對德國黑格爾研究學界熟悉的人一定聽過這個名字，他是新康德主義者里克爾特（Heinrich Rickert）的學生，於一九二七年到一九四〇年間編輯了《黑格爾紀念版全集》（*Jubiläumsausgabe*），年輕時就出版了多本受到學界重視的黑格爾研究專書，是那個時代最傑出的黑格爾學者之一。但他接任吉森大學哲學教席，卻不純粹是因為他的黑格爾研究，任命狀上褒揚他「穩穩地站在國家社會主義的土壤上，在德國哲學中抵抗猶太影響。」

他如何「在德國哲學中抵抗猶太影響」？如何從哲學家的角度發揚國家社會主義？不同於海德格連結存有論、在世、共同存有、天命、虛無、科技等概念，隱晦地談論國家社會主義的意義，以至於納粹官方認為海德格說的是自己的國家社會主義。格羅克納明確主張納粹意識形態，並直接將納粹與德國哲學、希特勒與黑格爾揉合，完成了看似荒誕卻在那個時代具有高度政治功能的哲學創造。

他所編的黑格爾全集及他所寫的黑格爾著作在德國讀者無數，但是他的一本少為人注意的小書，才真正說出了他的政治哲學。在一九四一年的《論德國哲學的本質》(*Vom Wesen der deutschen Philosophie*)中，格羅克納反對自由主義、共產主義、猶太文化的影響，強調哲學最本質的東西應該是「鬥爭」(Kampf)與「勞動」(Arbeit)(這裡的鬥爭不能不讓人想到黑格爾《精神現象學》中，已成哲學史中傳奇的主奴鬥爭篇章；這個字的意思也是奮鬥，當然更不能不讓人想起納粹頭子的《我的奮鬥》)。因此，所有的德國哲學都應該思索這兩個概念的真正意義，才能避免「無關生活、遠離世界」(lebensfremd und weltferne)的哲學現況，也才能確保哲學是「從民族最強大的力量中被創出的」，進而「確保生命之施行及成型，不致朝向個人化，而是朝向共同體」。

除了格羅克納，第三帝國時代還有許多哲學者從各種進路思考哲學對於民族之用處。弗萊堡大學羅曼語文系教授郝斯曼(Frank-Rutger Hausmann)於二〇一一年出版的鉅著《第三帝國時的人文科學》（*Die Geisteswissenschaften im Dritten Reich*），清楚說明了那些符合政治立場的哲學家們。基本上這種哲學革命是力抗抽象或「普遍主義」（universal/universalistisch），要求具體特殊，以符合民族種族概念。他們大致發展出幾個方向，例如反自由主義及個人主義，進而反笛卡爾主義。這個立場的代表之一是馬堡大學的哲學家嚴許（Erich Rudolf Jaensch），對他來說，由笛卡兒代表的法國思想抽離了共同體，將知識化約為邏輯問題而非歷史問題，不符合「德國精神」。

可想而知，當時具有很大影響力的邏輯實證論者，在納粹時代的學術界也是被迫害者，不只因為邏輯實證論者很多來自猶太文化圈，還在於其學說完全不符合民族共同體的要求。

又例如，部分德國哲學家試圖奪下希臘思想遺產，證明希臘思想中的抽象部分應該被克服，例如柏拉圖的理念學說。德國哲學協會（Deutsche Philosophische Gesellschaft）創辦人許瓦茲（Hermann Schwarz）便寫了一本強調納粹思想深度的理論著作《論國家社會主義的哲學基礎》（*Zur philosophischen Grundlegung des Nationalsozialismus*），呼籲超克古典思想，並使用許多納粹語彙（鮮血、大地、語言、命運、民族共同體、內在力量）重述希臘哲學。

還有哲學家從納粹倫理學著手，強調共同體中的階級次序與納粹所主張的家庭傳統價值，正是百年來共產主義的解藥。另外，尼采的超人哲學更被引用納入納粹官方的意識形態中，發展出一種雅利安民族生機論哲學；萊布尼茲、費希特等德國哲學家的「德意志性質」也特別被強調。

沒有思想者的大學

為什麼這些思想者們與第三帝國一拍即合，甘做帝國子民，並主張改造大學，驅逐不符合種族主義要求的同事？

史家古魯特勒（Michael Grüttner）在《第三帝國：一九三三年至一九三九年》（*Das Dritte Reich. 1933-1939*）中，分析了納粹時期的大學角色。他指出威瑪共和時期約有兩到三成的德國大學教授加入保守主義政黨德意志國家民族黨（Deutschnationale Volkspartei），他們之中的許多人都緬懷俾斯麥的帝國時期，視共和國為德國吞下一戰戰敗的後果。可是這些教授在共和國時期並非國家社會主義黨的支持者，因為納粹的民粹、粗魯言行以及對思想自由的限制，無法吸引大部分的知識分子；此外，威瑪共和時期，普魯士及部分地區都禁止公務員加入國家社會主義黨，這也使得具公務員身分的大學教授對該黨興趣缺缺。因此，大學的知識人其實是傳統菁英，雖不認同共和國，但對納粹亦無好感。

可是，在納粹掌權後，這種反共和立場就被與反猶主義結合起來，學者們從知識上證明猶太與共和之間的連帶，認為帝國才是符合德意志民族本質的。愈來愈多的教授從各種角度為第三帝國的正當性與必要性書寫，當然也有學者並不反猶，可是仍相信只有納粹才能為德國帶來出路，他們只是隨波逐流，持一種表面的反猶主義，並沒有真正明確地接受納粹意識形態。

然而，即使只是發出了不帶意義的聲音，以曖昧模糊的態度參與政治，也還是協同打造了一個培育法西斯勢力的環境，納粹逐漸成為學術社群中唯一的政治指導者。法蘭克福大學中三分之一不符合正確立場的教員，因而被迫離開。總之，不管是積極主動或者消極被動，德國大學逐漸靠向了納粹，忠實執行一體化政策，放棄了以往大學自我定義為學術中立、無關政治黨派立場的角色，寫下了德國學術史中陰暗的一章。

除了教授們的消極配合，古魯特勒也指出三〇年代初期大學面臨的困境，使學術社群趨向政治化。那是經濟危機的年代，大學經費困難，例如普魯士就縮減了三分之一的大學經費。此外，學術研究面對正當性危機的挑戰，亦即必須回答學術何用的質疑，當時愈來愈多聲音認為，德國大學日漸專業分工化，從事的是「不食人間煙火的學術」（Lebensabgewandtheit der Wissenschaft）。

當時德國大學也有世代問題，一九三一年時，許多寫完教授資格論文的年輕學者找不到正式教職，許多人只能擔任兼任或短期講師，在糟糕的勞動條件下，盼望有朝一日能取得正式教職。根據大學協會統計，當時哲學系的編制外教授及講師，能取得正式教職的機率不到三分之一，而醫學院更只有七分之一。因此，那些處於學術社群邊緣的年輕工作者，在納粹號召改革學術環境、廢除往日的無用研究、在國家引領下強化大學功能時，非常容易受到感召。

在這些背景因素下，一九三三年後，德國大學成為納粹指導下的學術機構，幾乎每個領域的學術研究都必須符合政治指導原則，終於造成了大量猶太背景或政治立場有問題的學術研究者離開大學的結果。他們之中有些人逃到了國外，在海外保存了德國精神的血脈，例如愛因斯坦、鄂蘭、托馬斯．曼以及法蘭克福學派等；然而，更多人無法逃出，最後被迫坐上駛向集中營的列車。

回首這一段歷史，不能不感慨，有些思想者被逐出大學，有些思想者戴上了國家給的桂冠；有些人從事無用的學術研究被社會放逐，有些人從事「有用」的學術研究並放逐他人。

無數的哲學家們在那個年代，想方設法證明哲學之「用」。不過這並非德國特產，放眼歷史，在每個年代、每個威權獨裁中，都能見到某些為權力者及其意識形態聲張正當性的思想者。只是在第三帝國時期全國一體化的情況下，投入政權麾下的哲學家們人數極多，有些真心相信自己是為德國甚至西方尋求出路，有些是政治投機者，也造成哲學界擁護政治的思想深度與論述的廣度，遠非其他任何獨裁政權所能比擬的。甚至，流亡國外的文豪托馬斯．曼主張，所有在第三帝國十二年間能被出版的著作，都不值得一讀。此言雖激烈，但也成理。

中國流亡作家馬建說：「如果你對你的時代視而不見，你不能算是一個作家，更不能說你是個文學家。」而那些未被焚毀的書籍，那些獲得共同體肯定的思想，或者對時代的問題視而不見，或者以可疑的方式肯定了時代，最終證明了這些人也非真正的哲學者。

當年，從法蘭克福大學圖書館被運到羅馬山廣場的書籍中，有一位維也納的猶太裔醫生的作品被投入火堆，焚書者喊著：「反對過度強調欲望生活而枯死靈魂，支持人類靈魂的高貴！我將佛洛伊德的作品丟入火焰。」這位醫師後來於一九三八年德國吞併奧地利後被驅離家鄉，他在《文明及其不滿》（*Das Unbehagen in der Kultur*）中寫下的這一句話已能讓我們理解，為什麼他的作品對納粹來說如同眼中釘，為什麼他終究必須流亡異鄉：「文化必須用盡一切可能，為人類的侵略欲望設下界限。」納粹黨人稱佛洛伊德只看到了人類的欲望生活而忽略了人類靈魂的高貴，但我們怎麼能怪他呢？在那個時代，環顧四周，他看到的只能是無盡的侵略欲望。

社會學之城

如果問世上任何國家的人文社會科學學者，說起「法蘭克福」時他們想到什麼，答案十之八九應該是「法蘭克福學派」。一九二四年，成立十年的法蘭克福大學，設立了「社會研究所」（Institut für Sozialforschung），一開始是研究工人運動與社會主義的歷史及理論，一九三〇年由哲學家霍克海默接掌所長位置，將研究所發展為以左派理論批判性地分析社會的各個面向，吸引了哲學家阿多諾、班雅明（Walter Benjamin）、馬庫色（Herbert Marcuse）、心理學家佛洛姆（Erich Fromm）、法學與政治學家契爾希海默（Otto Kirchheimer）、諾伊曼（Franz Neumann）、社會學家羅文塔爾（Leo Löwenthal）、波洛克（Friedrich Pollock）等學術界的新秀，並發行《社會研究期刊》，把法蘭克福研究所打造為「批判理論」的大本營，奠立了法蘭克福學派的名聲。只是，納粹上臺後研究所多數成員流亡他國，研究所也被迫必須遷到紐約，終止了法蘭克福的社會學黃金時期。

戰後，霍克海默與阿多諾返回法蘭克福，重建社會研究所。這個研究所在戰前被學生們暱稱為「馬克思咖啡館」（Café Marx），現在被學生改成霍克海默的名字，以「馬克斯咖啡館」（Café Max）的名號在美茵河畔重新開張，從五〇年代開始，再為這座城市灌注人文社會科學的能量，並在公眾界成為意見領袖，影響力已不限於學術界。尤其招募到哈伯瑪斯後，法蘭克福學派的理論建構與介入公共議題的能力更達高峰，甚至也已不限於德語世界。美國的思想史學者馬丁．傑伊（Martin Jay）在其研究法蘭克福學派史的博士論文《辯證的想像》（*The Dialectical Imagination*）中，即稱法蘭克福學派是使戰後西歐馬克思主義得以復興的最重要力量，並且，隨著學派成員馬庫色戰後留在美國任教，其力量也穿透了六〇年代的美國，影響了「新左派」思潮。

但是，本篇並不試著勾勒法蘭克福學派的整體面貌。正如哈伯瑪斯在一篇論文〈關於法蘭克福學派影響史的三個命題〉（Drei Thesen zur Wirkungsgeschichte der Frankfurter Schule）中所說，做為一個整體的法蘭克福學派，除了在紐約的那幾年之外，「從未存在」。所謂的學派是「虛幻的一體」（fiktive Einheit）。我也不認為法蘭克福學派有一個核心的命題或整體面貌，而是一個百花齊放的論壇。我想透過描述阿多諾、班雅明、哈伯瑪斯這些人具體的生命經驗，以及與德國歷史之間的糾纏，呈現理論與生命的關係。如果非得為這幾個法蘭克福人找到共同的特質，我認為是「理論」，他們都是「理論之人」（Homo theoreticus），各自在自己的生命情境中，以不同的方式實踐理論。

這是座社會學之城，在這裡，學術不是抽象的學問，而是介入歷史與社會的能力。法蘭克福是思想家的舞臺，甚至是戰場。本篇也敘述哈伯瑪斯如何在美茵河畔，參與了一場改變德國對於法西斯過往理解的歷史學家之戰。這場戰爭，參戰的每一方都傷痕累累，但這是一場必要的戰役，要處理一個國家沉重的歷史罪責，必須依賴這些思想者激烈的論辯，因為在交鋒之後留下的思想資產，都將是引領國家走向未來的路標。

阿多諾與班雅明——最後一個天才與被寵壞的孩子

法蘭克福是一座思想者的城市。一位社會學的天才，與一位在哲學中被寵溺的流浪的孩子，在這座城市相遇，成為終生不棄的朋友。他們在德國文化鼎盛時代來到法蘭克福，在人類的價值被貶到最低的時候遠走他鄉。這兩人的命運，也是德國近代多難歷史的縮影。

對於絕望者的拯救

戰後定義了德國思想走向的一個極重要的公共知識分子，就是重返法蘭克福的阿多諾，漢諾威大學社會學教授（也是阿多諾的學生）克勞生（Detlev Claussen）便形容他是「最後一個天才」（Ein letztes Genie），而柏林大學思想史教授菲爾許（Philipp Felsch）更形容戰後西德的知識分子及學生受阿多諾影響之深，使得聯邦德國幾乎就是「阿多諾聯邦共和國」（Bundesrepublik Adorno）。[1] 倘我們想理解法蘭克福，甚至想理解德國，不可能略過這個思想巨人。

阿多諾自一九六九年過世已幾十年，但仍不斷被閱讀，他提出來的問題仍不斷被思考。為什麼我們必須不斷回到「阿多諾共和國」的時代？因為我們處在一個依然絕望的時代。在他的名作

《最低限度的道德》（*Minima Moralia*）中，提到一個非常詩意但隱晦的比喻：瓶中信（Flaschenpost）。這是他極喜歡的概念，不只在《最低限度的道德》中出現，在年少時與霍克海默共同寫的《啟蒙的辯證》（*Dialektik der Aufklärung: Philosophische Fragmente*）裡就描述：他的文字並不是寫給眾人或個人的，而是寫給那個想像中的讀者，他為這個想像中的讀者留下了訊息，以免這些訊息隨著他們的消逝而消逝。而六八年代學生運動時期，阿多諾的友人，也是另一個法蘭克福學派的思想者羅文塔爾便曾說，那個時代的人，終於打開了哲學家投擲的瓶中信。

瓶中信裡寫著什麼？《最低限度的道德》裡談哲學家的孤獨（Einsamkeit），何來孤獨？何以必須留下這個不期待有人拾到的瓶中信？為什麼即使知道自己必然消亡，也要向未知的後世，寫下一些可能只會沉沒於深海的字句？讀他在一九三五年二月二十五日寫給霍克海默的信，多少能理解這樣的孤獨。他說，其全部理論工作的核心動機，就是拯救那絕望者（Rettung des Hoffnungslosen）。也許我們根本不用深讀《最低限度的道德》，只要從這本書的副標題，就可以知道哲學家為什麼留下這封瓶中信——「從殘破之生命／生活中而來的反思」（Reflexionen aus dem beschädigten Leben）。在這殘破的生活中、在這絕望的困境中，我們的時代有多少絕望者？也許我們都期待被拯救，都該拾起他在半個世紀前投入無比寂寞深海的瓶子，打開那瓶塞，看看他為我們寫下的瓶中信。

與法蘭克福學派共生

阿多諾的一生，走過了德國歷史與思想史動盪的一章。他生於一九〇三年的法蘭克福，父親是酒商，母親是義大利歌劇歌手。一九二一年進入法蘭克福大學，學習哲學、社會學、音樂學、心理學等。大學時期開始發表音樂評論，這時期的他並無成為哲學家的計畫，而是致力於音樂研究。但後來他專心於哲學研究，一九二四年以關於胡塞爾（Edmund Husserl）現象學的論文取得博士學位。

但是這位新科哲學博士畢業後卻選擇另一條路，去了古典音樂重鎮維也納，追隨知名的音樂人荀白克（Arnold Schönberg）學習音樂理論並希望成為作曲家。一九三一年他在法蘭克福神學家蒂里希的指導下，寫成研究哲學家齊克果（Søren Aabye Kierkegaard）的教授資格論文，正式取得德國大學教職，但一九三三年納粹上臺時，因其猶太出身，被迫離開法蘭克福大學流亡國外。在離開大學前的講課，阿多諾對著學生講解自由的概念——在一個不自由的年代，這正是一個不能不談的題目。

一九三四年，阿多諾流亡英國，在牛津大學教書；三八年去了美國，因為法蘭克福知名的社會研究所遷移到紐約，他便住在紐約，直到四二年，他為了與霍克海默合寫《啟蒙的辯證》而搬去加州，並在洛杉磯工作。四七年《啟蒙的辯證》正式出版，奠定他在學界的地位。這本與霍克海默合寫的經典，展現了阿多諾百科全書式的哲學思想，也展現了他拒絕傳統學院概念及書寫方式的新風格。他的理論遍及各領域，卻不是系統性的理論建構，而是片段的、如同在現代思想叢林中游走的游擊戰士。

這本書首次出版時並未引起什麼討論；戰後一九四七年，於阿姆斯特丹再版，依舊如石頭投向廣闊的大海。也許是因為其抽象晦澀的語言太過難解，但是，後來讀者還是辨認出其中蘊含的思想寶藏，這本後威權時代分析啟蒙如何走向自我毀滅的時代診斷——正如《啟蒙的辯證》〈前言〉中所交待的寫作用意，在於探討「為何人類並不進入真正的人性狀態，而卻沉淪入一種新的野蠻裡之知識」。後來在反省法西斯主義的六〇年代，《啟蒙的辯證》成為學生書架上必備的經典。

一九四九年，阿多諾回到法蘭克福大學，並與霍克海默一起重建社會研究所。一九五一年出版對哲學界影響深遠的第二本經典《最低限度的道德》，直到一九六九年為止，領導法蘭克福大學社會學系，吸引了來自全歐洲的學子，將該系打造成無數青年心中的知識聖壇。可是在六八年學運時，他的學生們與他決裂，占領了課堂，認為阿多諾已是過時保守的思想者。阿多諾召來警察驅逐學生，試圖重建秩序。他與學生們的關係從此徹底破裂。

阿多諾共和國

戰後重返法蘭克福大學任教期間，除了晚年在六八學運時被學生所棄，阿多諾一直是聯邦共和國最重要的知識人。他重要，不只因為他的學術深度，與無所不包的研究廣度擴大了社會哲學的可能；還因為他對一整代年輕人的知識鍛造，幾乎左右了戰後德國思想發展的道路。或者不只德國，也包括所有想藉著社會學之眼看穿當代資本主義與文化工業運作模式的知識渴求者，美國重要作家蘇珊・桑塔格（Susan Sontag）從學生時代起就致力研究德國思想，她對阿多諾如此評價：「阿多諾的一冊文集，便等同於一整個書架研究文學的書。」[2]可以說，六〇年代的左派青年們，如何理解世界，甚至如何反抗世界，幾乎都仰賴他的講課與書寫。他的影響之深，使得許多作家與學生都熱愛引用他的思想與文本，試圖像阿多諾那樣以奧祕又帶著詩意的語言提出穿透社會的理論，媒體後來甚至創造了一個新的德文字來形容這種風格：adornitisch，意思是如同阿多諾的、帶著阿多諾風格的。

當時在阿多諾課堂上的學生波克曼（Frank Böckelmann）——後來成為作家與哲學家——在一九六

社會研究所，戰後在美軍支持下重建於波肯海姆區，吸引了無數學生來此閱讀批判理論。（蔡慶樺攝）

四年寫給朋友的信裡，就稱阿多諾為「我們的主與我們的大師」(unser Herr und Meister)。[3] 這樣的說法當然稍嫌誇張，但是不可否認的，當時阿多諾在法蘭克福的居處，克騰霍夫路一二三號（Kettenhofweg 123），是當時西德許多學生心中的學術神殿。菲爾許的《漫長的理論之夏：一段六〇到九〇年代的反叛史》（*Der lange Sommer der Theorie. Geschichte einer Revolte 1960–1990*）中的〈阿多諾聯邦共和國〉（Bundesrepublik Adorno）一章，就指出當時被阿多諾思想迷住的讀者們，有很多人寫信到克騰霍夫路一二三號——在那個電話簿都會記載姓名住址的年代，查到他住址並非難事。阿多諾收到來自全國的信函，想讀哲學博士的學生寄來論文計畫，對人生失望的人們寄來問題，對學業困惑的學生尋求解惑，企業家、音樂家等也都是來信者，甚至有希望阿多諾出面阻止某地方市政建設的陳情書……。[4]

那個年代，人們把思想者視為國師、視為人生導師；阿多諾不只是一位哲學家，還是一位公共知識分子，在他六十歲時，哈伯瑪斯寫的祝壽文章就叫〈一位哲學思考的知識分子〉（Ein philosophierender Intellektueller），清楚定位他的特質及影響力。不過阿多諾的崛起成為西德最具影響力公共知識分子，不只是因為他的思想力量，還是時勢所趨，在那個人們需要導師的年代，阿多諾在法蘭克福學派奠定其地位，而法蘭克福做為重要的媒體城市，擁有《法蘭克福廣訊報》——哈伯瑪斯在五〇年代時便常為該報寫稿——及《法蘭克福環視報》（*Frankfurter Rundschau*）這兩家喜愛報導人文議題的全國報紙，把阿多諾的發言權，拉高到了其他傳統大學裡的教授所難企及的位置。

被放逐至無可逾越之邊境

哈伯瑪斯那篇祝壽文章將阿多諾與班雅明的思考風格做了比較。這是個有意義的對比。談阿多諾，談阿多諾的法蘭克福，不能不談班雅明，以及兩人之間的友誼，或者敵意。

在〈回憶〉（Erinnerungen）一文裡，阿多諾回憶兩人相識的情形。那是一九二三年，他清楚記得兩次見面，卻記不起哪一次先發生。某天，阿多諾與作家朋友克拉考爾（Siegfried Kracauer），約了班雅明在法蘭克福歌劇院廣場的西區咖啡（Café Westend）見面。另一次是在史家所羅門德拉圖（Gottfried Salomon-Delatour）的課堂上，他記得班雅明是想跟著所羅門德拉圖寫教授資格論文的學生，每當老師講課離題太遠時，班雅明總是帶著微笑輕聲地打斷。[5]

班雅明來到法蘭克福的原因，是為了一本論文：《德國哀悼劇的起源》（*Ursprung des deutschen Trauerspiels*）。他的

霍克海默（前排左）與阿多諾（前排右）握手，後排最右邊為哈伯瑪斯。 （Jeremy J. Shapiro /Wikimedia Commons）

一生是個悲劇，也許這本傳奇之作已經暗示了他的一生。不只標題與內容談悲劇，這本書本身的命運也是悲劇。

班雅明出生於一八九二年，比阿多諾大十一歲，他在一九二三年來到法蘭克福，認識了當時擔任法蘭克福大學講師的阿多諾，從此兩人成為知識上極親密的夥伴。班雅明來法蘭克福的原因是為了取得教授資格，他帶著這本《德國哀悼劇的起源》手稿，希望能做為教授資格論文，然而這本論文的寫作方式太過奇特，顯然不可能為當時的學界接受。班雅明當時在法蘭克福的生活過得不好，依賴妻子擔任祕書的微薄薪資度日，甚至必須借貸，他原本想依靠社會研究所給他的研究經費過活，但未能如願，當時他為社會研究所之期刊所撰寫的論文，也無法取得阿多諾的認同。倘若不能早日寫完這本教授資格論文，家庭經濟必將持續困頓。在法蘭克福待了兩年之後，因為無法找到教授接受這本論文，班雅明黯然離開，去了巴黎。

但阿多諾確實知道，班雅明寫了一本超過學界知識能力所能接受的天才之作。一九三〇年，阿多諾接下法蘭克福大學的社會哲學教授職位，隔年接下法蘭克福社會研究所所長。一九三二年，阿多諾開了兩個學期關於班雅明《德國哀悼劇的起源》的課程。

一九三一年，霍克海默在擔任社會研究所所長的就職演講「社會哲學的現況與一所社會研究所的任務」（*Die gegenwärtige Lage der Sozialphilosophie und die Aufgaben eines Instituts für Sozialforschung*）中提及了社會哲學的任務：「最終目標是為人類之命運指出哲學意義，人類並非個體組成，而是共同體的成員。」

班雅明的思想，正是見到人類這個共同體的悲劇命運後，提出的哲學探問。這本失敗的教授資格論文，不只是班雅明向學界叩門之作，也是年輕哲學家提出新的世界觀的嘗試。該書談巴洛克悲劇（Barocktrauerspiel），或者說代表了巴洛克時代的悲劇。這種悲劇的特色在於，中世紀時期建立在神奠定的對世界之感知已然崩毀，而巴洛克悲劇就在哀悼世界之瓦解及碎片化，可是在這片哀悼中，也無可避免地生出了救贖（Erlösung）之希望。在中世紀時，世界具有內在性（Immanenz），人類生活的秩序是一致而連續的；然而在巴洛克時代，人類生活處在古典之秩序已崩壞、新的救贖又尚未到來的間隙，崩壞與救贖遂成兩個極端，成為德國悲劇的起源。這個對於救贖的關懷影響阿多諾甚深，在《啟蒙的辯證》中，處處可見其痕跡。

班雅明離開法蘭克福後，與這個城市再無太大關連，他生命最重要的城市已是巴黎，法蘭克福未曾給與他教授資格，只給了他一生的朋友：泰迪——這是包括班雅明在內的朋友們對阿多諾的暱稱。他們兩人相繼離開法蘭克福，都踏上異鄉之路，但這份友情不曾結束。泰迪始終珍惜這位脆弱敏感的

在法蘭克福，天才班雅明無法取得安身立命的位置，但這裡卻給了他一位一生的摯友：阿多諾。（Wikimedia Commons）

思想天才朋友，後來在一篇回憶文中，他形容每每想起班雅明，心中便浮現魔術師的形象。班雅明具有某種魔術師的特質，是能戴著高帽子拿著魔杖玩弄概念與文字的人；也許人類命運之鑰匙，只能掌握在這樣的魔術師手中吧。

班雅明流亡巴黎期間，寫下〈關於歷史的概念〉（Über den Begriff der Geschichte），提出他對於法西斯瘋狂年代的思考，涵蓋歷史、政治、時間、彌賽亞的等待與最終救贖等議題，總結了班雅明本人的政治哲學，成為他的名作。一九四〇年，他在法國將這份手稿交託漢娜・鄂蘭，不願其思想淹沒在亂世中。後來鄂蘭將此手稿帶到紐約，交給移到紐約的法蘭克福社會研究所，想方設法促成出版，世人才得以讀到這篇手稿。

一九四〇年九月二十六日，在逃離淪入納粹勢力的法國時，他擬翻越庇里牛斯山，逃至西班牙，當時深覺無望逃離暴政，遂自殺身亡。〈關於歷史的概念〉某種意義上是他的遺言。在那篇文章中，他寫道：「被壓迫者的傳統教導了我們，我們所生活在其中的『例外狀態』，才是常規狀態。」當被壓迫、當人類的毀壞已成歷史常態時，人類逃出此例外狀態之希望難尋，班雅明決定一死，以結束無路可逃之困局。

二十五日，班雅明寫下了道別信給發現他遺體的人：「在這個毫無出路的情況下，我沒有其他的可能，只能就此結束。我的生命，會在庇里牛斯山的一個小村落中走到終點，在此無人認識我。我請求您，將我的想法傳達給我的朋友阿多諾知道，向他解釋這裡我看見的情況。我所餘時間實在不夠，無法寫下所有我想寫的信。」

在他生命最後一個晚上，他是想提筆向阿多諾道別的，可是，千言萬語如何說起？與這樣的一個朋友又如何能夠道別？他只能請陌生人轉述，結束這一段友誼。

阿多諾接獲好友的死訊後，把這個令人悲傷的消息轉告其他人。在一封寫給神學家修冷（Gerhard Scholem）的信裡，阿多諾寫道班雅明已服毒自盡，修冷立即回信：「我相信，在現況允許下，他的朋友們有義務，以某種方式拯救其手稿以及承擔起準備出版對他的紀念之憂煩。」阿多諾聽從了這個建議，一九四二年，已經遷移到美國的社會研究所出版了《紀念班雅明》（*Walter Benjamin zum Gedächtnis*）文集，其中即收錄他最後的遺稿〈關於歷史的概念〉。後來我們所熟知的《柏林童年》（*Berliner Kindheit um neunzehnhundert*），倘無阿多諾的努力，也不可能在五〇年代被整理出版。

班雅明的另一位好友，劇作家布萊希特（Bertolt Brecht），於聽聞其死訊後，在日記上寫下：「瓦爾特．班雅明在一個小小的西班牙邊境處，飲毒自盡。」他悲傷不已，寫了一首詩《逃難者W. B.的自盡》（Zum Freitod des Flüchtlings W. B.），敘述這位逃難者：

最後被放逐至無可逾越之邊境
也就是，你逾越了可以逾越之處

Zuletzt an eine unüberschreitbare Grenze getrieben

Hast du, heißt es, eine überschreitbare überschritten
未來，因而位於幽暗之中，
良善的力量
虛弱。這些你都目睹
在你摧毀你那承受痛楚的軀體時
So liegt die Zukunft in Finsternis,
und die guten Kräfte
Sind schwach. All das sahst du
Als du den quälbaren Leib zerstörtest.

他死後，整個國家、甚至人類的未來，確實位於幽暗之中。而他的死所帶給這些朋友們的，又何嘗不是極度的黑暗呢？

不作詩的詩人

我手上有一本書《Benjaminiana》，一九九〇年二十世紀日常生活文化博物館（Museum der Alltagskultur des 20. Jahrhunderts）在柏林舉行關於班雅明特展，這本書就是那個展覽的出版品。書中全是他人敘述班雅明的片段，關於他的人及作品，他的個性、執著、任性、失常等特質。其中一位友人在一封信中把班雅明描述為被寵壞的小孩：「瓦爾特的一生，與一個被寵壞的小孩相似，甚至，他也與被寵壞的小孩一樣有著讓人不忍苛責其自我中心的魅力。然而這樣的特質，適合一個哲學家嗎？瓦爾特基本上，對於人類所知甚少，他始終活在理念裡，且往往是錯誤的理念。甚至在多年之後的今日，我對於他拋棄這些年少的朋友們仍無法諒解。這不只是毫無心腸，也是他一生所做過的許多蠢事之一。」

這個天才般的哲學家被幾乎所有朋友視為只依直覺行事及思考，是純粹活在思想中、毫無邏輯的人，也無法理解他人的感受。因此，許多人常常認為他不可理解，蠢笨不堪，任性度日。例如，朋友批評他因為一個女人，毫無道理地轉信了馬克思主義，這是一種非哲學的、理論的、一廂情願的態度，而他的天才之處又在於，他能把這種直覺的感受發揮到極致，在當時的左派思想中開出不同的風景。鄂蘭便曾這樣描述班雅明：「班雅明最難為人所瞭解的地方在於，他不是個詩人，卻以詩人的方式思想，隱喻對他來說是最巨大的、最充滿神祕的語言之贈禮，因為在隱喻之傳遞轉譯中，使得不被看見者，可能被感知到。」

班雅明是個不作詩的詩人，能看見他人看不見的事物，也是個被寵壞的孩子。他不是那種嚴謹的、跟循著學術圈規矩、能被社會包容的學者。其實他也困於自己的思想或者直覺中，這種困惑也呈現在他的文字裡。也許我們每一個人或多或少都曾面對困惑、憤怒的自己；但是，在生命中的某一個點，我們都會做出一個和解的決定，與社會和解，與年少的自己和解，與他人和解，進而走向下一個生命姿態。而班雅明的問題在於，他這一生，到自殺之前，始終僅有一種姿態。他從來沒有和解過。

同樣身為流亡者、班雅明的好友猶太作家摩根斯坦（Soma Morgenstern）在一封信中寫著：「班雅明在吃飯時問我：『你察覺到了嗎？泰迪甚至看清了我的夢境，而且，還幫助我敘述了我的夢境。』」

也許，我們這些最終放棄了年少時那麼單純執著的生命樣態的凡人們，永遠無法親近班雅明的自我中心；也許只有阿多諾這個一生的摯友及天才，才有辦法始終陪著這個困惑的、被寵壞的、無比純粹的哲學孩子，能夠敘述連班雅明自己都看不清的夢境。也因此，在最後一個晚上，那封絕筆信必須寫給泰迪，可是卻又難以下筆。

最後天才成為絕響

一九六九年八月六日，阿多諾因心臟病死於瑞士，在長壽的德國人中，享年只有六十五歲。

始終有傳言，認為阿多諾之所以早逝，與學生帶給他的過大衝擊及絕望有關。隔天，法蘭克福地方報刊出了一則由阿多諾遺孀簽名的簡短死訊：「阿多諾，生於一九〇三年九月十一日，於一九六九年八月六日安詳地長眠。」

他的葬禮上，聚集了幾乎所有德國重要的知識分子，隨侍在棺木旁哀悼的，還有前一年與他激烈衝突的弟子們。

後來，哲學家皮希特（Georg Picht）撰文悼念，寫道：「假設，奧許維茲集中營之後，精神在德國還有歷史，那麼阿多諾的死亡的影響，可謂為這段發展突然暫停了時間。」[6]我認為這段話多少說出了阿多諾之後的德國思想發展，在七〇年代之後，再無那樣百科全書式的社會批判者，最後一位天才這個稱號，從此絕響。

注釋

1 Philipp Felsch, *Der lange Sommer der Theorie. Geschichte einer Revolte 1960-1990*. Frankfurt am Main 2016.

2 "A volume of Adorno's essays is equivalent to a whole shelf of books on literature."這句評語幾乎是所有阿多諾著作英譯本都會印上的推薦語。

3 Willi Winkler, *Die Geschichte der RAF*. Berlin 2001, S. 40.

4 Philipp Felsch, *Der lange Sommer der Theorie*. S. 37-40.

5 T. W. Adorno, "Erinnerungen," in Wolfram Schütte (hrsg.) *Adorno in Frankfurt*. Frankfurt am Main 2003, S. 65-69.

6 Picht, Georg. "Atonale Philosophie," *Merkur*. 1969, 10. S. 889.

聯邦共和國的黑格爾：哈伯瑪斯

在社會學界以及哲學界，法蘭克福所代表的意義是世界上其他城市無法取代的，因為這裡是法蘭克福學派誕生成長的地方。在世界上如果有其他城市與其學術發展緊緊纏繞在一起，並取得國際矚目的重要性，也許還有經濟學裡的芝加哥學派、邏輯實證論中的維也納學派，或者日本的京都哲學學派，但是這些都是學院中的發展，不像法蘭克福學派，不只在理論上的發展具有重要性，還影響戰後德國的公共生活、輿論走向、社會運動、民主辯論，影響範圍甚至擴及全歐洲。

法蘭克福學派以及法蘭克福能取得這樣的影響力，不能不歸功於一個名字：哈伯瑪斯。可是，在法蘭克福學派的創建年代，哈伯瑪斯並不是當然成員。

法蘭克福學派的局外人

許多人對法蘭克福學派的印象來自那一張著名的漫畫。一九六九年的《公眾週報》(*Publik*)，畫了一張法蘭克福學派的圖像，如父親形象一般的霍克海默，身前站著三個小朋友：阿多諾、馬庫色及哈伯瑪斯。可見法蘭克福學派成員的形象，早已深植在一般人心中。

可是在回憶錄裡，他曾這麼說：「對於批判理論的基本立場，比如說在四〇年代開始時發展出來的形態，我並不與那樣的立場一致，這是真的。」[1]或者其實應該說，哈伯瑪斯發展了非常龐大的思想體系，批判理論只是他思想資源的一部分，甚至，做為批判理論創始者的霍克海默，當年也並不喜歡這個他認為太過左派立場的哲學家。後來，哈伯瑪斯卻從一個局外人，變成主掌這個學派的學術領袖，戲劇性地成為霍克海默的接班人，並將批判理論推向了全世界。

在全是共犯的國家裡

哈伯瑪斯的學術發展並不是從一開始就與法蘭克福緊緊結合在一起，他曾數次進出法蘭克福。

哈伯瑪斯的崛起很早，他並不是法蘭克福人，一九二九年出生在杜塞道夫，高中以前都在那裡度過。一九四九年，他進入哥廷根大學，主修哲學、心理學、德國文學、歷史及經濟學，期間並曾到蘇黎世大學及波昂大學進修，最後他因為博士論文研究計畫被哥廷根大學拒絕，轉學到波昂大學，並於一九五四年，在波昂大學哲學教授羅特哈克（Erich Rothacker）的指導下，以一本關於謝林（Friedrich Wilhelm Joseph von Schelling）思想的博士論文取得學位，他的同門師兄還有後來一起在法蘭克福大學任教的哲學家阿佩爾（Karl-Otto Apel）。

值得一提的是，這位博士論文指導教授其實與一輩子反對納粹意識形態的哈伯瑪斯立場不同，羅特哈克在一九三三年納粹上臺前，就曾與其他右派學者一起簽署支持希特勒的宣言；納粹掌權時，他成為受到納粹高層器重的學者，也支持納粹的種族理論，並曾執行政府的「人文精神科學投入戰爭」（Kriegseinsatz der Geisteswissenschaften）研究計畫。當時許多德國大學哲學系的教授都有這段法西斯過去，包括影響哈伯瑪斯極深的一本書《存在哲學》（*Existenzphilosophie*）的作者波爾諾（Otto Friedrich Bollnow）也是納粹御用哲學家之一，他在戰後依然回到邁茵茲大學任教。而當時波昂大學另一位哲學家貝克（Oskar Becker，胡塞爾的助理之一）也是納粹倚重的學者。學者維格斯豪斯（Rolf Wiggershaus）在《法蘭克福學派》（*Die Frankfurter Schule*）中便指出，哈伯瑪斯的所有業師中，除了哲學家里特（Theodor Litt）[2]以外，所有人都是堅定的納粹主義者，或至少是遵守一體化政策的共犯，故能在帝國期間完全正常的授課。[3]從納粹黨教授到共和國教授，這種彷彿沒事般的歷史過渡，在戰後是常態，但這只是掩蓋了傷口。到了六〇年代，學生們的不滿情緒終於爆發，群起質問他們的父輩師長們那段不願面對的歷史。

一九五三年，當哈伯瑪斯還是博士生時，就已經開始質問納粹問題，但不是針對自己的老師，而是針對另一位名滿全世界的哲學家。他在《法蘭克福廣訊報》登出了一篇使他聞名全國的文章：〈以海德格反海德格：論其一九三五年講課的出版〉（Mit Heidegger gegen Heidegger denken: Zur Veröffentlichung von Vorlesungen aus dem Jahre 1935），討伐歌頌國家社會主義「內在的真理及偉大」的海德格（Martin Heidegger）——海德格的這本書是師兄阿佩爾借他讀的，而他進行批判的段落也正是阿佩爾提示他的。[4]這篇戰文定調了哈伯瑪斯未來的政治思想，他成為左派自由主義者的大將，一生與受海德格影響極深的右派保守主義奮戰。

後來，在一個專訪裡，他回憶起當年寫那篇文章的心情：「我讀到了，我所生活在其哲學中的海德格，一九三五年時舉行了那次講課，而未曾對此有任何隻字片語的公開解釋——這其實是最震驚我的地方。然後我就在《法蘭克福廣訊報》上寫了我的第一篇文章，當時我很天真，我只是想著，為什麼我們最偉大的哲學家之一，竟能做出這樣的事來。」[5]

當時戰爭結束只有八年，哈伯瑪斯這篇文章挑動了右派學者的敏感神經（可想而知，這其實也是一篇向他的師長們宣戰的文章），某些學者便在右派媒體上撰文反駁，批評他欲追殺包括海德格在內的保守主義學者，哈伯瑪斯也繼續撰文反駁。但是當時的氣氛，媒體並未提供他繼續發表的舞臺，因此一場追究擁抱納粹意識形態哲學家的戰火，便被壓抑了下來。

博士畢業後，他曾短暫做過記者，為報章的文化版撰寫專文。一九五六年，他去了法蘭克福社會研究所當助理，開始走入學界，認識了阿多諾。

我寧願要一個，能做到我們做不到的研究的人

哈伯瑪斯來到法蘭克福之前，原來在此擔任助理的是剛剛從倫敦政經學院取得博士學位、被

賦予重責的社會學者達倫道夫（Ralf Dahrendorf），但在一九五四年時，達倫道夫離開研究所，轉去薩爾大學寫教授資格論文，於是阿多諾勢必要招募新的優秀人才。當時，阿多諾正在指導另一位學者弗里德柏格（Ludwig von Friedeburg，之後成為柏林自由大學教授及黑森邦教育廳廳長）寫論文，因為弗里德柏格做的是經驗領域的研究，阿多諾希望能找到理論方面表現出色的社會學者擔任助理，並能開授理論社會學的課程。哈伯瑪斯就在這樣的期待下搬進法蘭克福。

在社會研究所時，哈伯瑪斯為阿多諾備課及準備研究材料。這時他開始接觸阿多諾的哲學，看到如何從新左派的角度切入當代社會、觀察啟蒙失敗後的歐洲與法西斯間的關係，並為之著迷不已，稱阿多諾教給了他思想的無畏（Unerschrockenheit des angstfreien Denkens）。哈伯瑪斯雖曾在哥廷根、蘇黎世、波昂等地就學過，但圍繞著阿多諾的這群知識分子，在法蘭克福社會研究所所鑄造出來的知識密度是無可比擬的。後來哈伯瑪斯回憶他剛剛到社會研究所時，「彷彿是巴爾札克小說裡從鄉下來的無助、未受教育的年輕人，進到大城市開了眼界。我開始意識到，我的思想與感受方式多麼的傳統、制式。」[6]

雖然與阿多諾之間有著緊密的合作關係，但哈伯瑪斯與另一位法蘭克福學派的主導者處不來。霍克海默對於哈伯瑪斯的思想與政治立場並不認同，當年要找助理時，哈伯瑪斯也不是他心中的第一人選。兩人之間的差異始終無法克服，這也導致哈伯瑪斯想在法蘭克福完成教授資格論文的希望日漸渺茫，最終在一九五九年時，海德堡大學的哲學家高達美（Hans-Georg Gadamer）為他爭取到一筆獎學金，於是他致信法蘭克福社會研究所辭職，離開了助理位置。

不過，雖然惜才的高達美為哈伯瑪斯提供機會，但兩人之間的學術路線終究差異太大。高達美於一九六〇年出版了《真理與方法》（*Wahrheit und Methode*），強調人文科學中傳統的力量，而哈伯瑪斯來自左派傳統，深受阿多諾影響，兩人之間有思想觀點上的差異，一九六七年哈伯瑪斯在高達美所創的期刊《哲學環視》（*Philosophiesche Rundschau*）上發表評論〈論社會科學的邏輯〉（Zur Logik der Sozialwissenschaften），除了標示兩人在方法論上的根本不同，後來甚至導致了一場論爭，學界稱為「高達美—哈伯瑪斯之爭」。

在這種差異之下，即使高達美當時可說是德國哲學界最重要的大老，也在《真理與方法》出版後擔任德國哲學協會主席，且對哈伯瑪斯非常友善，這位新左派學者還是去馬堡大學政治學系，找了當時知名的馬克思主義者阿本洛特（Wolfgang Abendroth）寫教授資格論文。歷史的諷刺就在這裡，馬堡是高達美的家鄉，也是他求學的地方，在這裡發展出主導德國哲學界多年的新康德主義；這裡也是高達美的老師海德格成為哲學教授，鄂蘭、約納斯等哲學家求學的地方，哲學詮釋學深植於德國思想傳統，這樣的大學正是完美的孕育之處。可是，六〇、七〇年代的馬堡大學已經走向了左派，尤其在阿本洛特的影響下，許多左傾學生、工會人士來到這裡進修，因此被稱為紅色馬堡，知名的左翼書店及出版社紅星（Roter Stern）便創立於七〇年代的馬堡。哈伯瑪斯因而來到高達美思想誕生之處，並與高達美思想抗衡。

阿本洛特對哈伯瑪斯的影響非常大，後來在回憶這位老師時，哈伯瑪斯稱他為「一所德國大學裡的唯一的馬克思主義學者」、「在全是共犯的國家裡的戰鬥教授」（Partisanenprofessor im Lande der Mitläufer），這個說法一方面點出當時德國保守主義勢力之強大，另一方面也點出這位老左派教授的立場。阿本洛特在納粹時期是反抗者，也是政治受難者，也曾參加希臘的反獨裁運動。一九五一年開始到一九七二年，在馬堡大學任教，打造出紅色大學。一九七五年黑森邦議會的基民黨黨團甚至要求，馬堡大學政治學系必須停招——可以想像在那個冷戰的氛圍下，在西德存在一所宣揚馬克思思想傳統的紅色大學，是讓保守勢力多麼不自在的事。

離開法蘭克福後的哈伯瑪斯，就在馬堡大學寫教授資格論文。最後，這本教授資格論文在一九六一年通過口試，就是後來成為歐洲思想史經典之一的《公共領域的結構轉型——對一種市民社會範疇的研究》（*Strukturwandel der Öffentlichkeit: Untersuchungen zu einer Kategorie der bürgerlichen Gesellschaft*）。

根據哈伯瑪斯傳記作者、也是法蘭克福學派學者之一的穆勒－多姆（Stefan Müller-Doohm）記錄，哈伯瑪斯的教授資格論文口試有件趣事，在口試結束後，審查委員會給出高度評價，委員會主席因而以政治系之名義，與哈伯瑪斯握手，授予大學教授資格。但後來，參與論文審查的其他教授發現，審查投票結果並沒有詳細的書面紀錄，以至於不符合學校規定的教授資格授予辦法所需要的多數票，因此馬堡大學校方擬視為口試不通過，不願開立這份證書。阿本洛特極為氣憤，宣稱將告上行政法院。後來校方不得不屈服於這位頑強的馬克思主義者法學博士，因為當初主席口頭承認並授予資格，已被認為具有法定效力。

從這則軼事可以看出，當時做為左派教授所可能遭遇的阻擾，以及阿本洛特對哈伯瑪斯的愛惜。

不過哈伯瑪斯從未成為阿本洛特那樣意義的馬克思主義者，他的思考方向脫離了傳統左派的範疇，而與法蘭克福學派的其他哲學家們以新的方法思考馬克思提出的問題，尋求新的答案，被稱為新馬克思主義或新左派。一九六一年，他成為馬堡大學的講師，就職演講題目為「在與社會哲學的關係中的古典政治學說」（Die klassische Lehre von der Politik in ihrem Verhältnis zur Sozialphilosophie）。同年，在高達美的支持下，哈伯瑪斯取得海德堡大學哲學系編制外教授的位置，就職演講與左派無關，而是很典型的政治哲學題目：「黑格爾對法國大革命的批判」。

當時，高達美與同為海德堡大學哲學教授的勒維特（Karl Löwith），對於到底要爭取阿佩爾或哈伯瑪斯爭執不下。勒維特希望找路數比較相近的阿佩爾，而且，哈伯瑪斯的教授資格取自政治學系，其《公共領域的結構轉型》也實在太不像傳統學院哲學所處理的議題；高達美卻堅持，「我寧願要一個，能做到我們做不到的研究的人」，於是哈伯瑪斯以一個非傳統哲學家的身分，進入了德國最傳統的哲學系任教。他在海德堡待了三年，一九六四年，法蘭克福大學開缺，哈伯瑪斯再一次回到法蘭克福，這次不是擔任助理，而是正式教授，從此法蘭克福學派與他的名字再也分不開了。

公共領域的結構轉型

哈伯瑪斯這本教授資格論文非常值得再討論。其實那是一九六二年出版的著作，但今日讀來仍然那麼切合這個時代。

哈伯瑪斯試著從史學、社會學與哲學的角度回答一個問題：我們當代所熟悉的公共空間，在歐洲歷史上是怎麼發展出來的？又是怎麼消失、或崩壞的？

進入當代以前的公共領域，是具有階級性質的，中世紀時除了貴族，一般人民並沒有理性溝通辯論的能力或餘裕，因此公共空間是保留給這些權力擁有者的，他們使用公共空間也是一種權力的展演，不管是進入或使用的儀式，都讓人民清楚看到政治權力與空間權利如何緊密地被結合在一起。但十七世紀時，受過啟蒙的大眾，在自由主義信念下發展出公共領域的轉型，那是建立在理性精神上的文化空間，人們在這個空間裡理性辯論溝通；所謂的公共領域是與私人領域區分開來的，前者是言說與行動發生的地方，後者是生產與再生產的地方。

哈伯瑪斯描述了文學的公共空間做為公共領域結構轉型的例子。十六世紀末期開始，隨著印刷術的成熟，出版品及報刊大量流通，以及受教育大眾增加，使得文學公共空間壟斷在少數政府官員、貴族及知識分子手中的情況有所改變，到了十七世紀中期，西歐國家的咖啡館、沙龍、俱樂部、讀書會，已成為人們理性辯論的重要場域。知識及資訊就在這些地方被流通、討論、批判、接受，而那些聚集在這些沙龍與咖啡店的眾人，也能以言說溝通行動表達其利益，形成具有影響力的群體，進而給予政治權力正當性——換句話說，公共領域不只是個人與個人溝通的場域，還是市民與國家溝通的場域；人們在相互溝通、表達利益中成為政治的公眾（das politische Publikum）。

讀了這本書，我清楚地感受到黑格爾在《法哲學原理》中觀察到的那種區分於國家的市民社會，是如何活力十足；也才感受到德文字 salonfähig 的魅力。這個十九世紀出現的字，意指有資格、有能力進入沙龍的，今人用以形容某事物廣為社會大眾所接受。

然而，哈伯瑪斯觀察到，從十九世紀中期開始，能投入理性溝通辯論的政治公眾，這種歐洲自由主義與啟蒙思想的驅動力，逐漸減弱。首要原因是國家與社會間的界限被取消了，因為國家的力量及權限不斷擴大，市民社會的功能相對縮小，而市民社會中的公共領域也就受到限制；另外市民社會中大資本的出現，壓迫了個人財產的意義及個人的行動能力，原來啟蒙市民階級所形構的公共領域，被資本化、私有化、獨占化，結構再次轉變，公共領域不再能代表聚集在這個領域裡的私人與群體之利益與關懷，理性不再起作用，而僅僅是意見表達的場所或意識形態的戰場——也就是說，逐漸失去對政治的影響力。

到了二十世紀，新興媒體的出現，尤其是電子媒體，更讓哈伯瑪斯看到，這個時代剩下的是去政治化的公共領域；十八世紀的理性公眾、政治的公眾，到了二十世紀成為資本主義社會裡的消費大眾，他們論辯與消費的對象不是政治，而是產品；他們的論壇也不再是咖啡廳或沙龍，而是更去中心化的廣電媒體（當年還沒有網路）；公眾的意見不是經由理性溝通產出，而是被大眾媒體引導、製造的。今日的社會在哈伯瑪斯看來，走上了民主與啟蒙的倒退之路，公共領域的消解，象徵著社會的再封建化（Refeudalisierung）。

對照哈伯瑪斯的歷史觀察，我們幾乎可以說，法蘭克福的發展歷史完全符合這樣的公共領域轉型。這座城市幾百年來由啟蒙的市民所支撐起，在那些已成傳奇的咖啡店裡，法蘭克福大學的學者們聚集，辯論學術與社會議題；當然，也有左派青年與作家們的足跡。戰後，法蘭克福成為德國出版業的首都，各大出版社均將總部設於此，而重要報刊也在此發行，包括提供哈伯瑪斯舞臺的《法蘭克福廣訊報》。那些充滿政治性格的公共領域，伴隨著法蘭克福這座城市的發展而茁壯，這勢必是哈伯瑪斯寫作那本書時看在眼裡的。而今日網路媒體的盛行，是否強化了我們的公共領域呢？如果對照當年哈伯瑪斯對於二十世紀再封建化的評論，我們只能悲觀地說，今日的對話者，處在部落化的後事實時代，新科技並未重振公共領域及其民主功能。而媒體權力不斷擴大並

從法蘭克福學派的局外人變成領導人，最後變成德國國師；哈伯瑪斯以其知識高度，及批判與參與的方式，成為陪伴聯邦共和國不斷發展的同行者。
（Wolfram Huke/Wikimedia Commons）

集中在幾個少數企業手中，媒體的公共性不再，只能扮演特定政治利益的喉舌，不就是重返公共領域只是少數權貴菁英特權的封建時代的最明顯例子嗎？

重返法蘭克福

哈伯瑪斯在海德堡總共三年，並沒有引起太多學生重視，不像海德格當年一成為教授，立刻被視為德國哲學界未來的希望。值得一提的是，當時哈伯瑪斯聘用的學術助理，是剛剛跟著阿多諾寫完博士論文的內格特（Oskar Negt）。與哈伯瑪斯比起來，內格特的立場左傾很多，也很早就加入了德國社會主義大學生聯盟搞學運，後來成為知名的馬克思主義學者。一九六八年時，因為哈伯瑪斯對學運路線的攻擊，身為助理的內格特與哈伯瑪斯的昔日導師阿本洛特，一同編輯出版了論文集《左派答覆哈伯瑪斯》（*Die Linke antwortet Habermas*），措辭嚴厲地對他發動反擊。從這裡可以看出這些學者並沒有因為彼此認識、或甚至有僱用關係，便在學術立場上有任何的妥協或鄉愿。

內格特回憶當年哈伯瑪斯把他找去海德堡，就是希望能有一位觀點不同的助理，能與他在學術問題上從不同角度辯論。因此他從海德堡到法蘭克福擔任助理的整整六年期間，花費了無數時間與哈伯瑪斯辯論，「他就是選擇了能夠反駁的助理」、「這標示出了他的知識生命風格。」

不管是高達美的「我寧願要一個，能做到我們做不到的研究的人」，或哈伯瑪斯的「他就是選擇了能夠反駁的助理」，我們都可以看到，學術大師的大器，以及他們的思想如何能有源源不絕的能量。

值得一記的是，在海德堡期間，哈伯瑪斯第一次見到了他博士生時期的論敵：海德格。高達美邀請他到家中參加其私人研討班——這種在家中舉行私人研討班的習慣，是上一代德國教授的傳統，海德格也非常喜歡這麼做——因為戰後海德格基於其政治錯誤不能再在大學授課，高達美常邀請海德格至家中主持研討班，哈伯瑪斯便在那裡首次見到已成傳奇的哲學家。海德格是否對年輕的哈伯瑪斯說了什麼，不得而知，哈伯瑪斯自己的紀錄是，這並非是在知識上留下深刻影響的會面，他只感受到這位老先生以某種權威姿態出場。隔天，高達美見到哈伯瑪斯，大概知道哈伯瑪斯的心情，對他說：「可惜，您不會在海德格最顛峰時遇見他。」

那本《公共領域的轉型》出版後，成為學術界少見的暢銷書，並且被翻譯為多國語言，將哈伯瑪斯的國際學術聲望推向高峰。海德堡大學只能提供哈伯瑪斯編制外教授的位置，顯然不可能長期留住他。一九六二年霍克海默正式退休後，法蘭克福大學要找繼任者，與社會研究所關係很深、研究能力也一流的哈伯瑪斯，自然成為阿多諾心中的第一人選。不過當時新成立的柏林自由大學也在爭取這位社會學界的明日之星，最後，還是法蘭克福以非常好的條件爭取到哈伯瑪斯——當時哈伯瑪斯表示，為了做好教學研究，他對行政工作毫無興趣；此外他也必須同時依其研究興趣開設哲學系及社會學系課程，並且需要比別人更多的助理。學校接受了他的條件，當時他的助理，除了從海德堡帶過來的內格特以外，還有厄爾曼（Ulrich Oevermann）——後來他也成為法蘭克福大學社會系的教授，開創了德國社會學界相當特殊的結構詮釋學派（Objektive Hermeneutik）。

一九七一年，哈伯瑪斯前往位在史塔恩貝格（Starnberg）的馬克斯普朗克研究院（Max-Planck-Institut），專心從事研究。在研究院期間，出版了《晚期資本主義的合法性問題》（*Legitimationsprobleme im Spätkapitalismus*）、《重構歷史唯物論》（*Rekonstruktion des historischen Materialismus*）等理論著作。從一九六八年的《知識與旨趣》（*Erkenntnis und Interesse*）到七〇年這幾本作品，看得出這是一位具有開創理論企圖心的思想者，也使哈伯瑪斯從一位德國大學教授，成為國際知名的哲學家。七〇年代他連續獲頒黑格爾獎（Hegel-Preis）、佛洛伊德獎（Sigmund-Freud-Preis）、阿多諾獎（Adorno-Preis）等重要獎項，可說他接管了阿多諾過世後留下的社會哲學界，證明自己是一流的思想家。

從六〇年代末到九〇年代初，哈伯瑪斯持續推出的理論嘗試，每一部都是精深、充滿企圖心的作品，都足以做為其他研究者詮釋研究的對象。例如八〇年代的扛鼎之作《溝通行動理論》（*Theorie des kommunikativen Handelns*），完全展現其對規範理論的愛好；而一九九二年出版的《事實性與效力》（*Faktizität und Geltung*），又將視角轉向法律的有效性。此外還有八〇年代《道德意識與溝通行動》（*Moralbewusstsein und kommunikatives Handeln*）、《新的不可全觀性》（*Die neue Unübersichtlichkeit*）、《現代性的哲學論述》（*Der philosophische Diskurs der Moderne*）等論戰意味較強的作品。

還在社會研究所擔任阿多諾助理時，哈伯瑪斯曾被阿多諾稱讚為很有寫作能力的研究者，而在這大約二十年的黃金時期裡，哈伯瑪斯確實展現了豐沛無比的寫作能量。《事實性與效力》是最後一部較具系統性的理論作品，之後他從未停止寫作與思考，但書寫的方式轉向單篇論文及政論，戰場不只是社會哲學，還延伸至國際政治、歐盟問題、歐元危機等。

一九八三年，他第三次回到法蘭克福，擔任社會哲學教授，直到一九九四年退休。退休後他仍繼續寫作，但已將許多文獻資料捐贈給法蘭克福大學，包括他教學生涯出版的超出五十本書的草稿，以及與許多當代知識界人士的來往信件。

從令人無法忍受的學者到德國國師

雖然哈伯瑪斯在學術界著述等身，但回顧七〇年代至八〇年代公共輿論對哈伯瑪斯的評價，不能不覺得諷刺。當時的保守媒體致力將這位新左理論家打造成學運導師，甚至認為他在赤軍團的理論發展上扮演了推手角色；其學思就是對年輕的聯邦共和國民主成就的威脅。正因如此，一九八〇年慕尼黑大學面對如日中天的哈伯瑪斯時，校方稱他為「令人無法忍受的」（untragbar）。

那一年，哈伯瑪斯擔任馬克斯普朗克社會科學研究所所長，該研究所將從施塔恩貝格搬遷到慕尼黑，正與大學討論合作事宜。但慕尼黑大學對於與哈伯瑪斯的合作興趣缺缺，當時的校長是政治哲學家羅寇維齊（Nikolaus Lobkowicz），拒絕合聘哈伯瑪斯，而這個決定也獲得巴伐利亞教育廳的支持。後來這件事因哈伯瑪斯離開研究所，赴法蘭克福任教而落幕。

這個原來只應是學院內部的風暴，卻在媒體上引起熱議，因為哈伯瑪斯的國際聲望已不容忽視。媒體認為這是保守主義大本營巴伐利亞對哈伯瑪斯遲來的報復，因為他的新左派立場，在六〇年代提供了無數反叛學生們思想養分。甚至有媒體評論，將此事視為學術醜聞。

於是，這位曾在六八年時被學生視為體制代表之一的哲學家，到了巴伐利亞卻成為煽動學生運動的人；這位曾斥責學生的激進為「左派法西斯主義」的哲學家，卻被慕尼黑大學視為無法容忍的左派危險分子。這正是見證歷史之荒謬的顯例。

到了八〇年代後，哈伯瑪斯思想中的民主審議成分被強調，他對歐盟的期許、對歐洲價值的重視，也使他從左派的精神導師，變成歐洲精神的代表，或至少是西德首席哲學家。一九八五年，他獲得休爾兄妹獎（Geschwister-Scholl-Preis），這是表彰慕尼黑大學參與抵抗納粹的白玫瑰運動學生休爾兄妹之獎章，哈伯瑪斯獲得巴伐利亞文化界的肯定，委員會讚許他「知識上的勇氣及道德上的真誠」，呈現了南德對他評價的改變。

二〇〇一年，哈伯瑪斯退休，德國書業協會頒給他德國書業和平獎（Friedenspreis des Deutschen Buchhandels），以表彰他的貢獻，頒獎評語說：「哲學家與社會學家哈伯瑪斯是以批判及參與投入的方式，陪伴聯邦共和國發展道路的同代人。他為不只一個世代提供了時代精神處境的關鍵詞彙，也被全世界的讀者肯定為定義了時代的德國哲人。」和平獎委員會認為哈伯瑪斯的社會理論推進了歐洲批判的啟蒙傳統，捍衛了自由與正義，而這是西方國家權力不可或缺的價值，也因此，哈伯瑪斯對民主共同體的維護卓有貢獻——與當初被視為「令人無法忍受的」相比，哈伯瑪斯被德國思想界頒發了桂冠。當年，坐在哈伯瑪斯講臺下聽課的學生之一，曾在六八年走上街頭、彼時正擔任德國外交部長及副總理的費雪（Joschka Fischer），針對哈伯瑪斯獲得書業和平獎一事，接受媒體訪問。他說，此事不無諷刺意味，哈伯瑪斯逐漸成為德國的「國家哲學家」，如同當年普魯士首席哲學家黑格爾的地位，而這並非哈伯瑪斯原來的計畫。

無論哈伯瑪斯願不願意，他從冷戰時期的可疑新左派思想者，轉為歐洲啟蒙傳統繼承者的角色，最後成為聯邦共和國的黑格爾。他一生面對無數詆毀，也接受無數讚譽，這也說明了這位思想家之難以定位。也許，引用他的同代人之一的傅柯（Michel Foucault）在《知識的考掘》裡的一段名言，可以說明哈伯瑪斯的面貌：

> 不要問我是誰，也勿要求我一成不變：就讓我們的官僚以及警察去審視我們的文章是否合宜吧。至少，在我們寫作時，不要把他們的那些道德帶入。

哈伯瑪斯的寫作與傅柯不同，始終思考著道德與倫理的標準及有效性；然而他與傅柯相同之處在於：他隨時準備好其思想武器，隨時做一位不合時宜的發言者。

注釋

1 Habermas 1981, *Kleine Politische Schriften* I-IV, S. 517.

2 一位堅定的威瑪共和支持者，曾任萊比錫大學校長，並因與納粹有截然不同的信念，在納粹期間被禁止授課並強迫提前退休。

3 Rolf Wiggershaus, *Die Frankfurter Schule.* München 1987, S. 599. 他也是哈伯瑪斯指導的博士，出版多本關於法蘭克福學派的研究，均為理解此學派的重要入門之作。

4 海德格歌頌國家社會主義的段落出自Martin Heidegger, *Einführung in die Metaphysik*, GA 40, hg. von Petra Jaeger, Frankfurt am Main: Vittorio Klostermann, S.208.

5 Jürgen Habermas. *Kleine politische Schriften*, S. 515.

6 Habermas „Die Zeit hatte einen doppelten Boden,“ in Müller-Doohm (Hrsg.) *Adorno-Portraits*. 2007, S. 19，引自 Stefan Müller-Doohm, *Jürgen Habermas: Eine Biografie*. Berlin: Suhrkamp 2014, S. 106.

從未過去的過去——「史家之爭」與納粹德國的罪責問題[1]

一九八六年，以法蘭克福為舞臺，爆發了一場席捲全西德的學界論戰，包括史學、社會學、政治學都捲入其中。這場兩德統一前最後一次從媒體延燒到大學課堂、甚至街頭的論戰，深入探討納粹的戰爭罪責，甚至牽涉到德國政治與文化界的左右翼勢力之鬥爭，多年後仍在德國的歷史論述中產生影響。

這場論爭並非憑空出現，而是特定政治環境下的產物。聯邦德國自戰後阿德諾（Konrad Adenauer）接起重建工作以來，由基民黨執政多年，直到基辛格（Kurt Georg Kiesinger）結束了第一個基民黨時代。曾加入納粹的基辛格竟得以於一九六六年擔任總理，使得德國左翼人士及年輕一代將他視為國家始終未能完成極權歷史轉型正義的象徵。例如，左派作家克拉斯菲德（Beate Klarsfeld）就公開撰文，批判像基辛格這樣的忠誠納粹黨員不但沒被清算，反而坐上了德國政府的最高職位，德國人無顏面對二戰犧牲者及盟國。作家葛拉斯亦於當年寫公開信給基辛格，質問：「倘若您這位當年的共犯竟然敢於承擔決定國家政策的方針，我們該如何紀念那些集中營的亡者？」[2]此外，反對黨社民黨也加入了基辛格的內閣，社民黨的布蘭特（Willy Brandt）擔任其外長，更使得許多左翼支持者大失所望。葛拉斯便公開呼籲布蘭特切勿基於「懶惰的妥協」接受大聯合內閣，這場「可悲的婚姻」

會鋪設出一條「癱瘓而停滯不前」的道路。[3]

葛拉斯不幸言中，基辛格執政不到三年，是德國戰後最動盪的時期，尤其是六八年爆發的學運，可視為兩個世代對德國歷史與未來的不同理解與反省態度而產生的衝突，這衝突當然也包括如何理解上一代的過往。

一九六九年，布蘭特上臺，兩屆任期後由同黨同志施密特（Helmut Schmidt）接手，到一九八三年為止，出現了戰後最長的社民黨時代。這段時間德國在政治上走偏左路線，綠黨也在七〇年代崛起，當時，整個國家的歷史政策路線不可能讓右翼介入。一九八二年，施密特在聯邦大選中敗給了基民黨的科爾（Helmut Kohl）。之後直到一九九八年止，科爾擔任了四屆總理，展開十五年的基民黨時代。這個時代的基民黨政府提出了新的歷史教育願景，希望重新詮釋納粹歷史，他們當時的態度可以從其國會議員德列格（Alfred Dregger）的發言中看出：「我呼籲所有德國人，從希特勒的陰影站出來——我們得再一次成為我們自己……我們民族的歷史不限於那十二年，而是一千兩百年……未來是開放的，我們是自由的。」[4]

德國政壇轉向右翼

就是這種想要從歷史問題裡被解放出來的欲望，主導了新政府的文化與歷史政策。科爾規劃、興建了波昂聯邦德國歷史之家（Haus der Geschichte der Bundesrepublik Deutschland）與柏林德意志歷史博物館（das Deutsche Historische Museum），規劃展示大屠殺史料時，也納入德國抵抗納粹運動及戰後克服極權過往的正面表述，史家孟森（Hans Mommsen）就認為博物館計畫背後是由新保守主義歷史修正論者主導。[5]而科爾的博物館規劃顧問名單裡，確實有後來參與論爭的新保守主義者史圖爾默（Michael Stürmer）。

一九八三年一月，西德國會大廈舉行紀念納粹掌權五十週年的活動，保守派哲學家呂博（Hermann Lübbe）在此發表了備受爭議的演說。他分析戰後德國人民對於納粹過往的沉默，提出了廣為人知的概念：「某種多少存在的沉寂」（die gewisse Stille）。沉默有其必要，因為那是「社會心理與政治上必要的媒介，讓我們戰後人民得以轉化為聯邦德國的公民」。[6]換句話說，那些戰前做為納粹的德國人，戰後對其自身罪行刻意保持沉默，這是情非得已的處理創傷方式，以使帝國子民順利蛻變為民主共和國公民，他的說法獲得許多贊同，但也引來批評。學界稱他的說法是種一廂情願的「睡眠療法」。

曾加入納粹的基辛格於一九六六年擔任德國總理，除了引起多位公共知識分子與作家的批判，左翼人士也視他為德國始終未能完成轉型正義的象徵。（Ludwig Wegmann/Wikimedia Commons）

另外，一九八五年發生的比特堡事件也是一個德國轉向右翼路線的徵象。當年五月五日美國總統雷根訪德，科爾安排參訪位於比特堡（Bitburg）的軍人公墓，引發了極大爭議。因為公墓裡除了埋葬因戰爭而犧牲的軍人，也有四十三個納粹黨衛軍的墳墓。這可說是德國版本的「參拜靖國神社」事件，引起國內外批評，《時代》雜誌以「比特堡的慘敗」（The Bitburg Fiasco）為題評論該事件。當時的德國總統魏茲澤克（Richard von Weizsäcker）只能在三天後紀念終戰的演講中，強調德國的敗戰並非失敗，而是德國人民的解放，以介入逐漸右傾的歷史政策，平息國內外的批評。但是保守派史家希爾格魯博（Andreas Hillgruber）拒絕接受總統的「解放」說，認為這樣的說法雖適用於集中營及戰俘營受害者，卻不適用於「全體民族」（Nation als Ganzes），因為這忽視了在東歐的德意志人民與軍人之命運。[7]

哈伯瑪斯在比特堡事件發生後，立刻撰文批評德國在思想上與政治上的右傾發展，他先從一九八三年呂博的著名演講開始，認為呂博與科爾在面對不堪的過往時，只想清除歷史，而非面對歷史，這就是「對過去的清理」（Die Entsorgung der Vergangenheit）。清理的方式是：強行安排比特堡軍人公墓行程，藉由德美兩國和解的氛圍，告別始終讓德國不安穩的「克服歷史」，凝聚一種軍事同盟，並回到德國歷史的延續性。哈伯瑪斯稱這是一種「脅迫的和解」（erpreßte Versöhnung）——這個說法借用了阿多諾於一九五八年與盧卡奇（Georg Lukács）論戰的文章名——甚至，科爾的致詞刻意不稱國家社會主義，而是曖昧地以可以同時指稱過往納粹及現時鐵幕彼端共產政權的「極權」代之，刻意迴避納粹問題，並暗示德美兩國合作反共的立場。[8]就是在這樣的背景下，配合基民黨鋪陳的政治環境，新保守主義者見到重新理解歷史的曙光，或說是清除過去的機會，最後終於在一九八六年時揭竿而起。

創造新歷史意識的新保守主義

引發這場爭辯的史學家諾爾特（Ernst Nolte）原出身哲學界，在弗萊堡大學跟隨海德格、芬克（Eugen Fink）等哲學家，以德國觀念論及馬克思哲學的研究取得哲學博士學位後，擔任中學古典語言教師。一九六五年，他去了馬堡大學歷史系任教，在馬堡的經歷已可觀察出諾爾特與左派思想的路線差異。馬堡大學在六〇年代被稱為紅色馬堡，被視為左派重鎮，當時知名的馬克思主義者阿本洛特在政治學系教書，他所指導的一名寫教授資格論文的年輕博士，就是哈伯瑪斯。

當時諾爾特與左派或哈伯瑪斯未有直接爭執，但六〇年代德國的左派學運如此激烈，諾爾特已明確展現出他與左派的路線之爭。六八學運中左派學生激進化與暴力化，甚至占領了原來被視為學運導師阿多諾的課堂。就在這個左派勢力漸長的氛圍下，一群大學教師在七〇年代集結了另一股勢力，意圖對抗大學左派化的路線。一九七〇年，全西德幾十位教授組成了「學術自由全德協會」（Der Bund Freiheit der Wissenschaft），諾爾特即為創始人之一。

一九七三年諾爾特轉到柏林自由大學歷史系，持續研究法西斯主義。一九八六年六月，他受邀參加在法蘭克福舉辦的關於納粹歷史的研討會，名為「不願過去的過去」。這成為左右派知識人交戰的導火線。

諾爾特擬以「不願過去的過去：爭執或者結清？」為題進行演講，但稱受到主辦單位法蘭克福市政府不友善的對待，最後只好退出。[9] 一九八六年六月六日，他將演講稿交給《法蘭克福廣訊報》刊登，題為〈不願過去的過去：一個被寫好的、但未能舉行的演講〉(Vergangenheit, die nicht vergehen will. Eine Rede, die geschrieben, aber nicht gehalten werden konnte)。

在這篇引發爭議的講稿裡，諾爾特強調：對猶太人犯下的大屠殺是否史無前例（Singularität/Einzigartigkeit/Einmaligkeit des Holocausts），應被重新討論；另外，大屠殺是對左派法西斯主義做出反應的悲慘結果。他針對那些傾左自由派的學者發難，批評當代德國思考大屠殺的態度是豎起一堵高牆，抗拒真正的爭執，而這種態度讓過去無法過去，始終纏繞著這一代；論者只知不斷談及「德國人的罪責」，忽略了這與當年納粹所談「猶太人的罪責」存在著相似性：指責者都認為自己是無罪的一方。[10]

他認為納粹時代的暴行並非獨一無二，如果以「殺害無生存價值生命」（Tötung "lebensunwerten Lebens"）為批判對象，歷史上也曾有或仍有類似的暴行，例如越南與阿富汗，但現存對於德國歷史的討論方式，使得學者無法真正關注那些同樣重要的種族滅絕議題——德國史家只被允許按照戰勝國的史觀書寫歷史。諾爾特認為終戰多年之後，第三帝國研究需要修正，修正並非史無前例，五〇年代極權主義理論的興起就使學界重新看待納粹。[11]他的修正論立場是：早在一九二〇年代，已有無數文獻探討史上發生過的那些與納粹類似的罪行就是例證——但納粹特殊之處，在於憑藉著技術進步發展出更現代的犯罪形式，研發毒氣以有效率地行刑——例如「古拉格群島」的暴行，對那些「無罪的但被視為敵人的幾百萬人」發動種族滅絕、刑求、槍決及大規模解送到集中營。他寫道：「難道古拉格群島不比奧許維茲更源初（ursprünglicher）嗎？難道布爾什維克的階級謀殺（Klassenmord）不是國家社會主義者的種族謀殺（Rassenmord）的邏輯以及事實上的先行者嗎？」[12]

這種論點明示了，納粹暴行並非史無前例。他人也邪惡，只是納粹挾其科技產出了史無前例的「大規模屠殺的工業化」（Industrialisierung des Massenmords）。但如果單就「大規模屠殺」這個罪行來說，布爾什維克並沒有更輕微，其左派獨裁與納粹大屠殺的右翼法西斯主義之間存在著類似的暴行邏輯。諾爾特甚至主張，不在這樣特定的脈絡下檢視希特勒對猶太人的屠殺，就是在偽造歷史，因為大屠殺最主要並非來自歷史上的反猶主義，並非一種單純的種族清洗，而首先是來自於針對俄國革命帶來的左翼獨裁而生的恐懼，進而否認了大屠殺的絕對性（而這也能解釋為什麼希特勒當年堅持發動對蘇俄的戰爭）。這個觀點他已發展多年，早在一九八〇年的一次演講裡就已提到：

> 奧許維茲首先並不是因為傳統的反猶主義造成，在其核心內容上並不僅僅是一種「滅族屠殺」

（Völkermord），而首要是對於俄羅斯革命毀滅進程的恐懼之自然反應。這種複製在很多方面來看都比更早的原始版本[13]還要不理性（那就是一種瘋狂的想像，以為「猶太人」會想要滅絕德國市民或甚至整個德國民族）……這比原始版本還讓人驚懼，因為用一種幾乎是工業化的方式來滅絕人類……可是所有這些特徵雖然都使奧許維茲具有獨特性，卻不能改變這個事實：所謂的第三帝國滅絕猶太人之舉，是一種反應，或者扭曲的複製版本，而不是一種首發的行動或原始版本。[14]

在這種修正論下，諾爾特將奧許維茲罪行的獨特性限縮在技術面，並試圖解釋希特勒的猶太人方案來自對俄國革命、對「『猶太人』會想滅絕德國市民或甚至整個德國民族」的反應。諾爾特雖然否認他試圖用一種邪惡證成另一種邪惡，但其說法確實隱含了此種暗示。

哈伯瑪斯的反擊

諾爾特的文章惹怒了包括哈伯瑪斯在內的偏左自由派知識分子，但也有保守主義歷史學者聲援，認為是回到純學術研究、而非顧慮道德或政治正確的時候了。畢勒費大學史家維勒（Hans-Ulrich Wehler）稱這是新保守主義者為了「清理德國過去」（借用哈伯瑪斯那篇知名評論的標題）所發動的一場小型文化革命，以在概念政治的鬥爭中（begriffspolitischen Kampf），爭取他們被阻擋多年的文化主導權。[15]

一九八六年七月十一日，哈伯瑪斯在《時代週報》上發表〈一種損害處理〉，對諾爾特及其他類似立場的史家叫戰。他認為戰後西德史學界對於第三帝國歷史圖像的修正論愈來愈多，已可見到一種為納粹辯護的趨勢（apologetische Tendenzen）。德國歷史書寫愈來愈朝向將納粹罪行解釋為是在回應來自亞洲的布爾什維克的威脅，藉由強調「紅色恐怖」，進而否認納粹罪行的獨一無二性質（Singularität）。這些保守主義史家以修正論方式建立德國的自我認同，是「保守意識形態的規劃師」（konservative Ideologieplaner）。他認為這些新保守論者試圖重新思考過去、打造新的奠定意義的歷史（sinnstiftende Historie），毫不掩飾自己的政治企圖，是一種對法西斯歷史「損害處理」的歷史書寫方式。[16]

在批評諾爾特時，哈伯瑪斯將其修正論的意義拉到哲學戰場來討論。諾爾特觀察柬埔寨恐怖政權、布爾什維克革命、早期社會主義者、十九世紀英國農業改革者等事件，建構了這些大規模恐怖的歷史背景：這是一條抵抗文化及社會現代化的陣線，動力來源是重建可清楚理解的、不受外界干擾的世界的虛幻欲望。而希特勒的猶太人滅絕方案，也被納入這樣的恐怖脈絡中被理解。換言之，納粹法西斯主義也只是「抵抗文化以及社會現代化」之思想史中的一章。

哈伯瑪斯認為，諾爾特這種把大屠殺拉到前現代對現代之對抗（或說「反應」）的哲學式歷史書寫，是這位海德格弟子對其老師「超越」（Transzendenz）概念的挪用。諾爾特從一九六三年以來，就以「超越」來描述傳統生活世界轉化為現代的巨大歷史轉折。那些反現代者反對的是「對於實踐的超越毫無保留的肯定」，諾爾特從哲學人類學的層次梳理那些反現代衝動，並對之表示同情與理解，亦即在一九五〇年代哲學人類學對於人類是「對世界開放」（Weltoffenheit）或「受限於環境」（Umweltverhaftung）的爭辯裡，諾爾特選擇了後者。

諾爾特將馬克思主義與法西斯主義等同視為「對於令人畏懼的現代性現實的回應答案」，他所理解的現代性圖像，就是自由主義社會解放過程中的「世界經濟、科技、知識與解放的合一」，反現代者正是感受到巨大轉折過程中自身遭遇的危機，才會導致惡行（Untat）的產生——罪行並非最後之因，而是為了回應現代性危機的反應。納粹的罪行因而在哲學探究之下被粉飾。[17]

哈伯瑪斯認為問題還不只是在哲學上提出修正論，在聯邦政府的文化政策上，這種新的修正論逐漸浮現，從國立博物館與文化機構的歷史展覽就可以看出來。他引用史家格維努斯（Georg Gottfried Gervinus）的說法指出，德國史學傳統中，自由開明的史家是少數，多數史家的思考方式是「帝國民族的、國家意識的、權力政治的」；納粹時代的史學勢力在這種思考方式下與當權者共謀，顯示了史學這門學科本身的虛無（Substanzlosigkeit）。而新保守主義者無視戰後的史學家展現更多元的方法論，擬重申一種為當局所用的歷史理解，並透過把德國歷史去道德化的方式，愉快地卸除歷史重擔，哈伯瑪斯斥之為「官方史家」（Regierungshistorikern）的反撲。[18]

哈伯瑪斯劃出了一道判準來區分他與官方史家的不同：「一方認定，維持某種距離的理解工作，有助於釋出一種反省的記憶力量，進而擴大了能自主處理複雜傳統的空間；另一方則希望透過修正論的歷史之用，來對傳統身分認同進行國族歷史的整修。」他拒絕歷史書寫為後者的傳統身分認同所用，呼籲憲政愛國主義（Verfassungspatriotismus）：

聯邦德國對西方政治文化毫無保留地開放，是我們戰後偉大的思想成就，這是我們這一代可以為之自豪的。這個成果並不會藉由一種披上德意志國族色彩的北約哲學（eine deutsch-national eingefärbte Natophilosophie）而穩固……唯一不會讓我們與西方疏離的愛國主義，就是憲政愛國主義，不幸的，這連結於普遍主義憲政原則的信念，是在奧許維茲之後——也因為奧許維茲——才在德國人的文化國族中產生的。那些要用「對罪責的執迷」（Schuldbesessenheit）這種空話來驅趕我們對於事實的恥辱感的人……那些要把德國人召喚回傳統國族認同形式的人，都破壞了我們與西方連結唯一可信賴基礎。[19]

哈伯瑪斯提出的政治策略是以對民主憲政及普世價值的認同，來取代傳統國族認同，讓德國成為民主西方的忠實盟友，只有如此，才能以抽離國族立場的態度，客觀理解歷史，以釋出反省的記憶力量，並處理自身帶著罪責的複雜歷史傳統。

未完的爭論

哈伯瑪斯立場明確地反對將納粹罪行相對化（relativisieren）或歷史化（historisieren），並攻擊他定義為修正論者、保守主義者的這些史家，這樣的立場很容易被定調為道德論者，以道德語彙取代嚴格的學術論究。許多知名學者都主動撰文表態反對，認為哈伯瑪斯曲解了其實立場各不相同的所謂新保守主義者，但他也在史學界取得不少支持。此番爭論也不只在學界，還演變成公共事件，電視臺、廣播節目都有報導、辯論與座談，至一九八八年底時大約有一千兩百篇報章文章或投書針對此主題辯論，甚至有示威民眾上街抗議部分學者的立場。[20]

這場論戰最後並無明確定論，但大致上來說，爭辯的兩方站在不同的理論出發點：史學家問，為什麼不能比較？為什麼必須堅持某種既定立場才來進行學術研究？學術應當禁止提出某種問題（Frageverbot）嗎？[21]可是做為社會哲學家的哈伯瑪斯，提出的是規範性的論述而非純粹的歷史書寫。維勒亦批評新保守主義史學的方法論，認為不是不能進行比較研究，而是這些人進行比較研究背後的目的，是為了平反對納粹罪責的學術共識。[22]支持哈伯瑪斯的人認為新保守主義史家的反擊多聚焦在次要意義的方法批判與用語爭執，忽視了真正重要的問題：「探問大屠殺的意義，以達致聯邦共和國的政治─規範性的根本共識。」畢竟，「在報章上的爭論亦非撰寫歷史課的報告」。[23]

最後，哈伯瑪斯的政治─規範論立場，相對於修正論史觀，確實獲得較多支持——不管是學術界、出版界或政界。例如原來提供諾爾特論戰舞臺的《法蘭克福廣訊報》，後來便不再刊登他的文章。德國研究協會（DFG：Deutsche Forschungsgemeinschaft）也取消了他原來主持的編輯猶太作家赫爾澤爾（Theodor Herzl）著作的研究計畫。[24]

另外，也有學者認為，這場爭論並不是學術性質的，而是一場知識人在面對政府的歷史政策時，採取不同立場而衍生的政治及道德鬥爭。學界傾向認為這場鬥爭由左翼自由派學者勝出，但卻是場慘勝（Pyrrhussieg）。維勒在總結這次爭辯時，就認為修正論者為德國帶來了許多不幸，他們用新的論述方式強化了既有的偏見，帶給史學的學術標準及方法論的反省難以挽回的傷害；另外，對於聯邦德國的國際聲望也有負面影響。[25]

在論爭之後，諾爾特愈來愈向極右派意識形態靠攏，例如一九九四年在《明鏡週刊》的訪談裡，他讚許否認大屠殺事實的知名作者羅伊希特（Fred Leuchter）「重要」，稱國家社會主義是一種「正向的趨勢」，而希特勒發動的戰爭是一場潛在性的「歐洲統一戰爭」。這種立場使他在德國逐漸失去學術舞臺，一九九四年威瑪古典基金會（Weimarer Klassik）原本計劃舉辦一場「猶太人的尼采主義」研討會，不得不臨時取消，因為諾爾特在受邀名單中，而大部分與會者知道後，拒絕與他同臺發表。可是他所代表的新保守主義史觀，並沒有就此打入歷史冷宮，九〇年代開始他受邀去義大利講學，因其論點在義大利右派中受到相當的重視。二〇〇〇年時，德國基民黨的「德國基金會」（Deutschland-Stiftung）也頒給他「康拉德－阿德諾學術獎」（Konrad-Adenauer Preis），知名的時代史研究所

（Instituts für Zeitgeschichte）所長莫勒（Horst Möller）擬為諾爾特頒獎致詞，被許多學界人士視為醜聞，甚至導致史界發表公開信要求莫勒為此下臺。二〇一一年，諾爾特獲右翼媒體《年輕自由》（*Junge Freiheit*）頒發葛爾哈—羅文塔爾獎（Gerhard-Löwenthal）；二〇一二年，他獲德國支持修正史觀的艾瑞希與鄂爾納克羅瑙爾基金會（Erich und Erna Kronauer Stiftung）頒發歷史學者獎。

二〇一六年八月，諾爾特過世，當年爭論內容又重新浮現媒體而被討論，當年那場爭論到底留下了什麼？這個修正論歷史發展，算不算是結束了？論爭的內容還能提供我們觀察今日德國的思考資源嗎？《世界週報》（*Die Welt*）主編赫爾欽格（Richard Herzinger）在對諾爾特的悼文裡評論，諾爾特在當年已經說出今日德國另類選擇黨（AfD）的想法。可以說，那場爭論中所浮現的許多議題，其實都還是從未過去的過去，因此，今日的德國再重提當年那場未完的論爭，仍有現實上的政治意義。當年的史家之爭並不是一次可以歸檔結案的歷史事件，今日在德國、甚至在歐洲，關於大屠殺的記憶政治爭鬥從沒有停歇過。二〇一八年六月，另類選擇黨的國會議員高蘭（Alexander Gauland）就表示，希特勒的國家社會主義微不足道，只是「鳥屎」（Vogelschiss），此番言論引起包括聯邦總統在內的跨黨派強烈批判，因為這也是企圖把納粹罪行相對化的做法。德國當代政治議題，時常能在那場論戰中找到線索。當時所帶出的問題，在今天的政治、思想與教育環境中，仍然持續在尋找答案。

注釋

1 本文初稿曾以〈從不過去的過去——「史家之爭」中的罪責問題〉為題，在中央研究院歐美研究所二〇一七年主辦「德國統一前轉型正義學術研討會」中發表。

2 Aly, G.（2015）. *Volk ohne Mitte. Die Deutschen zwischen Freiheitsangst und Kollektivismus*. Frankfurt: S. Fischer, S. 14.

3 Gassert, P.（2008）. Zwei Mal große Koalition. 1966 bis 1969 und seit 2005. in H.-P. Schwarz（Ed.）, *Die Bundesrepublik Deutschland: eine Bilanz nach 60 Jahren*（pp. 99-120）. Germany Köln: Böhlau. S. 99.

4 Erkelenz, B.（2017）. Adornos Mahnung.（2017, September 28）. *Frankfurter Rundschau*, S. 11.

5 Wolfram, E.（2007）. *Die geglückte Demokratie. Geschichte der Bundesrepublik Deutschland von ihren Anfängen bis zur Gegenwart*. Bonn: bpb. S. 397.

6 Lübbe, H.（1987）. Es ist nichts vergessen, aber einiges ausgeheilt. in R. Kühnl（Ed.）. *Streit ums Geschichtsbild*（pp. 14-18）. Germany Köln: Pahl-Rugenstein. S. 15.

7 Kracht, K. G.（2005）. *Die zankende Zunft: Historische Kontroversen in Deutschland nach 1945*. Germany Göttingen: Vandenhoeck & Ruprecht. S. 104.

8 Habermas, J.（1985, May 17）. Entsorgung der Vergangenheit. *Die Zeit*. http://www.zeit.de/1985/21/die-entsorgung-der-vergangenheit/komplettansicht

9 但此說法並未被真正證實。《法蘭克福廣訊報》發行人費斯特（Joachim Fest）於二〇〇一年六月八日接受巴伐利亞電視臺專訪時表示，當時主辦單位看過諾爾特講稿後，認為不符合政治正確，過於危險，因此決議不邀請他演講（BRalpha, 2013）。但哈伯瑪斯撰文反駁並無此事，文學評論家萊西—拉尼茲基（Marcel Reich-Ranicki）亦表示此事不真（2000: 542）。

10 Nolte, E.（1987）. Vergangenheit, die nicht vergehen will. In E. R. Piper（Ed.）, *„Historikerstreit". Die Dokumentation der Kontroverse um die Einzigartigkeit der nationalsozialistischen Judenvernichtung*. 3. Auflage（pp. 39-47）. München: R. Piper. S. 41.

11 Nolte, E.（1987）. Zwischen Geschichtslegende und Revisionismus? In E. R. Piper（Ed.）, *„Historikerstreit". Die Dokumentation der Kontroverse um die Einzigartigkeit der nationalsozialistischen Judenvernichtung*. 3. Auflage（pp. 13-35）. München: R. Piper. S. 17-18.

12 Nolte, E.（1987）. *Vergangenheit, die nicht vergehen will*. S. 45.

13 此處意指古拉格群島的大屠殺。

14 Nolte, E.（1987）. Zwischen Geschichtslegende und Revisionismus? S. 32-33.

15 Wehler, H.-U.（1988）. *Entsorgung der deutschen Vergangenheit? Ein polemischer Essay zum „Historikerstreit"*. München: C.H.Beck. S. 199.

16 Habermas, J.（1987）. Eine Art Schadenabwicklung. Die apologetischen Tendenzen in der deutschen Zeitgeschichtsschreibung. In E. R. Piper（Ed.）, *„Historikerstreit". Die Dokumentation der Kontroverse um die Einzigartigkeit der nationalsozialistischen Judenvernichtung*（pp. 62-76）. München: C.H.Beck. S. 62-76.

17 Habermas, J.（1987）. Eine Art Schadenabwicklung. Die apologetischen Tendenzen in der deutschen Zeitgeschichtsschreibung. S. 69-70.

18 Habermas, J.（1987）. Eine Art Schadenabwicklung. Die apologetischen Tendenzen in der deutschen Zeitgeschichtsschreibung. S. 72-74.

19 Habermas, J.（1987）. Eine Art Schadenabwicklung. Die apologetischen Tendenzen in der deutschen Zeitgeschichtsschreibung. S. 75-76.

20 BRalpha.（2013）. Ernst Nolte - Ein deutscher Streitfall. Retrieved from https://vimeo.com/104856197

21 Hillgruber, A.（1987）. Für die Forschung gibt es kein Frageverbot. In E. R. Piper（Ed.）, *„Historikerstreit". Die Dokumentation der Kontroverse um die Einzigartigkeit der nationalsozialistischen Judenvernichtung*（pp. 232-242）. München: C.H.Beck. S. 236-237.

22 Wehler, H.-U.（2006）. *Eine lebhafte Kampfsituation. Ein Gespräch mit Manfred Hettling und Cornelius Torp*. München: C.H.Beck. S. 200ff.

23 Kracht, K. G.（2005）. *Die zankende Zunft: Historische Kontroversen in Deutschland nach 1945*. Germany Göttingen: Vandenhoeck & Ruprecht. S. 106.

24 BRalpha.（2013）. Ernst Nolte - Ein deutscher Streitfall.

25 Wehler, H.-U.（1988）. *Entsorgung der deutschen Vergangenheit? Ein polemischer Essay zum „Historikerstreit"*. S. 197.

哈伯瑪斯是納粹嗎？

我曾受邀在配合模擬憲法法庭而策劃的「文學與各國轉型正義」專題，評論鈞特・葛拉斯（Günter Grass）在十七歲加入納粹武裝親衛隊（Waffen-SS）一事的意義，以及如何看待他對戰爭及罪責的反省。但在閱讀葛拉斯過程中，卻有個我不曾想過的名字，出現在這個被法西斯主義誘惑者的陣營中，我愈深入思考，愈覺得無法置之不理。這個名字就是哈伯瑪斯。

二〇〇六年時，葛拉斯事件爆發後不久，德國政治雜誌《西賽羅》（*Cicero*）刊登了一篇布雪（Jürgen Busche）的文章：〈哈伯瑪斯吞下了真理嗎？〉（Hat Habermas die Wahrheit verschluckt?）。布雪原來是《法蘭克福廣訊報》的記者，在這篇文章中，他引述了一個傳言，哈伯瑪斯年輕時的好友，一個現已過世的畢勒費大學的重要史學家維勒，向哈伯瑪斯出示了一張紙條，那是兩人在年輕時參加希特勒青年團戰場救生員課程時，做為學長、十四歲的哈伯瑪斯是青年團領袖，寫給十二歲維勒的一張紙條，盼他不要再翹課。字條證明了哈伯瑪斯加入過希特勒青年團，而且裡面有哈伯瑪斯對希特勒的認同字眼。情急之下，哈伯瑪斯搶過這張字條，吞了下去。

這是一個傳言，流傳多年但從未被證實的傳言。布雪引用的來源是另一名史家費斯特（Joachim Fest）於那年剛剛出版的回憶錄：《我沒有：回憶童年與青年時期》（*Ich nicht: Erinnerungen an eine Kindheit und Jugend*）中的片段。費斯特沒有直接指名，但提供的線索已足夠明確，讓讀者能夠指向那個法蘭克福社會學的掌門人。他說字條裡有著「對於元首充滿熱情的認同，以及對於最終勝利的期待」，他說這樣的舉動讓我們「看到了一種損害處理」（eine Art Schadenabwicklung，而《一種損害處理》正是哈伯瑪斯於一九八七年出版的著作！），「這種損害處理是為了擺脫個人所承受的過往重擔」。[1]

史家之爭

費斯特對哈伯瑪斯的敵意其來有自。費斯特於一九七三年出版了《希特勒傳記》（*Hitler: Eine Biographie*），多年來始終是暢銷書，銷量超過百萬本，還不包括被譯為各國語言的銷量，因此奠定了他在第三帝國史研究方面的話語權。同年起他也成為《法蘭克福廣訊報》的發行人及副刊主編，主導了聯邦共和國文化界的議程大約二十年（對哈伯瑪斯發起攻擊的記者布雪可視為他的門生）。他在一九八六年時讓研究法西斯主義的思想史家諾爾特在其副刊上刊出〈不願過去的過去〉一文，哈伯瑪斯在《時代週報》上撰文〈一種損害處理〉斥責，隔空發動了那場捲入無數德國學者與文化界人士的筆戰，從此揭開了延燒數年的「史家之爭」。

當時提供舞臺、本身也是第三帝國史專家的《法蘭克福廣訊報》發行人費斯特加入聲援諾爾特的這一方。其實費斯特只支持諾爾特的部分命題，但是，他認為不管什麼樣的立場，都應該在德國輿論中擁有發聲地，而哈伯瑪斯認為那種新型態的「對大屠殺的謊言」根本就不應該存在，最終造成了兩種不同立場的徹底決裂。

這場論戰分成學術路線與政治立場兩個戰場，論爭雖無明確定論，但大致上來說，哈伯瑪斯對修正論的攻擊獲得較多支持——不管是學術界、出版界或政界，這對第三帝國史研究的史觀發展有極大的影響。

不會被吞下的紙條

從哈伯瑪斯這張紙條的傳言，可以回頭看到那場德國思想史論戰的遺緒。做為費斯特的門生，可以想見布雪的文章〈哈伯瑪斯吞下了真理嗎？〉對這個始終站在道德制高點批判納粹歷史修正論的哲學家並無好感。這篇文章引起了法蘭克福大學政治哲學教授佛斯特（Rainer

即便被稱為「國家的良知」，德國文學巨擘葛拉斯在年少時也曾加入納粹武裝親衛隊。他於二〇〇六年公開承認此事，除了引起世界文壇譁然外，也引起人們思考：在威權時代，個人因為集體的瘋狂而可能犯下的罪責。（Marcel Antonisse/Wikimedia Commons）

Forst）在內的幾位與哈伯瑪斯關係較密切的哲學家投書抗議，認為那是《西塞羅》雜誌對哈伯瑪斯的「政治的抹黑宣傳」（eine politische Verleumdungskompagne）。哈伯瑪斯也發表致《西塞羅》總編輯威梅爾（Wolfram Weimer）的公開信，斥責《法蘭克福廣訊報》在費斯特帶領下，始終試圖保存並恢復納粹政權，七〇年代到八〇年代因此持續惡意攻擊他，布雪則是跟著這個攻勢對他發動政治詆毀，「其目的顯而易見，是想把我與葛拉斯一起，把一個令人芒刺在背的知識分子世代（eine unbequeme Generation von Intellektuellen）清理掉。」

不管哈伯瑪斯有沒有吞下這張紙條，首先要問的是：他是一個納粹嗎？他的父親是，而他不否認他加入過納粹少年組織（Deutsches Jungvolk，一種對十到十四歲少年教導國家社會主義思想的組織），但沒有加入過戰鬥性質的青年團。他在少年組織裡接受救生訓練課程，不曾接受戰鬥訓練，也不曾上戰場，戰爭結束時他十五歲，從行為上來看應可算是清白的一代；但是思想上他是否曾認同納粹？那張字條上，除了證明他加入這個少年組織外，真的有對於希特勒充滿認同的狂熱字句嗎？

哈伯瑪斯在公開信裡說明，因為他天生的殘疾，他從未認同過納粹意識形態，而他也未像《西塞羅》一文所批評的，一直盼望著德軍勝利。另一個傳言的當事人維勒也出面對《明鏡週刊》說明，他們確實一起參加過這個少年組織，但哈伯瑪斯並非青年團領袖；也確實存在著一張紙條，但那其實是一張印好的制式明信片，寫著「你翹掉了某堂某課，我請求你回到課程來。簽名」，並沒有支持納粹的狂熱字眼；後來在七〇年代，一次聊天中哈伯瑪斯否認他曾寄過這種明信片給維勒，維勒才找出來寄給哈伯瑪斯做紀念，並問哈伯瑪斯的妻子是否已經收到，她回答：「你認識于爾根的，這種東西他都是悶著不說。」（Du kennst doch Jürgen, der verschluckt so etwas sofort）[2]吞嚥（verschlucken）這個德文字除了做為進食的動作，也可引伸為不說出。維勒覺得這個雙關語及這段往事很有趣，後來跟幾個史學界朋友開玩笑提過，想不到多年來竟在德國學界釀成惡意的傳言，而費斯特聽到這個傳聞，寫出了自己的版本，維勒雖曾告訴他真實情況為何，但他並未更改其書稿。

在費斯特自傳與布雪文章出版後，哈伯瑪斯採取法律行動，要求該自傳的出版社賠償並禁止發行，維勒也上法庭作證，說明真實版本以及他所理解的少年哈伯瑪斯絕非希特勒支持者。最後判決確認，該書必須拿掉涉及哈伯瑪斯的段落方得出版。維勒後來接受《明鏡週刊》專訪時，被問及為何費斯特堅持寫入這個不實傳言的段落，他答道：「我推測，因為哈伯瑪斯在史家之爭中的角色，在費斯特心中深植了某種恨意。」[3]

令人芒刺在背的知識分子

維勒證實早在回憶錄出版前，他已確認費斯特知道正確的版本，卻堅持留下錯誤的描述。平心而論，費斯特確實未公正地處理這個傳聞，在同一本自傳裡，他談及中學老師對他的教誨：「倘有疑慮，就要支持那受疑者（Im Zweifel für den Zweifel）！這句話你們得奉為人生規矩。」[4] 但在這個所謂「紙條事件」中，在有疑慮時，他顯然放棄寫史者的專業，屈服於自己的恨意。

對於歷史修正立場或者保守主義者來說，哈伯瑪斯對於德國罪責毫不退讓的堅持，確實讓人如芒刺在背。二〇〇一年，他獲頒德國書業和平獎時，《時代週報》撰文稱他為「聯邦共和國的黑格爾」。[5] 他確實是如黑格爾般的百科全書式的哲學者，幾乎能對所有事情深入分析，且具有不可思議的寫作熱情與能力，但我覺得，在個性上他更像是共和國的蘇格拉底，在每個重要的政治文化時刻，他都毫不畏懼、立場鮮明，發動或投入論戰；與他立場不同的敵人恨他，立場相同的人也不見得喜歡他。他視海德格、施密特、雲格（Ernst Jünger）等保守革命分子為其思想死敵，也幾乎與所有戰後西方國家重要思想家有過爭辯，可說是德國知名「爭論文化」（Streitkultur）的最佳代言人。

可是為什麼他必須這麼好辯、這麼讓人不快？從史家之爭的發展脈絡就可以看出，確實存在著太多不能不挺身而出的爭辯議題，尤其是關於納粹罪行、德國責任、國家認同等戰場，一步都退讓不得。紙條事件雖然只是個學術界的小插曲，可是從它如何被醞釀、被加工、被傳播，就可以觀察到，學術與政治不同路線的鬥爭仍存在於德國對第三帝國歷史研究的書寫中。

二〇〇六年的紙條事件可以看成一次延長的史家之爭，可是，難道在多年後的今日，這個爭議還持續延燒著嗎？必須說，關於納粹歷史研究、去納粹化情形、以及針對第三帝國涉入者的轉型正義問題，迄今仍存在太多必須深究之處。梅克爾內閣在二〇一三年的組閣協議裡，就明訂將推動處理對於政府各機關部門的納粹過往，而這幾年來也依照組閣協議由各領域專家學者組成研究團隊，連續出版成果，揭露了外交部、司法部、刑事犯罪調查局、憲法保護局的納粹化及去納粹化問題，還有其他部會的相關研究將在不久將來問世[6]，顯示這個戰場，還在清理之中。

二〇一六年八月諾爾特過世，史家之爭論戰內容又重新浮現媒體而被討論，而今日右翼政治勢力坐大，更使得過去從未過去，而是最切身的現在。那場論戰還未過去，三十年前的議題仍深藏在德國文化中，隨時可能浮現。

注釋

1 Fest, Joachim. *Ich nicht: Erinnerungen an eine Kindheit und Jugend*. Reinbeck 2006. S. 343.
2 Wehler, Hans-Ulrich: „Alles geschwindelt" *Der Spiegel* 44/2006.（http://www.spiegel.de/spiegel/print/d-49378733.html）
3 Wehler, Hans-Ulrich: „Alles geschwindelt" *Der Spiegel* 44/2006.（http://www.spiegel.de/spiegel/print/d-49378733.html）
4 Fest, Joachim: *Ich nicht - Erinnerungen an eine Kindheit und Jugend*. S. 209
5 Ross, Jan: „Hegel der Bundesrepublik" *Die Zeit*, 42/2001（http://www.zeit.de/2001/42/Hegel_der_Bundesrepublik/komplettansicht）
6 Görtemaker, Manfred und Safferling, Christoph: Die Akte Rosenburg. *Das Bundesministerium der Justiz und die NS-Zeit*. München 2016. S. 13ff.

六八學運之城

當我還在法蘭克福工作的時候，認識一位在法蘭克福度過六〇年代的朋友。在一次聊天中我提起，正計劃寫一本關於法蘭克福的書，其中有一章要談學運。他很高興地說，是的，談這座城市不能不談起那個年代的學運，並從家裡拿了張剪報給我看，那是一九六八年，學生們手牽著手上街抗議。他說：你看到了嗎，我就走在第一排。

有意思的是，他本身是法學博士，談起世界各國挑戰政治秩序的運動時，總認為改革甚至革命，不管訴求多麼正當，還是得確定民主憲政的體制不被動搖。但在一九六八年時他所加入的學運，其實是全面質疑戰後西德體制正當性的。那個年代，對於許多法蘭克福的大學生來說，是生命中難以忘記的一部分。每個人都無畏地走上街頭，覺得這個國家因自己的行動，正往更好的地方前進。對他們來說，不再能把未來寄托給正在當權的上一代，因為這些人在第三帝國的十二年間是臣服於獨裁之下的子民，到了共和國時期又未能對下一代交代當時的歷史真相，不提責任，想當成一切都未曾發生。可是對青年人們來說，一切都真實地發生過，而且，不正確的事情還在繼續發生。例如西方國家對第三世界的殖民主義、資本主義對勞動階級的剝削、高等教育的僵固與無批判性、西德在越戰與冷戰中與美國的合謀。

這個反叛的學生世代，剛好在思想上也遇到了理論革命的六〇年代。戰後二十年保守主義並沒有讓德國變得更好，自由主義又只是帝國主義與資本主義的共犯，可是學生們又無法全然接受傳統的左派語彙，因為馬恩所使用的階級、無產者、生產關係、歷史唯物論等分析方式已過時，一百多年來始終不見左派所允諾的革命。於是，學生們不只挑戰上一代的政治立場，也拒絕上一代的理論及宏大敘述，各種新的主體、階級等以往的社會理論概念退位，尋求社會結構之缺口的「後」思潮興起。霍克海默、阿多諾、哈伯瑪斯等法蘭克福的哲學家們提供的批判理論，缺乏革命的力量；於是，學生們學習了老師所教授的反叛精神，但又相信，要改變這個體制，他們必須更激進，甚至更暴力。

把學生推向街頭的事件中，最具決定性的，是警察槍殺學生，以及學運領袖杜區克遭受右派激進者暗殺，這些暴力事件讓學生相信不能再任由國家權力宰制，必須起而反抗。於是學生們從課堂走向了街頭，又走回課堂占領高等教育殿堂，想發動一場從下而上的政治、生活與思想革命。整個六〇年代末到七〇年代，學運浪潮席捲整個聯邦共和國；所謂的一九六八分子（1968er），也在這麼長的時間裡奪得了發言權，在政治論述、社會哲學思想、左派理論、文藝創作等領域都想像如何改變世界，累積了極為豐富的成果。倘若我們要理解戰後的德國歷史，絕對不可能略過一九六八年。

而我們要理解六八年，也不可能略過法蘭克福。這是一座西德時代的反叛首都，德國社會主義大學生聯盟（SDS：Sozialistischer Deutscher Studentenbund）從這裡動員了全西德的大學生——也包括許多雖非學生、但在學生間廝混的「革命者」，例如約書卡．費雪——他參與一次又一次的街頭戰役；西德最早開始的女權運動在這些學生中產生；法蘭克福大學的學生，爬上校門，把校名改成卡爾馬克思大學；甚至，後來於七〇年代重創德國的左派恐怖分子們，也同屬學運的一部分。當時在法蘭克福讀書、後來創立社會生態研究所（Institut für sozial-ökologische Forschung）的貝克（Egon Becker），便這樣稱呼六八年時的法蘭克福大學：「一座不順從主義的小島。」（Kleine Insel des Non-Konformismus）

這篇要談的，就是一九六八年前後，在那座小島上的那些學生們的故事，那些改變了德國，以及改變了他們自己的事。

革命之城，革命之年

「在我看來，下一個世紀的孩子們看待一九六八年的方式，會如同我們這一代看待一八四八年一樣。」一九六八年六月，漢娜．鄂蘭在寫給她導師雅斯培的信中這麼預言。一八四八年對德國人來說，是民主國家誕生的契機，那一年全德語區的代表來到法蘭克福，草擬了一部保障自由人權的憲法，試圖催生第一個德意志共和國，但後來被普魯士鎮壓，這場民主革命失敗了。鄂蘭是對的，一九六八年也有類似的意義，那也是德國民主化的契機，可是那也是一整個世代失敗的宿命之年。

一九六八年動盪不安，村上春樹在《挪威的森林》裡描述了當時早稻田大學左派學生們罷課並占領大學的場景，反映了憤怒不滿與反抗的時代氛圍。在左派傳統強大的德國，青年們也在六八年時帶著怒意走上街頭。西柏林與法蘭克福，分別成為學生運動的重心。可是，學生對政治現狀的不滿、對改革甚至革命的渴望，不只局限在這兩個城市。六八年一開始，全西德的大學社團串連，形成一股強大的議會外改革運動勢力（APO；Außerparlamentarische Opposition），發動了許多改革訴求，甚至占領課堂。

一切都必須被質問

這股在法蘭克福醞釀的不滿，得先從一九六七年一場高中畢業典禮說起。凱琳・史托爾荷（Karin Storch）是一位就讀法蘭克福伊莉莎白高中的二十歲女學生，一九六七年六月二十四日，她做為畢業生代表，舉行了一次非常特別的演講。在這個演講裡她談的不是對社會的貢獻、對師長的感恩、對同學的致謝，而是反抗。

在這個後來以《教育我們成為不服從的人——一間民主學校的職責》（*Erziehung zum Ungehorsam als Aufgabe einer demokratischen Schule*）為題出版的演講中，她一開始便說：「二十二天前的晚上九點到十點之間，西柏林的克魯莫街（Krummerstraße）上，一位年輕人死於警察的警棍以及子彈下。他被警察擊倒並射殺，而警察原是受公眾之託、應保衛自由與眾人的人。」這個震驚史托爾荷的暴力事件，讓她在畢業前夕反覆思量，提出了五個問題以及自己的答案。

為什麼穿著制服的公僕，變成了手持棍棒的警衛？她說，因為這個國家還不習慣不服從的民主人士。所以沒有人教過警察，當遇到民主人士反抗時，該如何應對。警察們不曾學好執行勤務與面對人性尊嚴時的尺度，「那些負責規劃政治教育的人，有其罪責。」

在柏林發生的這起事件，與我們的學校有什麼關係？她說，在學校上社會課時，師生們討論了威瑪共和的情形，他們得出的結論是：威瑪共和一個沒做好的地方在於，教育出太少能應對危機的民主人士，真正的民主人士是批判的、不服從的，但也接受、承認自己的國家，如此一來才能在接受國家正當性的前提下，為一個更好的國家而奮鬥，使國家能度過危機。所謂接受自己的國家，是知道國家所賴以維繫的民主原則，並堅守之。因此民主政治教育應該培養的是：既知道反抗、也瞭解民主精神的真正清醒的愛國者。這就是學校的教育宗旨。

使我們成為不服從者的教育，重點是什麼？她說，如果學校教給我們的那些民主教育都是正確的，那麼這就應該是一間教導我們如何反抗的學校，使我們有反抗的意願及能力，「如果我們對於一九四四年七月二十日反抗納粹的烈士們的追思，並非一場鬧劇，那麼我們的國家思想，就應該包括反抗的義務。」她並引用黑森邦總理齊恩（Georg August Zinn）的名言：「對於違反憲法的公權力，我們必須反抗，這是每一個人的權利以及義務。」史托爾荷強調，在民主時期、學校教育中便必須學習合理的不服從，「在例外狀態的反抗要能起作用，必須有賴平日我們便練習不服從。」

學校會教這種不服從嗎？引入這種教育的學校會是什麼樣子的？她引用黑森邦教育廳副廳長哈姆布魯赫（Hildegard Hamm-Brücher）的話，表達她對當前學校教育的不滿：「如果您走進一家德國學校，您應該很難認為，我們現在生活在一個民主國家裡。」史托爾荷認為，學校的目的不應該是把學生培養為共犯（Mitläufer）、點頭者（Ja-Sager）、閃避爭執者（Streitvermeider），而應該喚起年輕人的國家公民意識。做為公民，應該是自由的人，而不是出於對於暴力的畏懼，始終聽命於那高高在上者（da oben）。可惜現在的學校，在把學生教育為獨立自主公民上，做的太少了。

未來的挑戰是什麼？她引用詩人艾希（Günter Eich）的詩句：「要當世界這部機器中的沙子，而不是潤滑油！」意思是，始終當一個質疑、而非推動體系運作的人；她也引用了法國作家紀德（André Gide）的名言：「一切都必須被質問。」只有這種態度，才能使青年人從權威中掙脫出來，獲得自由，並且保存真正的民主。

在演講的最後，史托爾荷呼籲大家從柏林這個可怕的事件裡思考，想生活在一個服從權威的國家還是真正的民主國家，而學校又該如何培養出未來能避免這種悲劇的學子。她的演講獲得了所有人喝采，在那個一整代年輕人剛感受到國家暴力的鬱悶時，史托爾荷說出了他們的心聲。隨著這個演講被媒體廣為報導，確實也推動了許多學校課程的改革。隔年，她因這個演講而獲得以聯邦前總統為名的豪伊斯獎章（Theodor-Heuss-Medaille），以鼓勵其身為公民的道德勇氣。後來她進入法蘭克福大學主修政治學及經濟學，畢業後成為德國第二公共電視臺的國際新聞記者。

死了一個學生之後

史托爾荷所說在二十二天前發生、震驚她的國家暴力事件，指的是一九六七年六月二日，德國大規模學生運動爆發前夕，二十七歲的西德學生歐那索格（Benno Ohnesorg）被警察射殺。

歐那索格是柏林自由大學的學生，那一年四月二十七日，他與懷孕的女友結婚。婚後約一個月，伊朗國王巴勒維（Mohammad Reza Pahlavi）預計訪問西德。為抗議巴勒維的獨裁，德國社會主義大學生聯盟與伊朗學生聯合會等學運團體，決定在六月初發起示威，新婚不久的歐那索格也與他的妻子克麗絲塔（Christa Ohnesorg）跟著其他自由大學的同學於六月二日參加了遊行，那是克麗絲塔最後一次見到他。

遊行很快變得暴力化，支持巴勒維的人動員了非常多人在抗議現場，與學生們針鋒相對，呼口號的學生受攻擊，警方介入，並動用水槍、催淚瓦斯、警棍等武器。不少便衣警察混在學生裡，開始逮捕他們。歐那索格見到好幾個便衣警察把學生拖到一棟房子的後院，他離開了同伴、追著這些警察，想知道警察要對抗議者做什麼。他進入後院，看到便衣警察正架著一些抗議者並毆打他們。警察見到歐那索格，也抓住他，他舉起雙手表示投降。但這時在他身後一公尺多，一個叫庫拉斯（Karl-Heinz Kurras）的便衣警察，掏出手槍指著歐那索格的後腦。目擊者大喊不要開槍，但庫拉斯還是扣下了扳機。

數萬民眾自動集結，向死去的歐納索格致意。
（Stiftung Haus der Geschichte /Wikimedia Commons）

三個當時在附近的記者，聽到槍聲趕到現場，看到這個如行刑般的殘忍場景，拍下了幾張照片。一位挪威籍醫生聽見槍聲也趕來。在場的警察一開始拒絕叫救護車，也阻止醫師進行急救。二十分鐘後救護車終於來了，但歐那索格沒能撐到醫院，死於車上。

後來西柏林議會決議解剖歐那索格的遺體以確定死因。檢驗結果甚至發現，他被槍擊後還繼續遭到毆打。

西柏林議會宣布六月三日起兩週內禁止一切集會遊行，以避免再有任何可能擦槍走火的事件。三日下午，還是有六、七千名自由大學學生自發性聚集，抗議警方的槍擊。學運領袖杜區克（Alfred Willi Rudi Dutschke）在靜坐抗議中，要求警方去法西斯化。

八日，自由大學學生們舉辦了追悼，全德各地民眾也自發地走上街頭致意，並抗議警方不當執法。追悼結束後，歐那索格的遺體將被運回他的故鄉漢諾威。為免再發生暴力事件，政府禁止集會，但還是有幾萬學生及市民自發集結到西柏林邊界，送歐那索格最後一程。

西柏林議會願意負擔將歐那索格遺體空運回漢諾威的費用，但被遺孀克麗絲塔拒絕。懷孕的她開車親自載送棺木，幾百臺汽車自願追隨，為歐那索格送行。隔天在漢諾威下葬，約有七千名學生在市區無聲遊行以示哀悼。

相對於民眾的憤怒與哀戚，西柏林政府及警方堅持，德國憲法保障的集會與言論自由並不能合理化抗議群眾的暴力。這起不幸事件的起因是少數抗議群眾以激烈的暴力行動對待國賓，警方不得不採取必要手段。

當時德國最大的媒體集團施普林格（Axel-Springer）旗下媒體全部支持警方必須阻止暴力化的學生，也呼籲社會站在警方這邊，以維持德國的法治。不過還是有《明鏡週刊》、《時代週報》等媒體調查這起事件，報導了目擊者的證詞，認為歐那索格當晚並無任何暴力行動。

當晚的案發現場早被警方破壞。法庭上，在場的警方作證表示，庫拉斯開槍是為了自衛。庫拉斯本人的證詞反覆，最後聲稱，事發當晚他被十幾個抗議民眾圍毆，原擬開槍示警，不幸誤射歐那索格。法庭傳喚了八十幾位證人，只有一人支持庫拉斯的證詞。後來邦議會組成調查委員會，調查結果認為警方執法雖不符合比例原則，卻還是合法的執法行為。雖然絕大部分目擊者的證詞都不利於警方，但最後，開槍的庫拉斯還是獲判無罪。後來，在二〇〇九年曝

庫拉斯對於歐納索格如同行刑般的殘忍射擊，撕碎了當時許多德國人的心，也激化了整個學運浪潮。根據二〇〇九年曝光的東德檔案，庫拉斯是東德間諜，但當初的槍擊是否是蓄意為之，至今仍無法證實。
（Stiftung Haus der Geschichte /Wikimedia Commons）

光的東德檔案中發現，庫拉斯竟然是東德間諜，當年的事件可能是刻意、針對性的開槍。該案重審，仍無法證實庫拉斯的犯行。

這個事件是一個時代的轉折，歐那索格的死以及政府的態度，讓全西德大學生確認了公權力對學生運動已不再容忍，隨時準備暴力相向；但這並沒有嚇阻學生，反而讓學生堅信國家機器已無藥可救，最終推動了全西德學生串連，爆發了一九六八年大規模的學運。他們的想法可以由這段作家哈夫納（*Sebastian Haffner*）在《明星週刊》（*Stern*）中寫下的評語為代表：「那是一次系統性的、冷血預謀的暴動迫害，由柏林警察對柏林的學生所犯下。」暴動迫害一詞，哈夫納使用了Pogrom，也就是描述當年納粹在水晶之夜對猶太人暴行的詞彙，一種存在於體系中、帶著政治清洗性質的暴力。

學生們看到的是納粹之後的國家暴力並沒有本質上的改變。德國這次走上了一條不一樣的道路。也許在這個意義上也可以說，那個法蘭克福高中生史托爾荷也因此走上了不一樣的道路：不服從的道路。

而一九六七年六月二日也成為一個象徵性的日子。左派恐怖主義認為，警方在歐那索格事件中所表現出來的態度，證明了整個體制無法溫和改革，只能通過暴力革命重新創造自由。一九六七年六月二日遂成為激進學生及左派恐怖主義動員的符碼，德國赤軍連分子便宣稱那一日證明了，改革者再怎麼和平，警方都會是先開槍的一方。

就在這樣失望與憤怒的情緒裡，那一代的年輕人進入了一九六八年，愈來愈多人覺得體制已毫無改革的希望，或退出這個社會成為嬉皮，或想要徹底改變這個社會，成為革命者。哈伯瑪斯甚至稱這些暴戾的學生們為左派法西斯主義者，然而阿多諾的學生、學運理論家漢斯－余爾根．克拉爾（Hans-Jürgen Krahl）反駁說，把暴力無差別地視為法西斯主義在歐那索格事件後已不再有效，因為學生必須以暴力及挑釁手段，才能制止來自國家更冷血的暴力。

「脫離者」的文化集散地

在這樣的一整個世代與政府對抗的氣氛下，憤怒的青年不只在政治上走上街頭，在文化上、生活風格上，也選擇站在主流及體制的另一面。在那個中國剛剛爆發文化大革命的年代，許多迷戀毛澤東的學生們，也自詡為在德國發動了一場小型的文化革命。當然，德國學生的文革不能以中國文革的概念來理解，但當時德國的學生們確實在文化上，選擇與上一代全然斷裂。

一九六七年十一月九日，漢堡大學大禮堂裡舉辦了新舊校長交接典禮，德高望重的教授們穿著學者長袍禮服，緩緩步入爆滿的禮堂，這時兩位學生會的代表衝到校長以及教授行列前，拉開布條，上面寫著：「長袍之下，腐朽千年。」（Unter den Talaren – Muff von 1000 Jahren）這張照片立刻登上全國的重要媒體，而這句話也為一個動盪的時代定下了基調，成為六〇年代末期學生運動的名言。

Muff這個字，意思是混濁濃郁的空氣，通常帶着令人不快的氣味。學生們用這個字來形容當時他們身處的德國。對青年人來說，這個古老的文化國度千年來所累積的一切文化，都是那麼汙濁難耐，沉悶的時代裡他們亟需一個出口透氣；如果留在體制內生活代表的就是必須接受那千年的腐朽，那麼他們寧願「離開」(aussteigen)。因此，那些六八年時選擇另類生活以表達對主流文化不滿的人們，也被稱為「脫離者」(Aussteiger)。

一九六八年一月二十五日，在法蘭克福鬧區霍爾茲格拉本巷（Holzgraben）九號，兩個年輕藝術家孟茲（Paul Maenz）與羅爾（Peter Roehr，因為搞藝術餬不了口，所以他們同時也在廣告公司及工廠工作），開了一家奇特的商店「布丁爆炸」(Pudding Explosion)，販售一切嬉皮文化、青年文化、反抗文化的東西，例如同性戀雜誌、德國社會主義大學生聯盟出版的刊物、毛澤東海報、《毛語錄》、紐約的《村聲》雜誌、中共對外宣傳刊物《北京週報》(*Peking Rundschau*)、自繪漫畫、影印版國外刊物、各種另類標語海報及貼紙。這家面積大概六十平方公尺的店，一開張後即湧入始料未及的人潮，老闆們原本準備五千馬克的貨物，預計六週賣完，結果開幕後六天內全部一掃而空。後來這個地方也引來德國情報機構憲法保護局的監視。

「布丁爆炸」大受歡迎，可見當時法蘭克福聚集了多少脫離者。不過這家商店並沒有營運多久，那一年八月，隨著年僅二十三歲的羅爾癌症過世，「布丁爆炸」也拉下大門。今天，那裡是一家小餐廳，沒人知道這個地方曾經存在著一個六〇年代的短命傳奇。

一九六八年五月一日，在法蘭克福波肯海姆大街（Bockenheimer Landstraße）八十七號地下室，學運分子于波許（Paul Gerhard Hübsch）開了另一家另類商店，「海蒂愛你」（Heidi loves you shop）。這家店名來自于波許的女友名字，他們兩人一起經營這個嬉皮文化商店，生意雖然不錯，但過了夏天之後也關門了。九月二十日，幾十名警察接獲線報衝進「海蒂愛你」搜索，搜出大麻，也以衛生設施不合規定為由，關閉了商店。

于波許在一九六八年九月，在法蘭克福的反抗史上，也引發了一個奇特的戰役：「蛋糕之戰」（Kuchenschlacht）。

在「海蒂愛妳」附近有家法蘭克福知名的百年咖啡店：勞莫爾咖啡店（Café Laumer）。這家咖啡販賣傳統德式蛋糕及歐洲咖啡，向來是法蘭克福市民階級喜愛光顧之處。九月的一個晚上，于波許跟朋友徹夜狂歡後，衣衫不整、精神渙散地來到勞莫爾咖啡店，想買杯咖啡提神，但被服務生拒絕，他們聲稱不願服務形象糟糕的人。于波許跟朋友

勞莫爾咖啡店，從二〇年代起，這裡所供應的傳統德式蛋糕及歐洲咖啡就很受法蘭克福市民階級的歡迎。在這裡曾上演一場奇特的戰役：蛋糕之戰。（蔡慶樺攝）

們就在咖啡店跟服務生大吵大鬧，最後警方來到把他們請出店外。

一個星期後，法蘭克福舉行了社會主義大學生聯盟代表大會，于波許在會議上針對此事發言，認為即使一個人的外表不受歡迎，頭髮過長、衣著可笑，還是不應僅僅因為咖啡店老闆不喜歡，就喪失喝咖啡的權利，而這件事正是一個政治教育年輕人的機會，他呼籲與會的代表們都應該與所有的長髮青年團結一心。隔天，學生們來到勞莫爾咖啡店，被擋在店外，因而與服務人員及警方發生激烈爭執，學生們拿起巧克力、奶油、蛋糕，轟炸了整間店。許多人因此被逮捕。

這是歷史的諷刺。早在二〇年代，這間咖啡店就是法蘭克福大學那些左派自由知識分子喝咖啡議論時政的地方，例如神學家蒂李希、社會學家曼海姆、霍克海默及阿多諾等人。而戰後，也是重返法蘭克福的教授們聚集之處，霍克海默、阿多諾、哈伯瑪斯與馬庫色等人便常在這裡討論哲學，現在到這間咖啡店裡，還有以這些人命名的套餐。而這樣一間深受上一代左派喜愛的咖啡店，卻拒絕服務下一代的左派，而慘遭蛋糕攻擊。一間咖啡店，不也正好體現出不同世代的差異與敵意嗎？

另一種脫離者的聚集之處，就是書店。例如左派青年們一起在法蘭克福老歌劇院旁開的Libresso書店，這是聯邦共和國的第一間左派書店；在大學附近的卡爾馬克思書店，提供學生各種最新的左派社會哲學資料及聚會討論的場所。這些地方是六〇年代德國新左派、社會邊緣者與革命者的精神家園。他們在這裡討論各式各樣政治社會理論，喝便宜的咖啡，購買各種影印的盜版激進書籍，以及法蘭克福學派那些教授們上課的逐字稿。一九七九年，Libresso書店關門，似乎也象徵著一個激情閱讀理論以求改革社會的世代終於走入歷史。

書店差不多維繫了十年，差不多就等於德國的小型「文革」持續的時間。這之後，德國多少仍存在著脫離者，但已不像六八世代一樣如此以龐大的人數及全面拒絕的姿態生活了。不過今日卡爾馬克思書店仍在法蘭克福大學旁繼續營業，偶爾仍可看到書店櫥窗掛起支持工運、反自由主義與全球化的海報，只是，我在裡面買書時，再沒遇見幾個想脫離社會的青年了。

反越戰與反美的激化

一九六六年五月二十二日，社會主義大學生聯盟在法蘭克福大學舉行了一次研討會：「越南——範例分析」（Vietnam – Analyse eines Exempels），哈伯瑪斯認為越戰並無正當性，並且是一種充滿侵略性的反共產主義立場。他說出了當時許多學生的心聲。

一九六八年二月一日，越共發動春節攻勢、造成無數人死亡後，南越將軍阮玉鸞在盛怒下在西貢街上槍斃越共游擊隊領袖阮文歛，開槍的那一刻，被美聯社攝影記者亞當斯（Eddie Adams）拍下來，刊登在《紐約時報》上，並使他獲得隔年的普利茲獎。而這張處決照片，也引起了國際反戰聲浪的高潮。

二月五日，社會主義大學生聯盟在法蘭克福舉行反美國遊行，杜區克也從柏林來到法蘭克福。一千多位學生在當時位在西區的美國駐法蘭克福總領事館前示威抗議，抗議的主題正是越戰。

學生發動遊行以前，已先在法蘭克福大學裡舉行演講（學生們稱為Teach-in），杜區克呼籲，所有學生到美國總領事館發動「進入」（Go-in），在裡面靜坐示威，以達到實質占領。不過在演講時，也有一些不同立場的學生發出不同意見，有些人罵杜區克是「馬戲團的表演動物」，也有人說「滾去越南！」杜區克在臺上回答：「我們的越南就在歐洲的這裡。」

學生們高喊著「胡志明！」「提供越共武器！」，甚至焚燒了德國國旗，並把越共旗子插在美國商務中心樓頂。警察出動噴水車鎮壓，逮捕了部分學生。

聯盟的暴力化激進化，確實造成很多人的不安。一九六八年二月二十一日，超過十五萬柏林人，走上了西柏林街頭。他們高舉標語：「反對極端主義」「要求禁止德國社會主義大學生聯盟」「頭號人民公敵杜區克」，也有不少人舉著美國國旗，展現支持德國做為美國盟友的決心。當時的柏林市長、社民黨的舒茲（Klaus Schütz），對這群眾呼喊：「所有的朋友及敵人都應該知道：我們不會讓別人毀壞我們自由的柏林，我們會抵抗！」

杜區克的激進立場，即使在聯盟內部也有反對的聲音。杜區克以學運領袖的身分，受邀到各國運動現場演講，國外媒體視他為德國革命勢力的代表，甚至描述學運是杜區克的運動，於是德國學運逐漸被掩蓋在個人光芒下，媒體甚至稱他為「革命企業家」（Revolutions-Unternehmer）；而在六八年二月時，他受邀去阿姆斯特丹演講，被短暫逮捕調查，因為他在演講中稱荷蘭的王儲為法西斯分子。另外，最惹惱黨內同志的是：在接受媒體訪問中，杜區克表示，他不可能接受共產主義國家的金錢資助。聯盟內認為杜區克將其他人詆毀為共產主義者。以上種種原因，使得聯盟內部有人提案，剝奪杜區克的會員資格。一九六八年四月初在法蘭克福大學開的聯盟代表大會，就沒有邀請杜區克參加。

四月三日，反越戰行動進入一個不同的層次。赤軍團的創始成員巴德（Andreas Baader）與恩斯林（Gudrun Ensslin）組成的團體，決定走武裝暴力路線。他們在一個夜裡燒毀了法蘭克福采爾街上的百貨公司。關於他們的故事，會在下一篇「革命世代之城」介紹。

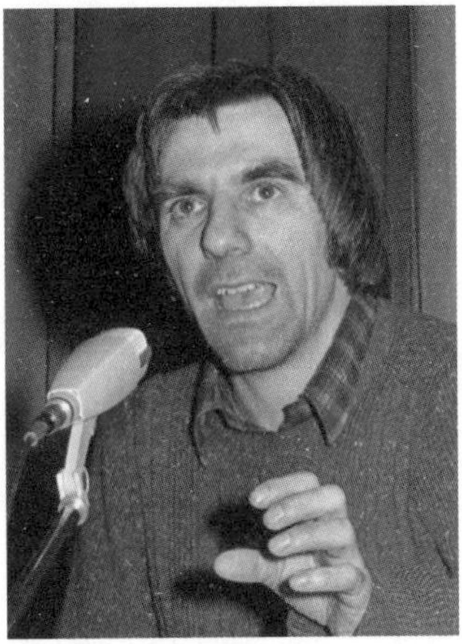

學運領袖杜區克的激進立場，在社會主義大學生聯盟內部也引起反對的聲音。一九六八年四月，杜區克被右派青年巴赫曼持槍射擊頭部，一九七九年死於這次槍擊的後遺症。
（Wikimedia Commons）

左右之間的暴力相向

那一年的四月，是暴力與流血之月。四月四日，諾貝爾和平獎得主、黑人民權運動領袖馬丁．

路德．金恩牧師在美國被謀殺，全美都被仇恨的烏雲籠罩，在這個暗殺事件的影響下，詹森總統迅速地在四月十一日簽署通過《一九六八年民權法案》(*Civil Rights Act 1968*)，擴大了一九六四年的民權法案，禁止在租售房屋時歧視有色人種。

德國也為之震驚，一千名以上的年輕基督徒在法蘭克福發起四月六日大遊行，表示對美國黑人民權運動的支持、譴責暗殺，以及反對戰爭。

四月十一日，杜區克從德國社會主義大學生聯盟柏林的辦公室離開，他把公事包放到腳踏車上，正準備跨上車時，一個青年走向他，問：「您是杜區克嗎？」他答：「是。」青年拿出手槍，罵他是隻骯髒的共產主義豬，近距離朝他的頭部開了兩槍、肩膀開了一槍。

刺殺他的青年，名叫巴赫曼（Josef Erwin Bachmann），是極右派政黨德國國家民主黨（NPD；Nationaldemokratische Partei Deutschlands）的支持者。當時，巴赫曼帶著極右派報紙《德國國家報》(*Deutsche Nationalzeitung*)，因為報紙上刊登批評杜區克的文章，也有他的照片，讓巴赫曼得以認出他來。那張報紙以醒目的標題寫著：「現在就阻止杜區克！否則將發生內戰！」「今日本報的要求：現在就阻止左派激進革命！否則的話，德國將成為全世界不滿的人的麥加聖地。當初曾在聖彼得堡與巴黎這兩個世界大革命之地發生過的事情，今日也可能在柏林重演。自從杜區克之流毫不掩飾地公開鼓吹革命，無關痛癢的手段再也於事無補。」

後來，杜區克被奇蹟地搶救回來，但術後腦子大受影響，無法順利使用語言。復健後雖重拾大部分生活機能，也再回到社會運動的現場，但一九七九年，還是死於那次槍擊案的後遺症。

左右派之間的暴力相向，已經要撕裂這個年輕的共和國。來自漢堡的知名社會批判歌手及詩人比爾曼（Wolf Biermann），在一九六八年發表的歌曲〈杜區克身上的三顆子彈〉（Drei Kugeln auf Rudi Dutschke）正唱出了當時的氛圍。他控訴著這次血腥的刺殺，那打在杜區克身上的三顆子彈，真正的行兇者有三個。第一顆子彈是施普林格集團，其旗下媒體全力反學生運動；第二顆子彈是「高貴的納粹總理」（Edel-Nazi-Kanzler）——也就是當時的聯邦總理，曾經是納粹黨員的基辛格（Kurt Georg Kiesinger）；而第三顆子彈是當時的柏林市市長舒茲（Klaus Schütz），容許公權力對學運強力鎮壓。

比爾曼悲鳴著「啊，德國啊，你的殺人犯們！」他唱出了學生們的心聲：開槍的，是錯誤的政治、法西斯遺緒與右派的媒體。

杜區克被行刺當天，消息傳到法蘭克福，學生們上街頭示威，那天晚上他們衝進了法蘭克福劇院，打斷了當時正在上演瑞士作家弗里施（Max Frisch）著作改編的戲劇《自傳》（*Biographie*），學生們高舉著控訴施普林格集團對杜區克進行政治謀殺的標語，要求觀眾加入他們的抗議，而確實也有部分觀眾加入隊伍。十二日，學生們闖入法蘭克福教堂裡，舉著標語在禱告的人們之間穿梭：「這不正是你們要的嗎？」「還在等什麼？一起來！」十五日，法蘭克福的學生發動了復活節反戰大遊行（Ostermarsch），一萬兩千人聚集在羅馬山廣場。學生們認為施普林格集團旗下的媒體不斷攻擊杜區克，煽動社會仇恨，才會引發這次槍擊事件。他們非常憤怒，在遊行中舉著標語吶喊著：

「充公施普林格！」（Enteignet Springer）「圖片報也開了槍！」（Bild schoss mit）也有學生掛著杜區克的照片，旁邊寫著：「我是杜區克，把我打死啊！」（Ich bin Dutschke. Schlag mich tot）

那天晚上，他們遊行到法蘭克福火車站，組成封鎖線不讓火車運來的《圖片報》派送，與警方發生激烈對抗。十六日，法蘭克福的施普林格集團印刷廠前，聚集了抗議的民眾及學生，警方出動了鎮暴部隊，架起鐵絲網及拒馬嚴陣以待。後來，雙方還是爆發激烈對抗，學生們衝進印刷廠。施普林格集團為其所遭受的破壞控告學生們，求償金額為七萬一千五百四十點五九馬克。

六月，對全世界來說依然是無法承受的暴力之月。六月五日，正在競選美國總統的參議員羅伯．甘迺迪（Robert F. Kennedy），在洛杉磯被刺殺，他的哥哥就是德國人最喜歡的美國總統：約翰．甘迺迪（John Fitzgerald Kennedy）。約翰．甘迺迪曾來過柏林及法蘭克福，德國人非常喜歡他。法蘭克福的保羅教堂外，設立了紀念碑，紀念一九六三年甘迺迪來法蘭克福在此進行的演講。當時在保羅教堂內，甘迺迪敘述了法蘭克福一八四八年制憲會議的歷史，在那場被專制者鎮壓而失敗的民主革命之後，德國許多人被迫移民新大陸，尋求真正的自由，這也使得美國成為德國許多人的應許之地，美國與法蘭克福因此有歷史上緊密連結的根源，他呼籲德美合作，共同推動歐洲價值以及捍衛自由。那場演講的結尾，甘迺迪引用了最知名的法蘭克福之子的名作《浮士德．悲劇第二部》：「這是最後結論得出的智慧：只有那日復一日堅持自由與生命的人，才值得擁有自由與生命。」

誰才是憲法的守護者——緊急狀態的使用爭議

共和國眼看搖搖欲墜，再加上另一件事情，讓青年們對政府更加喪失信心。當時在波昂的國會研議要修法讓德國進入緊急狀態，以便能更迅速簡易地通過新的法令以回復秩序。這在德國是個非常敏感的議題，因為威瑪共和國憲法第四十八條早已明定，當憲法或國家功能失常，公共安全與秩序受到危害時，總統可以宣布進入緊急狀態，並藉由武力來終結這種失常；總統也可以宣布在憲法部分條款中所保障的基本權利暫時失效。第三帝國正是利用這項條款，擱置了民主憲政秩序。

對緊急狀態的規範，以及在必要時擱置基本民主權利，並不是到一九六八年街頭動亂後才開始討論。一九四九年生效的《基本法》，就貫徹了防禦性民主的概念，已有機制用以對抗危害民主體系的人，例如第九條及第二十一條禁止危害共和國憲政秩序的政黨及組織；第八十一條也規範了總理在信任投票中失敗時，國會如何因應這種緊急狀態；第九十一條規範內部緊急狀態（inneren Notstand）發生時（例如革命、政變等政治暴力），政府可以如何調用警力。不過，雖然有這些機制，《基本法》並不像威瑪共和國憲法一樣，有直接載明緊急狀態的條款。

一九六八年以前，德國國會就一直有相關討論，擬修憲增加緊急狀態條款，一方面為了強化憲法穩定國家秩序的功能，另一方面也是為了讓英美法軍政府占領下的西德國家正常化——同盟國軍政府一直在西德施行其緊急狀態統治權（Notstandsrechte），必須等到西德修憲完整規範保護民主秩序之能力後，才能交還這樣的權力。

可是，在六八年那個敏感時刻，修憲擴大政府的權力，對當時街頭上的抗爭者來說，是針對性極強的政治動作。對政府來說，誰才是危害民主憲政秩序的人，昭然若揭；可是對抗爭者來說，他們認為自己才是真正的憲法守護者。聯邦國會擬以緊急狀態憲法條款，規範在例外狀態、防禦狀態、局勢緊張狀態及災害狀態下，民主憲政秩序面對重大挑戰時，國會與聯邦政府可以採取的緊急作為。此次修憲引來無數抗議，反對「緊急狀態憲法」（Notstandverfassung）者，也不只學生，還擴大到社會各個階層，因為威瑪共和憲法與第三帝國之間的連帶關係及造成的後果，仍深植在許多人的記憶裡。

國會還沒舉行表決前，抗議者於五月十一日發動了「集結波昂大遊行」（Sternmarsch auf Bonn），來自全西德的六萬民眾在首都集結抗議。全國各地都貼著「把緊急狀態條款趕出波昂！」（Treibt Bonn den Notstandgesetz aus）政治學者克勞斯哈爾（Wolfgang Kraushaar）當時是法蘭克福大學哲學系學生，在《百頁談一九六八》（*1968. 100 Seiten*）裡說起當時這個他親身參與的運動，以「集結波昂大遊行」為口號，讓人聯想起墨索里尼於一九二二年發動的「集結羅馬大遊行」奪權行動，而當時波昂的氣氛，確實也讓參加者認為，必須奪回權力才能挽救這個國家。

此外，在法蘭克福，社會主義大學生聯盟也號召上街，法蘭克福有約兩千名高中學生、眾多工會團體加入遊行，超過二十家企業的員工罷工支援，大學生也占領課堂，表達不滿。五月二十四日，在學生占領下，法蘭克福大學被迫暫時關閉。學生們強調大學應該是「反抗的大學」（Gegenuniversität），並在大學招牌上，用噴漆把學校改名為「卡爾・馬克思大學」（Karl Marx Universität）。最後，警察出動衝破了封鎖線，才奪回大學。

五月二十七日，黑森邦的德國工會聯盟（DGB：Deutscher Gewerkschaftsbund）號召會員上街抗議緊急狀態條款，以捍衛民主共和國的存續，共有超過一萬二千位工會成員參加。法蘭克福大學在二〇〇八年辦理了一場六八四十週年座談會，是親自參與過那個年代的社會系退休教授烏爾曼（Ulrich Oevermann）是與會者之一，他說，這是德國史上第一次發生羅莎・盧森堡所談的大罷工。

德國勢力極大的工會「金屬產業工會」（IGM：Industriegewerkschaft Metall für die Bundesrepublik Deutschland）在當時編輯了一本內部教育手冊《緊急狀態條款，民主進入緊急狀態》（*Notstandsgesetze. Notstand der Demokratie*），就分析了基本法中已經具備因應緊急狀態的規範，並且也協助共和國度過戰後多次危機，實在不需要再擴大國家權力，其中一段話可以代表當時走上街頭人的心聲：

> 回顧威瑪共和國以及其他國家的歷史發展，可以看出，對民主的危害多半不是來自底層，而是來自在上位者——是來自那些威權主義的政治動作，以及經由非民主程序而上臺的政客和軍人，還有在這些人背後的權力團體。對這些人來說，那全面性的緊急狀態擴權，是永不停

止的誘惑。

五月二十八日，黑森邦廣電集團為了化解這個嚴重的法政衝突，在法蘭克福舉辦了一次知名的座談會，邀請哲學家阿多諾、布洛赫（Ernst Bloch）、作家波爾（Heinrich Böll）、恩岑斯貝格爾（Hans Magnus Enzensberger）及《明鏡週刊》創辦人奧古斯泰恩（Rudolf Augstein）等公共知識分子與會，而社會主義大學生聯盟的代表們（包括阿多諾的學生克拉爾）也參與座談。奧古斯泰恩批評社會主義大學生聯盟的抗爭路線，不過阿多諾發言反對緊急狀態條款。最後，這場尋求跨世代對話的努力並沒有成功，無數的學生衝入了大廳，中斷了對話。

這場抗爭，終究還是政府贏了。五月三十日，聯邦國會以三分之二多數通過了修憲，六月二十八日，緊急狀態條款正式生效。

不過，從另一方面思考，我不認為是政府贏了，反而可以說是人民的勝利。

這個緊急狀態條款，正式名稱為「基本法第十七條補充條款」（Siebzehntes Gesetz zur Ergänzung des Grundgesetzes），使得對緊急狀態的宣布以及必要時對人民基本權利的限縮正式進入憲法。不過，這個六月二十八日生效的版本，已經與當初政府所提出的版本有極大差異。在政府提交的一九六〇年版本中，國會只要簡單多數、甚至聯邦總理一人之意志，即可宣布緊急狀態，而在緊急狀態中，許多基本權利都會被限制甚至暫時取消，例如言論自由、集會自由、罷工權等。難怪，當時許多抗議者視此條款為如同當年容許希特勒奪權的憲法，稱為「緊急狀態之獨裁」（Notstandsdikatur）或「獨裁之法」（Diktaturgesetze）。更甚者，許多人刻意將「緊急狀態法」（Notstand-Gesetze）縮寫為NS-Gesetze，比喻這是一部「納粹之法」。

然而，在幾乎全民動員反對下，許多可能允許獨裁者產生的空間被封閉起來了，否則，這項修憲不可能會被通過——試想，連最受納粹迫害的社民黨，都願意以多數同意接受緊急狀態條款，自有其因。

平心而論，條文的內容還是小心翼翼規範政府的擴權，並不像威瑪憲法那樣信任一個在緊急狀態時獨掌大權的「憲法守護者」。閱讀其條文，可以感受到其宗旨還是在防止緊急狀態中民主議會體制被破壞。政府原本希望通過一個在危機中確保行政機關仍有解決危機的行動能力、不惜限制立法機關職權的提案，可是最終版本中，議會制度確定不會受侵犯，例如緊急狀態必須國會三分之二以上多數才能宣告，而緊急召開的立法機關也不得修憲。此外，工會罷工的權利也不會因此受到影響。修憲後這多年來，德國幸運地不曾進入緊急狀態，但即使有這樣的危機，德國的憲政體制應當仍有防衛自己的能力。而這一切，必須歸功那一年集結在波昂的那些人。

歐洲觀的劇烈變動

另外，德國的六八年，也不只是一國之內的騷動，還必須在更大的國際情勢下理解。例如東歐情勢，也影響了德國的六〇年代。

一九六八年三月，在出乎意料下，捷克當局突然推動自由化與民主化的改革。米蘭．昆德拉《生命中不能承受之輕》就是發生在那個春天，外科醫生托瑪斯（Tomas）與攝影記者泰瑞莎（Teresa）之間的愛情故事。那一年八月，蘇聯派進的坦克，打碎了捷克人民主化的夢，泰瑞莎用她的鏡頭記錄下那些街頭的獨裁暴力，然後跟托瑪斯一起逃到鐵幕另一邊自由的國家，但在自由中她遭遇了托馬斯情感的背叛及生活的打擊，於是再次逃回了布拉格，托馬斯跟著她回來，卻因為他在布拉格之春期間寫過政治立場錯誤的文章，而被共產黨剝奪了行醫資格，最後只能以擦窗戶工人的身分維生，而泰瑞莎始終也無法走出政治與感情的壓力，兩人都承受其生命中難以承受的輕盈。

雖然這是小說情節，但也反映出了當時的時代。蘇聯坦克開入布拉格後，許多捷克的知識分子及民主派人士逃到德國，法蘭克福就是其中一個流亡者的第二家鄉。八月二十二日，超出五千位法蘭克福人聚集在羅馬山廣場，抗議蘇聯對布拉格的軍事鎮壓。部分抗議者衝到近郊的蘇聯軍事代表團所在地，爆發激烈的肢體衝突。

那一年，西德對東歐的政策也有所更動，一九六七年時社民黨籍的外交部長布蘭特（Willy

Brandt）已經公開表示德國應該改善與東歐的關係，一九六八年一月三十一日，西德與南斯拉夫重新建交，這不只是東歐政策的改變，也是東德政策的鬆動——西德與南斯拉夫在一九五七年十月十九日根據「哈爾斯坦恩原則」（Hallstein-Doktrin）斷交，在這個原則下，任何國家承認東德為合法政權並建立正式外交關係，都將被視為對西德的「不友善舉動」（unfreundlicher Akt）。

一九六八年三月二十八日，布蘭特在紐倫堡社民黨代表大會上說，在德國與東歐簽署和平協議解決國界問題以前，應接受德國與波蘭之間的奧德河—奈塞河界線（Oder-Neiße-Linie）為國界。這個立場使得當時基民黨籍總理基辛格——他在第三帝國時代是納粹黨人——在國會中立刻反駁，強調那是布蘭特的言論自由，但那與聯合政府的立場並不一致。

為什麼基辛格暴跳如雷？因為德國的保守主義者，一直沒有放棄歷史上的東普魯士地區，至少在心態上是如此。對他們來說，那個河界並不是德國東部的界線，有朝一日他們勢必要再取回在二戰中被迫割讓的領土；此外，與東歐接壤的並不是西德，而是共產主義東德，如果承認德國與東歐的國界，那麼等於間接承認了東德政權的合法性。因此布蘭特的說法挑戰了德國國際政治與內政上的保守主義立場，這也顯示，德國新的一代對於上一代的歐洲觀以及「何謂德國」的定義已經不同。

風起雲湧的反抗

一九六八年是各種形式的反抗風起雲湧的一年，女權運動也是如此。九月在法蘭克福召開的社會主義大學生聯盟代表會上，幾位女性運動者對男性幹部們發難，抗議聯盟無視女性聲音，於是發生了著名的番茄丟擲事件。

十月，法蘭克福舉行了「我們時代的女性——女性獲得選舉權五十年後」（Frauen in unserer Zeit–50 Jahre Wahlrecht der Frauen）系列紀念活動。在十一月十二日的公開活動中，當市長布倫德特（Willi Brundert）致詞時，一些女權運動者衝上臺，搶過麥克風，對於德國這五十年來在女權上的舉步不前，表達強烈憤怒。

此外，那一年的法蘭克福書展中，把德國書業和平獎頒給了塞內加爾的總統桑格爾（Léopold Sédar Senghor），這位從法國最好的學校畢業、在塞內加爾執政後穩定了後殖民時期政局的詩人總統，後來卸下總統職位後移居法國，並成為第一位非洲裔法蘭西學院院士。他執政時立場親法，不願塞內加爾與西方走上不同的路，因而法蘭克福的左派非常不贊同德國書業公會把和平獎授予桑格爾。在法蘭克福保羅教堂進行頒獎儀式的那天，學生們在場外示威抗議，大喊桑格爾是殖民主義及新的殖民主義的意識形態幫兇。最後，鎮暴警察出動了水車才驅散抗議者。

六八年十二月九日，學生們發動占領行動，衝進法蘭克福大學社會學研究所位於米力烏斯路

（Myliusstraße）三十號的教室，向他們認為太過保守的教授們抗議。社會研究所的教授們無法上課，最後在十七日，阿多諾、哈伯瑪斯等人對學生聲明：「我們最後一次要求我們的學生們，立刻離開米力烏斯路三十號。」

十二月十八日，警方強行攻進教室，驅散了學生。從此法蘭克福學派的教授與學生之間劃下了無法克服的鴻溝。隔年，占領行動繼續發生，阿多諾成為學生公敵，甚至發生羞辱他的「胸部襲擊」，這個故事，將在下一篇「革命世代之城」中詳述。

綜觀一九六八年，不能不感嘆那一年真是多事之秋，當時的法蘭克福就是世界的舞臺。那一年，在法蘭克福身為一個大學生，其生命經驗必然與世界史緊緊纏繞在一起。德國在這一年被改變了，許多人的生命也被這一年改變了。那是革命之年，是恐怖之年（Annus horribilis），亦是奇蹟之年（Annus mirabilis）。

對六八年的再思考

不說，其實是說不出

六八世代的憤怒，其實來自這些問題：到底上一代做了什麼？到底為什麼我們要聽你們的話？為什麼大家都說父母那一輩犯了不可原諒的錯誤，而父母卻不告訴我們究竟是什麼錯誤？為什麼我們必須一同被世人指責，這一整個國家的人都是殺人犯？

我還住在柏林讀書時，我的房東，一位來自斯圖加特的德國人，對我說起她家族裡一個親戚的故事。家族一直都對孩子們說，那位叔叔在第三帝國時救了不少猶太人，是家族的驕傲，一個錯誤時代中的正確的人，直到他過世，子女們從閣樓裡整理遺物時，發現了他參加納粹黨的證件。

六〇年代的青年，許多人有著類似的經歷，某個時候都在閣樓裡找到塵封的檔案，因而也有著類似的怒意。他們終於提出了質問，卻沒有獲得答案。最後，全面性地對體制失去信任，並抗拒上一代對他們所說的一切。

參與了六八運動的作家許奈德（Peter Schneider），在其回憶錄《反叛與瘋狂》（*Rebellion und Wahn*）中，提及五〇年代時他如何遇見了父母那輩的陰暗過往。

他寫道，他那一代人中，許多人在父母的書櫃裡看到了關於紐倫堡大審的文獻紀錄，或是讀了寇功（Eugen Kogon）的《衝鋒隊國家》（*Der SS-Staat*），或在無意間、或者刻意地找出了他們父親的衝鋒隊證件，因而知道了隱藏多年的歷史。不過他認為，上一代的不說，其實是說不出（Nichtreden-können），是經歷過戰爭、戰後在絕境中求生、勉力維持自己家庭的壓力與創傷下，難以再有能力面對自己的過往，只有在偶然的機會裡，透露出蛛絲馬跡。

他回憶起某個場合。父親是音樂家的他，從小也練習小提琴，五〇年代的某一天，父親帶著他到一位精神醫學教授家裡，舉行了一場小型的家庭音樂會。教授擔任第一小提琴，許奈德擔任第二小提琴。音樂會結束後，眾人喝茶聊天，教授邊吃蘋果，邊想起一件往事。他說，某個星期天，他散步在林間時，撿拾掉在地上的蘋果——那是戰爭結束後那段物資極度缺乏之時，他養成的習慣。就在他滿手蘋果時，一位婦女從樹上呼喚他的名銜，並爬了下來，與他寒暄。原來那是納粹時期他在醫院擔任精神醫學醫師時的一位「病人」，女子向他道謝，要不是他在當時開設的診斷書上注明該「病人」正常——而這位女子按照當時的醫學標準來說絕不該算在正常的範疇裡——她便得被「安樂死」了。

教授邊吃著蘋果邊感嘆，他其實完全不記得這位女子，可是居然在偷蘋果時，就是能發生這麼動人的故事。

許奈德這時候問：「那麼，教授，您當時在多少病人的診斷書上寫下非健康呢？」眾人沉默，他的父親怒斥，難道你沒有別的話題好說嗎？這個問題，當然沒有得到解答。

如何定義六八革命

那一代的青年，都或多或少有類似的體驗，提出了從沒得到答案的問題，那使所有人都尷尬沉默的問題。許奈德並非刻意提起這個問題，只是出於無心的好奇。而六〇年代，大家體悟了，這不是可以迴避的話題。一九六八年四月時，年輕的記者克拉斯菲德（Beate Klarsfeld）在國會議場觀眾席上對參加過納粹卻仍能當上總理的基辛格大喊：「納粹下臺！」那句充滿怒意的呼聲，正是那個時代的呼喊。

除了納粹歷史，還有其他沒被回答的問題。例如軍備化（為什麼經歷過兩場幾乎拖垮全國的大戰後，德國還要重新建立軍隊、甚至發展核武？難道走向軍事國家道路要再次重演？而這個軍事化的目的，豈不是針對當時鐵幕另一端的德國兄弟們？）；例如第三世界問題（為什麼德國必須支持美國的全球政治計畫？美國在越戰的戰爭手段是合理的嗎？）；例如當時死氣沉沉的大學如何可能推動教育改革，例如當代人在資本主義發展帶來的困境中去哪裡尋找出路……

於是青年們走上了街頭，尋求這些問題的答案。可是，尋找答案的方式並非毫無爭議。

作家法林（Klaus Farin）曾把六〇年代的學生運動分為三個階段：一開始是針對大學官僚體系以

及權威體制發難，其行動是充滿挑釁意味的創意，以及挑戰權力的幽默；第二階段是英雄式的，學生們視自己走在追求正義的路上，全然相信必須推翻政府才能達成這種正義，自己是此種英雄行為下的受難者；第三階段則是好戰的，不只以街頭示威抗議的方式，甚至採取了具體暴力。這三種階段有不同的抗議行動方式及策略，而當運動走向暴力時，便與某些原來支持學生運動的知識界人士分道揚鑣了，例如哈伯瑪斯。

哈伯瑪斯對學運其實是寄予厚望的，學運發生時，他還是大學裡立場偏左的年輕老師，認為學運對於聯邦共和國有民主教育的啟蒙作用。可是，當學生放棄了和平論理的方式，轉而成為挑戰一切的無政府主義者後，哈伯瑪斯認為那是左派法西斯主義，並將那樣的革命認定為「表面的革命」（Scheinrevolution）。當年的柏林大學左派神學教授格爾維茲（Helmut Gollwitzer），雖然與杜區克交情甚深，對學運多所同情，但也表示：「對某些人來說，暴力絲毫不是問題。這些人絕非社會主義者。」

一九六八年六月，哈伯瑪斯在《明鏡週刊》發表了一篇文章〈在行動的強迫下的虛幻革命〉（Scheinrevolution unter Handlungszwang）。當時三十八歲的法蘭克福大學哲學教授，雖然在理論上親近左派也期待學運，但他批評了激進的學生組織，認為學生們雖然追求左派的社會改革目標，卻錯誤詮釋了行動，選用了錯誤的武器。

他的立場是，革命必須先滿足啟蒙的前提，否則將落入行動的瘋狂。其次，他認為學生們堅持，革命必須是國際聯合下的行動，不是德國國內的事，哈伯瑪斯認為，越南的戰爭、中國的文革、巴西的游擊隊、古巴革命等，各國有各自的問題脈絡與行動策略，無法一概而論。因此，哈伯瑪斯斷言：

誤判形勢，使得學生運動中最活躍的那些人顯然無法認清其行動空間的界限，以及其可運用的手段之特質。[1]

哈伯瑪斯甚至認為，這些無法認清學運本質的人，是「搞混了現實與一廂情願的幻想」，是堅持「帶著偏見的認識」，處在「永恆的行動強迫中」，因而使得運動應該有的研究與分析都被棄置不理。

他對這些「虛幻的革命分子」（Scheinrevolutionäre）的批評，可視為一種與杜區克、克拉爾等學運領袖的潛在對話，甚至批判了那位自詡為其學生、在課堂上旁聽他的政治哲學課、同時又走上街頭丟擲雞尾酒炸彈的計程車司機費雪（Joschka Fischer）。哈柏瑪斯站在堅持啟蒙傳統的立場，拒絕了學生所高舉的暴力策略。這個立場，從他堅守現代性成果、批判後現代，以及堅持歐洲價值，一路走來，不曾變過。

可是，也有與哈伯瑪斯抱持不同看法的學者。哲學家所內曼（Ulrich Sonnemann）在學運前後出了幾本書，表達支持學運，他認為德國的權威體制實在太過僵固，這樣的傳統早該被挑戰卻遲遲未發生，一場力量強大的學運是「補課的革命」（nachzuholende Revolution），青年可以藉由「不服從做為學習的過程」（Ungehorsam als Lernprozeß），來解放德國社會。

六八改變了一切

不管支持或者反對六八年那場運動，多年後重新思考那段歷史，我們要問，那是一次成功的革命嗎？改變了什麼？不管支持或反對者，都會承認，那種運動確實對德國六〇年代以來的歷史與政治具有重大意義，除了漢娜・鄂蘭斷言後世看待六八，將如他們那一代人看待一八四八一樣；哈柏瑪斯亦說，六八運動改變了聯邦共和國內政的一切。可是那是在什麼意義上的改變？

首先是生活方式的改變。

曾親身經歷六八年巴黎學運的作家哈蒙（Hervé Hamon），在回憶起那段革命爆發的日子時，說他在那場運動裡學到的是：「一個壓抑的、毫無生氣的、以屈辱方式沉默的或者怨聲載道的社會，可能會在某一個時刻到下一個時刻時，突然覺醒過來，並且說：好了，現在該畫上句點了！接著便一切都失序了。」

德國的學運基本上也是這樣的模式，那不是被精心策劃的運動，而是多年的苦悶氣氛後，在某些時刻發生了一些事件，進而引發了撼動秩序及體制的地震。不過，那場運動最大的後續效應不在於政治上改變了多少，而在於客觀結構外的主觀意識產生了變化。人們開始意識到，行動有改變社會的可能，再怎麼僵固的體制，都可能在某一個瞬間產生缺口。

哲學家德希達於一九六八年一月在法國哲學協會（Société française de philosophie）的一次演講，可以做為那個時代的思想定位。在那場現已成為哲學史上的傳奇演講中，德希達首先提出一個曖昧而難以定義的概念：延異（différance），這個字在語音中是曖昧兩義的，可能是延遲，也可能是差異。他藉由這個概念呈現了，當我們要表達什麼時、要呈現完整的意義時，都有賴於延遲的補充，才能讓意義完整。也就是說，沒有全然在場（Präsenz），所有的「完整」都是事後的、暫時的。因此，每一個體制在當下看似結構完整，卻總是建立在某種差異上，也總可能有缺口，因此，總是會有希望。從這樣的立場出發，我們必須質疑政治、社會、經濟、教育等結構的完整性，那些整個系統都建立在一個原初起源上面的假設，都必須被挑戰。此外，不只是巨型的結構不可能完整，主體的構成，也始終在差異中被延宕，永遠以缺失、延遲的方式存在著。

於是，人們看待社會、乃至看待自身的方式改變了。那個時代的精神因此可以這麼定調：一切都在差異中變化著，一切都必須在差異中變化。

學者英格麗．吉爾賀－荷爾泰（Ingrid Gilcher-Holtey）也在《一九六八，感知的革命？》（*1968. Eine Wahrnehmungsrevolution?*）一書的前言中問：「六八運動是文化上成功的，但政治上失敗的嗎？」

我們如何回答她的問題？

夏洛特（Joachim Scharloth）在其《一九六八：一段溝通的歷史》（*1968: Eine Kommunikationsgeschichte*）中認為，六八運動在政治意義上幾乎沒有改變這個國家什麼，但卻創造了一種新的溝通方式，至今日都還影響德國的樣貌。也就是說，不能只思考政治上改變了什麼，而必須思考在文化、意識上改變了什麼。例如，對於市民社會禮教倫理的批判、經歷運動這種「成年」儀式洗禮，決定了整個七〇年代的青年文化，嬉皮、搖滾樂、爵士樂、性解放、女權、同志權益、反殖民等，持續構成青年世界的必要環節。

這個文化上、溝通上的巨變，可以用法國社會學家布迪厄的「習性」（habitus）形容。那些社會的客觀結構（例如家庭出身、教育、階級、經濟能力）如何影響社會中的存在者的行為模式與思考方式，也就是其習性，例如語言使用、品味、消費行為等差異。我們常常以為這些習性，是我們自由決定下的結果，但是你會買什麼、會如何說話、會怎麼思考，其實都是社會條件決定的。而六八運動最大的意義就在這裡，藉由引入新的語言、新的感受、看待這個世界的方式、新的對待他人的方式，改寫社會結構加在我們身上的限制。也就是說，以新的習性，挑戰了舊秩序塑造的舊習性，這是一種「感知的政治」（Politik der Wahrnehmung）。

「感知」（Wahrnehmung）這個字，在德文裡面就是「視……為真」（wahr nehmen），一種感知的政治意思就是，對於之前的世代所給予的感知方式，前人所定義的何謂真假，這個世代要求主權，以自己的方式去定義真實。因此，這是一場新的社會空間取代舊的社會空間的政治革命。如果我們接受六〇年代「私人即政治」（the personal is the political）的命題，那就不能認為那場學運全然失敗，看待歷史的方式被改變了，看待自己的方式被改變了，生活方式被改變了。

例如，對於性道德的挑戰，就是一場六〇年代開始的身體革命。此前，青年們感受到的是資產階級的性道德，例如聯邦高等法院在六〇年代還禁止非婚性行為，強調婚姻裡才能有性行為這樣的道德觀，而原因是「性關係的目的與結果就是為了生小孩」。這樣的思想是西方基督教傳統的一環，但這在六〇年代無法維繫下去，尤其在避孕藥被發明並暢銷之後。人們看待身體、看待欲望、看待性道德、看待傳統的方式改變了。

其次是世代的衝突張力被拉到極大。

我曾在法蘭克福大學的洗手間裡看到一家另類戲院的標語貼紙：「去了同一家戲院三次的人，就算是體制的一員了。」這句話其實是來自六〇年代性解放的年代，當時許多青年鄙視小資產階級的性道德，主張自由的愛與性。心理學家萊西（Wilhelm Reich）在二〇到三〇年代寫的探索性壓抑與性道德的理論著作，多年後被重新發掘，那個年代有這麼一句話：「誰跟同一個人睡了兩次，就算是體制的一員了。」（Wer zweimal mit derselben pennt, gehört schon zum Establishment.）。

體制，從來沒有在哪個年代被賦予如此強烈的負面意義，人們第一次那麼激進地質問體制的合法性與正當性。因為體制對那一代人來說，政治上代表的是在歷史不正確、道德有問題的前提下而產生的既得利益者──沒有人認真地執行轉型正義，這一代不知道上一代誰是清白的，於是每個人都可疑，而那些能在體制內成為權力擁有者的人則更可疑了。

體制也代表著文化上牢固不可破的傳統。漢堡大學生們發出的怒吼，想揭開千年長袍下的僵化，正代表著反體制的心聲。於是六〇年代在藝術、文學、哲學，也出現了反西方正典的思潮，或者不全然是反，是想掙脫傳統，尋找傳統的邊緣處還能被當代人書寫的空白，而不是繼續在正典文字內接收、理解千年來的典範。所以後現代、後結構、解構等新思潮都在這個年代興起，學生們的書架除了傳統的社會批判理論，還放上了德希達、傅柯、德勒茲等以另一種方式閱讀、內爆西方傳統的作品。

一九六八年，曾被東德的劇評家穆勒（Heiner Müller）稱為「西方唯一的天才」（das einzige Genie im Westen）的詩人及小說家布林克曼（Rolf Dieter Brinkmann），一位創造新的詩歌與小說形式的作者，在一場柏林藝術學院裡舉辦的座談會裡，對著珍視西方文學傳統的評論家萊西─拉尼茲基說：「倘若現在我手上這本書是把槍，我一定會向您開槍。」這不只是作者對他的批評者的宣戰，其實也是不同世代之間的立場差異。在當時，立場差異的表達方式就是這麼激烈。多年後，萊西─拉尼茲基談起布林克曼時，說他是一位真正的詩人，「毫無顧忌地探索著邊界」。他寫道：「一九七五年四月，布林克曼在倫敦內城被車撞上，也許他並未注意到英國靠左行駛的交通。他當場死亡；而德意志文學之希望，因而微弱了下來。」

這是非常有象徵意義的一幕。做為一位終生與主流逆向者，布林克曼在三十五歲時早逝，他的反叛、從另一個方向掌握現實的文學方式，是德國文學的希望微光，然而終究要黯淡下來。而世代之間的衝突，如同布林克曼與萊西—拉尼茲基之間作者與批評者的衝突，終究帶著一種哀傷姿態的和解。

六八的衝突與和解：共同體的意義

這種世代衝突的張力，如何被和解？政治思想家漢娜．鄂蘭在《黑暗時代群像》（*Men in Dark Times*）談伊莎克．狄尼森（Isak Dinesen，凱倫．馮．白列森－菲尼克男爵夫人的筆名）的那一章中，這麼談起「說故事」（storytelling）的力量。

鄂蘭說，狄尼森原無意成為作家。她總是拒絕承認自己是作家，而稱自己為「說故事的人」。可是對鄂蘭來說，說故事遠比寫作困難得多，也更有意義得多。在《行動的生命》（*Vita activa*）中，她強調，對於行動、以及創立一個共同的世界，說故事有高度的重要性——說故事者即是創建者，是從一個舊有世界掙脫、賦予新的意義，開啟某種過去無從想像的新東西的行動，而這就是政治。

有意思的是，說故事者並非直接的行動者，而是觀察者，然而，政治行動不是只有行動者即可，還必須有觀察者敘說行動的過程與意義，才能使得行動的成果得以被延續、理解。在這樣的角度上理解六八學生運動，可以說，那場運動裡有無數的行動者，然而，那場運動也需要無數的敘述者，敘述那些年發生的故事。

說故事，才使運動有其意義。鄂蘭寫道：「說故事展露了意義，而不需犯下去定義意義的錯誤；催生了與事物的真實模樣的同意及和解。並且，我們甚至可以相信，故事裡甚至可能帶有最後審判日的最後之話語。」換句話說，說故事是在找尋事物的意義、事物的真實模樣，但卻不可能找得到最終的意義；說故事不是去定義一個單一、固定的世界，而是提出一種新的詮釋世界的方式；說故事不是給出唯一的答案，而是讓聆聽者在聽故事中，找出自己的答案。故事中可能帶有真理，但你必須自己去尋找那最後的話語，沒有任何人能夠指示你。

於是，故事鋪陳的是新的背景、新的與世界周旋的方式。五十年後，六八學運分子仍然說著他們自己的故事，而後人也說著他們的故事，版本之多，每個人都有一個自己的六八，無人能獨占詮釋權。可是，正是因為故事的多線進行，上一代單一的敘事被瓦解了，我們或許還是找不到最終答案，但是我們確信，上一代給我們的答案不對勁。

德文有一個字叫 Deutungshoheit，Deutung 是意義，Hoheit 是法律用語，意思是高權，對某個地方擁有管轄權。Deutungshoheit 意思即為擁有決定意義的權力或者權利。我認為，這場學運的成功之處在於，開啟了一整代年輕人為自己的未來及存在意義的自主決定權，為世界提出了不同的想像及意義。也就是說，以自己的方式說出了不同的故事。

不過，這場爭奪意義主導權之戰，所引起一些同代人的疑慮，也不能不認真思考。

歷史學者阿里（Götz Aly）在一九六八運動四十週年時，出版了一本論戰性十足的書《一九六八，我們的鬥爭》（*Unser Kampf 1968*），回顧了這場全面的社會運動。他認為，六八世代努力強調他們與父輩母輩的不同，可是，他認為六〇年代的青年與他們在一九三三年時走上街頭的父母們，共同之處比差異還多。三三世代與六八世代站在意識形態的兩端，但本質上都不信任民主，都訴求歷史的斷裂以達成全面的革命。他們都將自己定位為一場偉大的政治運動中的一員，當年信奉國家社會主義的青年們也稱自己從事的是一場學生的起義。

阿里從概念史中看到，許多六八年時使用的詞彙、策略，在三三年時已風行於政治領域，例如對民主制度的不信任，對解放的訴求，對暴力策略的強調、對美國的戒心等，尤其是對美國文化的抵抗。阿里認為，美國在自由化的思潮上做出的貢獻，被六八世代以反帝國主義、反殖民主義一舉勾銷，返回了一種對於德意志文化的訴求。甚至，六八運動在某些層次上也不若其參與者所宣稱的那樣，為了更自由的社會做出貢獻。阿里認為當時的基辛格總理已著手推動許多自由化改革，卻被學生看似激進的保守立場給拖住了。

阿里的比較方式，對我來說相當有問題，三三年與六八年的歷史背景很難一概而論，同樣談運動或起義，同樣使用暴力，但兩個世代關懷的議題及想達成的目標全然不同。三三年是一種排外、想達成以血統為基礎、借重軍事主義的共同體，有著明確的我族疆界；而六八年是一種國際串連的左派運動，其成員的同質性不若當年加入納粹黨人那樣德意志，例如在法蘭克福的學生運動參與者就有來自美國以及東歐的運動者。當然，六八學運有其問題，例如過於集中在學生身分的參與者或過於男性中心；對於階級問題、勞動者的串連努力不夠；例如對於暴力的使用；對於胡志明與毛澤東的浪漫想像，這些都是可檢討的，但與三三年一概而論，卻非合理的比較。紅色與棕色意識形態之間，還是有根本性的差異。

黑森邦總理布菲爾（Volker Bouffier），在學運那年十七歲，也是第一線的觀察者。他在回顧六八運動五十週年時，認為那是「反抗與激烈的爭辯的時代，但也是左派不寬容的時代。」但他也認為，六八學運有其正面意義，因為這個社會的負面因素、扭曲的結構被挑戰了。此後，人們更知道如何與政治上不同意見者共處，更重新思考了對於社會來說必要的規範及公權力之價值等，透過一場運動，無數的討論爭辯，人們更釐清了共同體的意義與價值何在。

六八的另一種思考

因此，我不認為這只是場虛幻的表面革命，在感知的政治裡，六八設定了新的議題，創造了新的想像世界的方式，而那時論述、創造出來的對世界之理解，都還是我們今日世界的一環。可是，我也認為六八有其失敗處，首先便是學生與群眾的距離不會被真正克服。

在戰後經濟起飛的年代，抵抗大規模解僱（Widerstand gegen Massenkündigungen）成為工運的重要項目，學運的論述，對於勞動階級而言並無法打動人心。學生拒絕了馬克思主義的「工人」「無產者」等概念後，必須自問，還能在何種基礎上與工運結盟。後來，事實證明，在尋求工人的結盟上，學運並未成功跨越階級界限。

另外，在階級立場上，一般工人家庭難以站在學運訴求的這一邊。在社會學家布德（Heinz Bude）的《給廢墟孩子的阿多諾：一段一九六八的歷史》（*Adorno für Ruinenkinder: Eine Geschichte von 1968*）中，描述一位大學教授在六八年時正是法蘭克福大學的學生，雖然對學運抱持好感，也認為德國社會僵化的氛圍必須被改變，可是出身自工人家庭的他，好不容易進了大學讀書，同學們卻號召罷課，呼喊必須拆除大學，對這個運動他猶豫不已。

我們可以想像，在一個工人子弟就讀大學的比例只有二%的時代，學運的訴求確實必須面對著階級所決定的政治及經濟界限。當然學生們也意識到，運動必須如葛蘭西所觀察的，尋求穿越階級的結盟，才能掌握霸權，成功實踐運動的目標。學生們也試圖進入工廠，也在工運中現身，可是正如我在下一篇「革命世代之城」談到孔恩－本迪的章節中所提到的，工人們對於學生的論述並不全然買單。

為了紀念六八運動五十週年，德國第一電視臺於二〇一八年製作了紀錄片《六八的德國》（*Deutschland ,68*），從另一種角度看那一年。影片一開始是當年只有十三歲的歌星海傑（Heintje）的歌，那一年，他以一首〈媽媽〉（Mama）風靡了全德國，那個俊秀的小男生唱著他對必須與母親分開的憂傷，他多麼愛著母親，盼望媽媽不要落淚。德國不知有多少母親聽著這首歌落淚，而二〇一八年，海傑也為〈媽媽〉五十週年四處巡迴演唱，對於很多人來說，六八年的記憶不是學運，而是那首歌。

海傑在紀錄片中說，他來自一個礦工家庭，當年他以童星之姿在各個鄉村巡迴演出，他所接觸到的都是工人階級，這些人對於學運均無好感，因為那是個奮力求生存的世界，他們認為學生們不知道真實的苦痛為何。

此外，學運帶有非常強烈的菁英與都市性格。當年，全國讀大學的人不到一成，德國大部分人，都不關切由大學內部發出的改革議題。而運動也都只在學生很多的都會區，在鄉村的人們並無法理解這場運動的必要性。紀錄片也採訪了曾任巴伐利亞邦議員的安娜瑪莉．碧荷（Annemarie Biechl），六八年時她只有十九歲，每天思考的只有工作與家庭，她看著都會裡的學生們，感受到的是個全然不一樣的世界，一個她無法與之站在一起的世界。

後來學運走向暴力化，則更不是這些重視秩序勝於反抗的人所能認同的了。

六八年的學運除了這些限制外，還有一個受限之處，即法林所寫的，從第一個階段（以充滿創意的方式挑釁現有秩序）到第二個階段（英雄化自身投入起義），卻對於政治、哲學、歷史等更細緻深入的背景知識無能掌握。六八之後的這些年來，無數回憶錄問世，其中有許多人坦誠，當年的自己，只因為身邊的人都是左派，所以自己也必須成為左派。至於什麼才算是左派？反抗是為了追求什麼？當年的自己只能模模糊糊地感受到，卻無法深刻道出。這樣的故事，正是哈伯瑪斯批評的「行動的強迫」。我認為當年的學運裡確實有著這種英雄化、浪漫化、不顧一切只為了反抗的傾向，這可稱之為一種「反叛的誘惑」。人們受到誘惑去反叛，一種似乎是更好的未來的允諾，或者，一種唯美的自我生存方式的誘惑。然而，如果不釐清反叛所為何來，可能有什麼成本，必須面對什麼樣的後果，那將失去反叛的意義。我認為，所有反叛的背後必須有一根本立場，即使那是無法再追問下去的根本立場，但仍要不斷深入思考並自問，走在這條路上是為了什麼，想通向何處。

做為本章結語，我想引用《給廢墟孩子的阿多諾》中的一段話。當時參與學運的法蘭克福大學的女性主義者阿黛海德．古特曼（Adelheid Guttmann），這麼定義那場運動：「六八並不是指能掌握一切的東西，或者改變這個世界，而是去表達對於遠方、對於逾越、對於變形的渴望。六八不是改變世界，而是改變自己。」

也許，改變世界的願望落空了，也許，那場「革命」最終還是沒有革了什麼。但經歷過那個運動的人，最終都改變了自己。這也許正是那場運動留給我們的唯一教訓：不可能有任何全面性的掌控，我們只能在結構的邊緣，尋求一個間隙，在空白的地方說出新的故事。

一九六〇年，杜區克在他的高中論文中這麼分析德國哲學家席勒的自由概念：「我們的生命，或多或少都是建立在對真理的絕對奉獻中。只有對真理永不停歇地追求，才能使我們達致自由與秩序。真理，就是最正義的秩序。我們永遠無法求得絕對真理、絕對自由與絕對的秩序。一切都在發生中。」

也許這段話也可以用來為當年那場未完成的追求做注解。那場追求真理與自由的運動也許失敗了，但是，這樣的運動本來就沒有成功的一天。一切，都還在發生中。

注釋

1 "Scheinrevolution unter Handlungszwang", *Der Spiegel*, Nr. 24/1968, S. 57-8.

革命世代之城

談法蘭克福不能不談學運，談學運不能不談法蘭克福，這是一座學運之城。六〇年代，無數學子來到這個城市，去課堂上聽即將退休的霍克海默談法西斯主義，聽如日中天的阿多諾談幾乎是現代社會生活的一切議題，以及聽剛成為法蘭克福大學哲學與社會學教授、後來被稱為「聯邦共和國的黑格爾」的哈伯瑪斯講課。這三位法蘭克福學派的哲學家，都是那些投入學運的學子們的思想資源。可是，彷彿老天刻意的安排，這些思想者們也成為學生們反叛的對象。

這一篇要說的，是在那個噪動不安的年代，這些學生的生命與故事。思想家的課堂坐著的學運領袖，曾那麼信奉其導師阿多諾，卻又認為導師最終背離了自己的思想；幾位女學生認為阿多諾已成為應被打倒的體制之一部分，以她們當時相信的最激烈手段在課堂上趕走了導師；一位開計程車的長髮青年、社會的邊緣人，走入了哈伯瑪斯的課堂，聽這位自居為忠於憲法的左派如何談馬克思與康德，後來更走上街頭攻擊鎮暴警察。多年後憤怒的青年不再憤怒，當上了國會議員、外交部長及副總理，且始終以哈伯瑪斯的學生自居。他與另一位課堂上的伙伴：一位主導了德法兩國學運的混血兒，一起創建綠黨。這些人與許許多多的同志，房間裡貼著馬克思、格瓦拉、毛澤東與胡志明的海報，一起相信他們能讓世界變得更好——有些人為此甚至願意不惜一切手段。

霍克海默於一九六六年接受巴伐利亞廣電新聞節目訪談，後以〈法西斯主義——反法西斯主義〉為題出版。對於這個問題：為了爭取自由，是否可以使用任何手段？哲學家是這麼回答的：歷史上曾有許多爭取自由的運動，很多運動人士雖贏得革命，卻也變成他們所欲打倒的那種壓迫者，例如列寧。因此他拒絕以自由為名使用任何手段，並認為，青年在追求自我的過程中，讓自己輕易地被「引誘」，他們本來以反法西斯為志，在運動的過程中的狂熱，卻使得他們落入法西斯的危險。

阿多諾與哈伯瑪斯也曾以「左派法西斯主義」一詞點出學運的矛盾。很遺憾的，這些思想家的警言，幾年後以無人樂見的方式成真。青年中的某些人告別了噪動不安的年代，但有些人把他們的信念帶入了瘋狂陰鬱的年代，左派恐怖主義震驚了七〇年代的共和國，為六〇年代的噪動留下一道巨大的傷口，迄今仍難癒合。

霍克海默以這段話結束訪談：「我認為，反法西斯主義者必須思考，他們在追求政治主導權時，也可能陷入這樣的危險：反法西斯主義可能會支持他們所鄙夷的獨裁體系。這樣的認知不是要放棄堅持，而是意識到歷史情境無限的複雜。」這何嘗不是對那段無限複雜的歷史所下的極佳注腳呢？

法蘭克福學派兩代交鋒——阿多諾與克拉爾的師生矛盾

據說，阿多諾臨終前說：「我其實並不想這樣……」

這個帶著懊悔語氣的遺言，說出了他在那個動亂的年代裡，並不情願看到當時的歷史發展。六〇年代對他來說是失望而屈辱的年代，原來做為學生導師、終生批判社會的哲學家，六八年在一場柏林的學術會議上，被衝進來抗議的學生舉著海報羞辱：「他可以說著阿多諾式的語彙，直到死為止。」(Er kann bis zum Tode adornieren.)他被視為應被捨棄的學院中的保守教授。學生要的是街頭的革命，而不是課堂上的批判。

弒父的學生

德國的六八學生運動，演出的是一場悲傷的劇碼。法蘭克福的下一代，對上一代發動了「弒父」。

當時領導運動的學生組織「德國社會主義大學生聯盟」聲勢正大，法蘭克福的ＳＤＳ領導人之一是克拉爾（Hans-Jürgen Krahl），一九六五年他來到法蘭克福，找了當時所有左派學生都想跟隨的阿多諾指導，寫馬克思論資本主義的博士論文。然而就在一九六九年一月七日，克拉爾帶領學生衝進波肯海姆區的社會研究所，占領了阿多諾與哈伯瑪斯的課堂，並視他們為壓迫者的一分子。後來阿多諾叫來警察，拘捕占領教室的學生，阿多諾並在當年七月十八日出庭成為審判克拉爾的證人。

一生沒有停止過批判社會體制的阿多諾，這次站在警察那一邊。他與學生們的關係宣告破裂，也埋下了幾個月後課堂上「胸部襲擊」的導火線。

超驗的無家可歸者

這種闖入教授課堂，甚至占領課堂，逼迫教授針對某個議題表達立場，並不得不與闖入者討論、不得不把授課內容調整為學生們認為更重要的議題的方式，學運分子稱為「Go-in」、「Teach-in」、「Sit-in」；這並不是新的運動策略，之前法蘭克福大學公法與政治學教授許密德（Carlo Schmid）他也是西德《基本法》起草人之一。法蘭克福大學波肯海姆校區前的一條路就以他命名），也曾被社會主義大學生聯盟闖入課堂，逼迫他討論有關緊急狀態法令（Notstandgesetze）的議題，導致當時的大學校長宣布暫時取消社會主義大學生聯盟做為合法學生社團的地位。而擔任校務委員的教授的課堂，學生會也曾闖入、霸占課堂，要求提高學生代表在校務會議中的比例。[1]

只是這次阿多諾課堂上發生的Go-in，不同之處在於，發起者是他親自指導並讚譽有加的愛徒，且他召來警察，將學生移送到法庭上。

法庭上堅決其反抗立場的克拉爾，被稱之為「波肯海姆區的羅伯斯比爾」(Robespierre von Bockenheim)。但他並不只是以激進的行動聞名，還是個極能掌握理論的人，在學運現場，他便從理論上闡述抵抗的必要性，談一種「占領的現象學」(Phänomenologie der Okkupation)。社會學者布德（Heinz Bude）在《給廢墟孩子的阿多諾》一書中便稱他為阿多諾學生中的「天才頭腦」(Wunderkopf)。杜區克亦這樣評價克拉爾：「他是我們之中最聰明的。」《明鏡週刊》也報導克拉爾在學生運動中不只是運動領袖，還是理論大師，在各種學運場合都聽得到「克拉爾這麼說」「克拉爾這麼思考」……[2]而霍克海默更這麼描述他：「一個無限聰慧的存在者。」(ein unendlich intelligentes Wesen) 難怪傳聞阿多諾非常欣賞這個天才學生，認為是唯一能與自己在理論上對話的學生。

作家科能（Gerd Koenen）曾寫過一本他參與學運時代的第一手觀察《紅色的十年：一九六七年至一九七七年間我們小型的德國文革》(*Das rote Jahrzehnt: Unsere kleine deutsche Kulturrevolution 1967-1977*)，描述克拉爾將理論帶入實踐的部分時，便稱他是「超驗的無家可歸者」(den transzendental Obdachlosen)。這個稱號很傳神地描繪了克拉爾及他的革命同輩們：在那個時代裡，他們饑渴地閱讀社會批判理論，期待能超越一切經驗界的限制，期待掙脫社會置之他們身上的枷鎖。他們當時所看到的社會，是帝國主義下的世界秩序，是資本主義主宰的階級關係及教育關係，他們看到的是未清算歷史罪責的德國，他們想離開這個體制，可是要到哪裡去呢？像克拉爾這樣的天才學生及他的同志們從古典革命理論中尋求，卻看不到什麼答案。他們是憤怒的精神上的無家可歸者。

後來在法庭上，克拉爾這樣陳詞：

我們總是被告知：你們所作所為並不正當，因為你們無法說明未來的社會將是怎麼樣的。這樣的指責總是來自那些這麼說的人：給我們一個方案啊，我們來看看，我們是否會贊同你們提出的方案。每個偽善者及懦夫都會這麼說，那些人多半都坐在資產階級媒體的編輯臺上。未來的社會，是不能預先給出的。我們可以說一百年後未來的進步會是怎麼樣，可是如果在現在的社會互動中，不改變我們之間的關係，我們沒辦法說，一百年後人類的關係會是怎麼樣。我們所能做的就是在那些現存市民社會發展出的被壓迫的互動形式上，不斷前行。[3]

他們要做的就是不斷往前行，至於未來會走到哪裡去？他們也不知道，他們只知道，留下來不是個選項。這種在知識與實踐中不斷抵抗現存體制、視「留下來」者為敵人的鬥性，是那個革命世代的精神，難怪科能稱那是一場「小型文革」。克拉爾告別了他的老師，因為他不願留下來，希望以革命創造出新的社會關係，不管要付出什麼代價。據說在占領行動的衝突中，阿多諾也向學生們要來了噴漆，在海報上氣憤噴上：「在這個克拉爾內心中，棲居著狼群。」（In Krahl, da hausen die Wölfe）4

我願接受弒父，即使有時那真的很痛

課堂衝突事件後不久，一九六九年二月十四日，阿多諾寫信給人在美國的馬庫色（Herbert Marcuse），邀請他赴法蘭克福大學社會研究所，並在信中抱怨學運的「可怕」，他對「親愛的赫伯特」說，為免有什麼不實的、加油添醋的謠言傳到那裡，他必須直接告訴馬庫色現場的情況；這是很值得玩味的話，顯然阿多諾自己知道，在這件事情上他將遭受來自各方的批評。

然而阿多諾打的預防針不起作用。四月五日，馬庫色從加州大學聖地牙哥分校回信給「親愛的泰迪」，說他聽到的消息跟阿多諾的來信確實全然不同。他指責阿多諾站在警察那邊壓制了學生運動，並且說，「我站在學生那邊」。他說如果學生只是抗議，占領教室靜坐示威，而不涉及暴力攻擊，阿多諾實在沒有理由報警。當時他在加州也必須面對頻繁的學運。但是，他並不願警方介入大學事務。他告訴阿多諾：

> 我相信會有某些情況、某些時刻，理論能被實踐更進一步推動。而那些理論與實踐分離的處

境與時刻，最後都將成虛假。我們無法對人們否認這個事實：這些學生都是受我們的理論影響（且不只是受你影響）。對此我引以自豪，且願意接受這弒父，即使有時那真的很痛。而那些他們所用來將理論轉譯為行動的工具，我們都知道（他們也知道）這不是個革命的狀態，甚至不是革命前的階段……他們只是無法再忍受了、快窒息了，希望呼吸到一些新鮮的空氣。這新鮮空氣絕不是「左派法西斯主義」！那是我們（至少我）曾經也希望呼吸到的新鮮空氣，而那絕對不是現存的一切的空氣。

左派法西斯主義（linker Faschismus）這個詞很值得玩味，那並不是阿多諾創的。在法蘭克福教授許密德課堂占領事件後，校長就直指，學生們的 Go-in 是「採用了法西斯恐怖手段」。不過，更早時這個詞來自哈伯瑪斯，他指稱社會主義大學生聯盟的領袖杜區克，以左派法西斯主義的方式企圖走回一八四八年烏托邦社會主義道路。[5] 此後，這個詞就成為批判學運的教授們時常引用的概念。

馬庫色反對這個概念，認為那本身就是形容詞的矛盾（contradictio in adjecto）——因為在德國歷史裡左派與法西斯是誓不兩立的——他明確指出，如果反對學生運動，就是「顯然站在支持越南屠殺的那個世界那邊」。馬庫色說了非常重的話，且堅持如果他沒有辦法在法蘭克福對運動的學生說話，他就拒絕阿多諾的邀約。

五月五日，阿多諾回信給馬庫色，說他的指責「在我身上發生難以估計的作用，而且——與你一樣誠實地說——傷害了我」。阿多諾解釋，他必須為了社會研究所的利益著想，「我們共有的老研究所啊，赫伯特。」而這間研究所是獨立機構，並不受大學保護，因此重擔便落在阿多諾身上，他因而必須趁事態尚不嚴重時阻止；而警察也不應被妖魔化，「警察對學生所做的，比學生對我做的還要寬大得多。」他也承認馬庫色對理論與實踐的思考，但他否認在他的課堂上發生的事是某種與理論有關的實踐。

阿多諾繼續說，也許左派法西斯真是形容詞的矛盾，「然而你是辯證法研究者，不是嗎？」這種內在性的背反與矛盾也許真實存在著，而將左派給推到了相反面去。阿多諾說他所見證的一切都顯示了學運與法西斯共有著「未經思考的暴力」。他進而告訴馬庫色，如果你要來跟學生會談，好，請以自己的身分來，社會研究所將置身事外。

六月四日，馬庫色回信，他說：「你寫著為了研究所的利益，還強調了，『我們共有的老研究所啊，赫伯特。』不，泰迪，學生進入的那裡，已經不是我們的老研究所了，你跟我一樣都知道，三〇年代時的研究所跟今天所做的研究有多大的不同……你知道我們在拒絕任何未經中介就把理論給政治化一事上面，立場一致。可是我們的（舊有的）理論有其內在的政治內涵，那是內在的政治動力，迫使我們在今天必須要採取具體的政治立場——甚至比從前更急迫。」他強調如果真要保存這老研究所，就必須體認新現實，而後在這現實上重新思考理論與實踐的關係，那種關係將逼迫著理論者去採取政治位置——不同於三〇年代的、能因應新現實的政治姿態。不能使理論無視於現實，而馬庫色所看到的現實，應當就是現實的急迫性已從三〇年代的法西斯政權轉向了資本主義——科技化世界的宰制性了（或者他命名為「布爾喬亞民主」的世界。馬庫色的這項批判其實也是針對社會研究所後來轉向經驗研究，似乎放棄了在政治社會理論中思考政治行動的主動性）。

六月十九日，阿多諾再次回信。他解釋了為什麼要報警，因為當時學生們已經估計那種情況將逼使教師們非報警不可，才衝進來的。換句話說，克拉爾有意挑釁，希望被警方逮捕，用意是凝聚學生的向心力，「如果你也在場，你也會這麼做。」阿多諾說，因為現場確實有發生暴力的可能。

另外他也解釋，社會研究所所做的經驗研究，並未背離理論，他、霍克海默等成員都還是關心三〇年代他們思考過的社會理論。他再次強調他並不認為德國學運是一種社會改革或具有改革的力量，因為學運的邏輯與法西斯主義是共通的。馬庫色於七月二十一日回信說，他認為學運絕對有改變社會的力量，因為那是「對資本主義的抗議，去切斷資本主義存在的根基、反對資本主義在第三世界的黨羽、其文化及其德性。」他並怒指，霍克海默在接受《明鏡週刊》訪談時竟攻擊他對學運的支援，這使得他現在不得不將原來可以私下爭辯的議題公諸於世。

八月六日阿多諾回信說，雖然他的確發現在德國有針對馬庫色的「獵殺女巫行動」，但霍克海默並非那個意思，而是被媒體扭曲。他也回應他並不低估學運改變世界的能力，他所憂心的，只是學運中所暗含的極權主義殘餘以及毀滅性的瘋狂。而社會研究所，那個當年仍在紐約時馬庫色也共事的研究所，確實已不再是原來的研究所了，但阿多諾說，那是因為德國也不一樣，成員們必須盡一切力量捍衛這個研究所。他抱怨馬庫色並不知道當下德國有多少負面力量正攻擊著研究所。

這是最後一封信。阿多諾死於這一天。走出了控訴自己學生的法庭，阿多諾在當天就與妻子離開德國，不顧醫生警告去瑞士度假，在搭纜車時心臟病發。在回到戰後德國重建社會研究所二十年後，在出庭控訴自己學生的三個星期後，在執筆寫完給馬庫色的信後——祕書甚至還來不及打成字——他就過世了。

阿多諾死後六個月，一九七〇年二月十四日，克拉爾，那弒父的馬克思主義者，在法蘭克福街頭被一輛在冰雪中打滑的汽車撞上，於二十七歲之齡，隨著他導師的腳步告別了紛亂的時代。[6]

這個法蘭克福學派兩代之間的交鋒，兩人都以悲劇結束。臨終前說著並不願如此的社會學家，帶著悔恨告別；而那個狼群棲居其心中的青年，是否就此安息了？

注釋

1 Karl Heinz Bohrer, "Die mißverstandene Rebellion," *Merkur* 1968, ½. S. 3.

2 Hans-Joachim Noack, „Der Robespierre von Bockenheim," *Spiegel Special* 1/1988. http://www.spiegel.de/spiegel/spiegelspecial/d-52322537.html

3 „Der verzweifelste Kopf," *Frankfurter Rundschau*, 04.09.2017, S. 19.

4 Hanning Voigts, *Entkorkte Flaschenpost Herbert Marcuse, Theodor W. Adorno und der Streit um die Neue Linke*. Berlin 2009, S. 37. 也有另一個說法，阿多諾寫的是：「狼群從這個克拉爾心中嚎叫著。」（Aus diesem Krahl heulen die Wölfe）見Claus-Jürgen Göpfert und Bernd Messinger,*Das Jahr der Revolte Frankfurt 1968*. Frankfurt am Main 2017, S. 157

5 Karl Heinz Bohrer, "Die mißverstandene Rebellion" S. 37.

6 阿多諾與馬庫色的通信可見"Letter exchange between T. W. Adorno and Herbert Marcuse on the Frankfurt School and the Student Movement", Esther Leslie trans., *New Left Review* 233, January/February 1999, pp123-136.

學運中的女性解放——番茄與胸襲事件

當我們談起六〇年代的學運時，有個面向常被忽略：女性。或者，該說如同每次學運，性別關係總是扮演著曖昧、卻有意無意被忽略的角色。在德國的學運史中，女性也許不起決定性的影響，然而卻值得一談。

當然參與學運的人中，女性人數少於男性，但那是因為當年讀大學的男女比例失衡，而不是女性較為保守。或者，甚至可以說，那個年代女人的覺醒意識甚至比男性更猛烈。這必須放在那個時代的浪潮下思考，戰後女性一肩扛起重建德國的工作，女人不但不是男人的附屬品，反而是國家的主角，這也連帶影響了女權意識的興起。一九五八年，《性別平等法》（*Gleichberechtigungsgesetz*）生效，從法律層面改善了對於女性的保障，並促成幾年後對民法中家庭關係與母親權益條款的修正；一九六一年，伊麗莎白・許瓦茲浩特（Elisabeth Schwarzhaupt）擔任聯邦健康部長，德國第一位女性部長產生；一九六二年，避孕藥在德國上市。種種時代發展，都為女性主義運動架好了舞臺，使得六〇年代成為女性意識崛起的高峰時期。

那時，被稱為第二波女性主義時期（第一波是爭取女性普選權的二十世紀初）。當時有句話可以點出六〇年代的時代精神：「一個女人沒有男人就如同一隻魚沒有腳踏車一樣。」女人是自主的，不需要透過男人才能證明她的價值，正如同有沒有腳踏車根本不會影響魚的生活。相較法國於一九五〇年代由西蒙・波娃的《第二性》（*Le Deuxième Sexe*）喚起了第二波女性主義，德國的第二波女性主義來晚了，但終究是來了。

此外，六〇年代德國開始積極設立大學，愈來愈多人擁有受高等教育的機會，其中也包括女性。根據聯邦統計局的資料，一九六五年時，女性大學生的比例是三一%，雖然還是遠低於男學生，但逐年提升，確實有愈來愈多的女性走入大學。於是，女學生們也在六〇年代的不安中，走到歷史的聚光燈下。本章所描述的丟番茄事件，正可說是六〇年代思潮的引爆點。女人們站在時代浪潮上，丟出了番茄，正式宣戰。

矗立在她們眼前的，是難以打破的權力結構。參與學運的男人們說，可惡的帝國主義、資本主義、殖民主義都應該被打倒。然而，對於女人來說，這個名單還必須加上一個：性別歧視與父權主義。學運中的男性以革命同志情誼為訴求，有意無意地忽視性別差異中的不平等，而女性則跳出來說，你們所認為的同志，不是我們所認為的同志。

可是，女人所宣告的這場戰爭，其對手也不只是同志，還有其上一輩，其男性導師。下面亦將論及那讓阿多諾羞愧不已的女學生裸身抗議事件。這個事件中的每個人都是輸家，也讓我們不得不去深思，所謂的抗爭，爭的是什麼？在風風雨雨的年代過去後，政治、社會或學術領域中的權力結構，是否已有不一樣的性別關係？而每一代的年輕學子們，是否處於永無法擺脫的弒父的宿命中？

男性同志們，你們頂多是發酵膨脹的反革命麵團

說起克拉爾，還有一件有意義的事與他相關：三顆番茄。

時間是一九六八年，地點是法蘭克福大學。後來成為知名電影導演的荷爾克・桑德爾（Helke Sander），當時是柏林電影與電視學院的學生，在那個抵抗帝國主義、資本主義等各種權力形式的時代，桑德爾投入了另一種運動：對父權的抵抗。她召集一些志同道合的戰友，成立了女性解放行動委員會（Aktionsrat zur Befreiung der Frau）。成立委員會的原因在於，社會主義大學生聯盟說想搞革命，但對桑德爾來說，那些人搞的是男性的革命，女性只被放在邊緣的角色上。九月十三日，她終於揭竿起義。

那一天，她以女性解放行動委員會代表的身分，參加了社會主義大學生聯盟第二十三屆代表大會。而身為學運理論領袖的克拉爾，也未缺席這個劃時代的抗議運動盛事。

桑德爾在那次大會的發言，主題是「性別平權」（Gleichberechtigung der Geschlechter），成為德國學運與女權運動歷史上無法忽視的一章。她是唯一一名女性代表，而原來會議的組織者甚至不願把她的發言排入議程，在她極力爭取下才勉強接受。在眾多男性同志對美帝主義、資本主義的批判

發言中，桑德爾的發言內容轉向了這些男性同志們。她肯定社會主義大學生聯盟是女性解放行動委員會的戰友，認為進步勢力必須合作，可是這種合作必須在一個前提下才有可能：必須認知到女性的問題意識、女性受壓迫的情形。而這種問題意識，在長期以來以男性為主的社會主義大學生聯盟裡是被忽視的。

甚至，不只是被忽視，還被有意地遮掩。桑德爾認為當時的左派（男性）學生們只強調政治運動，忽視私領域裡的抗爭，把私人生活視為運動的禁區，這種置之不理的態度，讓女性在私人領域裡淪為有苦難言、被剝削的角色，男性依然保留著在舊有權力關係下所獲得的身分，而女性雖然可以發言，卻沒有決定運動走向的權力。她呼籲，必須從結構上根本改變性別的權力關係，必須推動「私領域生活的政治化」（die Politisierung des Privatlebens）。

她指出，社會主義大學生聯盟雖然對抗社會壓迫，但卻也只是整個社會關係的縮影，因為聯盟把私人生活視為禁忌，不認為那是抗爭的對象，也因而使得無數在私人生活中被壓迫的女性，始終處於被壓迫的位置，而其問題被無視、被遺忘。男性運動者不去思考，為什麼女性在運動中多半消極，殊不知，女性是被迫消極的，因為她們取代不了男性在決策中占有的結構性優勢，她們必須把心力花在私人生活，例如照顧家庭。

因此，女性雖然參與了抗爭，但這場由男性決定的抗爭並未擴及私領域生活，未觸及女性所面對的社會問題的真正核心；社會主義大學生聯盟所爭取的，對女性來說只是「表象的解放」

（Scheinemanzipation）。女性應該將私領域生活接連到政治中，才能達成真正的解放。「因而，多數女性對政治不感興趣，因為迄今為止的政治只是單面向地被定義，而女性的需求從未被顧及。」

桑德爾的話如此刺耳：「同志們，你們的活動，讓人無法忍受。你們限制重重。」她認為男性們始終彈著老調，不願正視真正該被解決的問題。「為什麼你們在提出新的訴求前不討論，如何才能實踐這些訴求呢？你們為何在這裡大談階級鬥爭，然後在家中談獲得高潮多麼困難？難道這不是社會主義大學生聯盟應該談的主題嗎？我們不再跟你們一同進行你們的壓迫了。我們自己選擇了我們的獨立道路。」

她主張必須把女性從家庭中解放出來，尤其是那些有小孩的女性們。如果養兒育女這個角色會讓女性一直覺得自己必須承擔許多不利、必須犧牲、必須被社會壓迫，那麼就不可能有真正的解放。因此，女權運動應該走向「育兒店」（Kinderläden）運動，讓養兒育女不再是母親單獨的責任，社會也要承擔起部分責任，如此才能讓女性的視角從私領域毫無顧忌轉向公領域，政治意義的解放也才可行。

在發言的最後，她激昂地說著：「同志們，如果對於這個必須被提出的討論，你們還沒做好準備，那麼我們就可以確定，社會主義大學生聯盟頂多是一團發酵膨脹的反革命麵團，我們這些女性同志們就可以確知結論，知道要採取什麼行動了。」

而當時，由男性學生主導的社會主義大學生聯盟，確實不情願參與桑德爾所帶出的討論，最後，雖然讓她登臺發言，但並不重視其發言內容。在桑德爾結束發言後，克拉爾決定不延續她所丟出來的議題，寧願回到原先已決定的議程。就在這時，臺下有人向男性學運領袖丟出了三顆番茄。

三顆被扔出的番茄，鼓舞女性說出她們的困境

齊格麗．達姆—呂格（Sigrid Damm-Rüger），一個來自法蘭克福、在柏林自由大學讀劇場、政治學、社會學的女學生，是該校學生會委員，也是社會主義大學生聯盟成員，與桑德爾一起創立了女性解放行動委員會。當時她懷著身孕，在臺下看到男性同志對女性受壓迫議題的冷漠，壓抑不住突來的怒氣，拿出她袋中的番茄，丟向那些主導的學生幹部們，其中一個被攻擊的對象就是克拉爾。當時她大喊著：「克拉爾同志！你事實上真是個反革命者，還是個階級敵人的代理人！」

這個被稱為「丟擲番茄」（Tomatenwurf）的事件，可說是六八年延續到七〇年代德國女權運動史中最具象徵意義的一幕。丟擲東西早已成為抗爭運動中的政治行動，例如街頭抗議者丟擲雞蛋，甚至在運動更暴力化之後向警察丟擲石塊或摩洛托夫炸彈（Molotov Cocktail，即汽油彈）。二〇〇〇年巴勒斯坦裔知識分子薩伊德（Edward Said）訪問以色列—黎巴嫩邊界時，拿起石頭向以色列軍人丟去的影像，更刊載在各大報上。丟擲，是政治場域中的宣示，是覺得自己遭受不義對待、無力改變時的反抗。

這三顆番茄，是一次長年被壓抑的憤怒之爆發，是對革命中仍然存在壓迫的不滿，是對解放之承諾落空的失望，是始終被忽視的性別一次強悍的現身。當時西蒙．波娃的《第二性》——德文書名《另一性》（*Das andere Geschlecht*）——已出版近二十年，她的名句「人不是生為女人，而是變為女人」傳遍全世界，打開這本書的讀者開始意識到社會結構如何迫使女人接受這個角色，可是二十年過去，當一起反抗壓迫的另一個性別的戰友，站上講臺呼籲同志們應該認清權力關係下的女人與男人角色時，男性依然不願正視那些被迫成為女人的同志們。

於是呂格丟出了她的番茄，這一幕成為全德媒體報導的焦點，各種標題如〈反叛中的反叛〉（Die Revolte in der Revolte）、〈男性聯盟中的女性反抗者〉（Rebellinnen im Männerbund）等，道出了這次丟擲番茄事件的意義。後來在接受訪問時，她解釋為什麼這麼做：「我丟番茄，是因為我希望能夠鼓舞女孩們，能更激情、更強悍地說出她們的問題。」而她也確實做到了。在這幾顆番茄後，從六〇年代末到七〇年代，各大學的女學生們紛紛成立各種女性主義政治團體，更積極地從性別意識去看待社會改革的可能性。

兩週後，呂格生下她的第一個女兒，名符其實的革命之女。此後，她終生從事寫作與女性政治教育工作，至一九九五年過世為止，都是女權運動的積極參與者。死後，她在柏林的墓前，被悼念者擺上了番茄。

性別在私領域中的壓迫被解放了嗎？

這個「丟擲番茄」留下了什麼？首先，我們清楚見到了社會與政治運動中極為重要、卻又有意無意被忽視的性別角色。不能不承認，大部分運動中，男性主導者比女性多，尤其是那些針對國際政治、階級鬥爭、帝國主義等主題的六〇年代學運，女性似乎只能扮演邊緣、輔助的角色，二〇一七年《南德日報》（*Süddeutsche Zeitung*）便刊登一篇討論當時女權運動的文章，篇名為〈在煮咖啡與丟番茄之間的女人們〉（Frauen zwischen Kaffeekochen und Tomatenwerfen），清楚道出那個時代的女性運動者角色。當時桑德爾與呂格等女性都發出聲音，卻從未被真正聽進去，抗爭的男人們決定應該抗爭什麼，而抗爭的女人們則幫忙煮咖啡。

因此呂格丟出的番茄，正是一個宣言：別再讓我們煮咖啡了！我們煮咖啡，並不是自願的！

其次，女性在勞動市場、在私領域生活中長期被壓迫、歧視，為了家務勞動及兒女放棄自己的公領域生活，這是必須被解決的問題，而不是次要的問題。「丟擲番茄」提示了不同於傳統社會運動的策略：要反抗，不能略過私人領域的壓迫關係，否則不只是既得利益者的偽善，也不可能達成政治解放的目標。這是非常具有時代精神的立場，六〇年代以來，在歐陸發展出不同於以往的社會政治哲學，相較於上個世代談偉大行動者所主導的偉大政治行動、談階級、談國家等策略，六〇年代末開始發展出「私人的即政治的」（the personal is the political）策略，女性最能感受到改變私領域現狀有多重要，因為她們每日都在面對性別關係中的權力，以及這種權力在私領域關係中衍生的無數壓迫，以及面對這些壓迫的無力感。在學運中，常常有這樣的論調：他們抗爭，為了擺脫德國戰後經歷阿德諾內閣的這二十年鬱悶（Mief），可是沒有人認真討論過，女性所感受到的鬱悶，絕非從戰後才開始。

另外，這個事件也為七〇年代的運動揭開序幕，六八年時埋下的種子，幾年後茁壯為一場威力甚大的解放運動。一九七一年開始，女權運動的抗爭目標是廢除刑法第二一八條，那是禁止墮胎條款。當年在女權運動領袖艾麗絲．史瓦澤（Alice Schwarzer）的發起下，幾百位知名女性連署「我墮過胎」（Ich habe abgetrieben），連署書刊登於《明星週刊》，震驚了德國社會。隨之而來的，是針對教會的行動。當時教會反對墮胎的立場明確，女權團體聯合發起退出教會訴求。在連串運動下，最終修改了刑法第二一八條，把私人的還給私人。七〇年代、八〇年代，女性的政治意識不斷覺醒，也與其他新型態的社會運動（例如環保、反核）結合，從各種更細緻的策略上改變社會。

六八年後，世界不斷改變，而女性是重要的推手。「丟擲番茄」五十年後，我們重新看看這個世界，還是不能自豪地說，我們確實完全解放了私領域的壓迫，在性別平權領域裡，還有很多可以做、必須做的事；但是我相信，世界終究是好了一點點。

胸部襲擊

在六〇年代學運中，還有一件值得談的插曲：「胸部襲擊」（Busenattentat）。

在德國歷史上，恐怕沒有比這個稱呼更奇怪的攻擊事件了，但是媒體非常喜愛這麼下標，幾十年過去，這起事件仍不斷被提起。嚴格說來那並不是一次真正意義的攻擊，沒有肢體上的暴力。那是一九六九年時，一群女學生在課堂上對著她們的老師，脫下上衣，露出乳房，以表達抗議。

位在法蘭克福莫頓街（Mertonstraße）的法蘭克福大學大講堂，阿多諾幾乎都在第六講堂（Hörsaal VI）舉行講課，六〇年代時這個被暱稱為「羅馬數字六」（Römisch sechs）的地方，簡直是求知若渴的左派青年聖地，成千上百的學生擠滿了這裡，有些倚牆站著，有些坐在階梯上，就為了聽阿多諾講社會學或美學。

一九六九年四月二十二日，阿多諾在這裡講述「辯證思想導論」（Einführung in das dialektische Denken）。此時，一群女學生衝向阿多諾，包圍了他，試圖親吻他，並脫下外套，裡面一絲不掛。阿多諾極為驚慌，拿起公事包，舉在眼前試圖阻擋這場「胸部襲擊」，並逃離現場。歷史學家克諾普（Guido Knopp）當時是這個課堂上的大學生，多年後他在回憶錄裡寫著，阿多諾離開時落下了淚水。

在他匆忙逃走時，學生們大笑，並在黑板上寫下了：「誰讓親愛的阿多諾掌權，就得終生留著資本主義。」（Wer nur den lieben Adorno lässt walten, der wird den Kapitalismus ein Leben lang behalten.）這句話毫無

邏輯，但在那個時空下，最讓學生信服的只有反抗權威，即使這個權威是曾教導他們批判思考的導師。課堂上也分發傳單，上面寫著：「做為機構的阿多諾已死。」（Adorno als Institution ist tot.）

那是阿多諾最後一次授課，幾週後他離開德國，去了瑞士的阿爾卑斯山渡假，阿多諾的妻子格莉特（Gretel Adorno）在一個早上，取了一些書報讀物來時，發現阿多諾已因心臟病發逝世。

這是場完完全全的悲劇，媒體下標「弒父」（Vatermord）。而格莉特在喪夫後，一年內勉力整理好阿多諾的遺稿，出版《美學理論》（*Ästhetische Theorie*）後即吞藥自殺未遂。之後雖被救活，她已無照顧自己的能力，獨自一人在療養院居住了二十幾年後過世。[1]

為什麼這些女學生們要發動這場對哲學家的襲擊？首先，阿多諾一生雖然都在批判當時的資本主義社會，但他的做法是從思想上分析瓦解社會、文化、政治、資本體系的構成形式，也因而啟發了無數具批判精神的學子，但他對走向暴力化的學運並無好感。因此最終他與學生們走上不同的道路。一九六八年十二月，在學運正炙熱時，阿多諾便寫信給在以色列教書的哲學家修冷（Gerschom Scholem）說：「這裡雖然還沒有肢體的暴力，但只要情況加劇，一切都可能發生。」[2]哈伯瑪斯曾在一九六七年批評過激進的學生運動為「左派法西斯主義」，不幸的，後來的學運，有部分發展方向證實了他的斷定，例如那個第六講堂中的襲擊。

當時許多人以為，這些女學生以胸部抗議整個西方父權的宰制，抗議教授對於他的女學生具有的權威，也抗議阿多諾在學運上的背叛。可是多年後的一篇報導透露了，這次的胸部襲擊並非一場政治意義強烈的行動。

二〇〇三年，記者譚雅．許特爾策（Tanja Stelzer）撰寫了一篇關於胸部襲擊的專題報導，找到為了這起事件隱姓埋名多年的女學生們。其中一位當年的女學生，在匿名的前提下同意接受訪問，她說，世人以為她們的行動是一場女性主義的展演，但說實話，當時她並沒有多想，只是在運動同志的召喚下，一同參與了一場反叛。她說從那次事件之後，她開始思考自己在那些左派青年中的角色，不再陷在同志壓力中而被迫去參與自己其實並不認同、無興趣的行動。

另一位女學生漢娜．維特邁爾（Hannah Weitemeier）願意具名受訪，她後來成為柏林的藝術史學者。當時二十六歲的她，其實不是正式註冊的學生，只是位旁聽生，但在那個時代，是不是正式學生沒有人在乎。她去聽阿多諾的課，只能一知半解，也許正如當時課堂上大多數的學生一樣。

她勇敢激進地脫掉外套，讓她的室友拿起預先準備好的照相機，拍下阿多諾慌張無助的表情，發送到全國媒體去。當時，她們只是不滿阿多諾與女學生間的調情，認為必須給這位教授一點教訓。這其實不是一次政治性的行動，或者說，當時的學生們以為這是一次政治行動，因為阿多諾代表著權威，代表舊式的知識分子，代表老舊的教育體系，挑戰他，就是挑戰上一個世代的話語權。

只是，我不能不問，這算是勇敢嗎？是真正的批判與革命嗎？露出乳房並羞辱老教授，到底在訴求什麼？這在當時並不明確。阿多諾所指導的學生，左派社會哲學家內格特（Oskar Negt），當時是哈伯瑪斯的助理，多年後接受《南德日報》專訪談起這個事件時，他用了一個字形容當時的感受：Fremdschämen，意思是為了他人（fremd）所做的不當、尷尬的事情而為之感到羞恥（schämen）。他說：「首先我必須承認，我們男人完全無法理解這所謂的襲擊有何政治訊息。我們覺得不快，感受到了今日我們會稱之為對於他人作為感到羞恥的某種東西。畢竟這些人是睿智的女性同志。這樣的行為裡面有著什麼對父權的批判，我們看不出來。」[3]

不過內格特也承認，當時的學生運動裡，極度缺乏性別敏感度，對於女性的訴求並不重視。但即使要取回女性的話語權，何以阿多諾必須是其攻擊標的？難道不是一同參與運動的、忽視她們聲音的男性同志們？究竟為什麼要有這樣的行動？究竟想提出什麼樣的訴求？

老實說，阿多諾與霍克海默這些法蘭克福學派第一代的學者們，對於學運的訴求並不十分認同。一九六七年五月，在法蘭克福史陶芬街（Staufenstraße）上的美國之家（那是戰後美國所成立為了對德國人進行民主教育的中心，今日那裡是教授西語的塞萬提斯學院），霍克海默舉行了一次演講，將美國參與越戰定調為「捍衛憲法」以及「捍衛人權」，這顯然不是學生們可以接受的立場。[4]

可是這些女學生們並非在政治運動的戰場上提出對抗，既無學運的抗爭內容，也無女性的訴求。多年後，維特邁爾在媒體專訪裡說，當時她們其實並不清楚，她們所做的事情的意義。在事件之後，幾位參與的女學生們突然成為全國公眾人物，突如其來的支持或質疑，加上阿多諾過世，造成極大壓力，她們不得不逃離法蘭克福，以幾乎隱姓埋名的方式告別六〇年代。

媒體稱這次事件為「弒父」，也許是個湊巧，但我不能不想起阿多諾的名作《最低限度的道德》

（*Minima Moralia*）中提及弒父的段落。在那一段裡他寫道：「與父母的關係總是悲傷地展開，總是籠罩在陰影中產生變化，我們曾經那麼憤怒地反抗著父母，可是今日我們卻又面對著遠比我們年輕的世代。每一個人都經歷了父母逐漸衰老無力後的無害與無能狀態，可是我們同樣也面對著比我們更強大的下一代。這是一種世代的衝突與競爭，背後有著純粹的暴力。」他甚至暗指，這種爭鬥也潛藏在法西斯思想中。今日我們見到了「弒父」的狀態，「殺害年老之人，也屬於充滿象徵意義的納粹惡行。」

這段思想，阿多諾寫於一九四四年，似乎預言了他在一九六九年時將遭遇的困境。恰恰是這位被納粹驅逐的流亡猶太人，必須承擔弒父的宿命，這豈不是命運所開的辛酸玩笑嗎？

在專訪裡，維特邁爾這麼坦承：「如果我死了，且與阿多諾再次相遇，我會請求他的原諒。」[5]這其實正呼應了《最低限度的道德》之副標題：「從破損之生命／生活中而來的反思」。流亡的哲學導師與弒父的女學生們，皆承受著破損之生命，以不同方式經歷了更強悍的下一代與逐漸無力的上一代。世代之間的衰老更迭總會帶來諒解與和解的契機，只是阿多諾沒能等到，維特邁爾也來不及提出，願他們真能在某個地方再次相遇。

注釋

1 Wolfgang Kraushaar. “Streit um „Busenattentat“ auf Theodor W. Adorno,” in: *Welt* 14. 8. 2009. https://www.welt.de/kultur/article4316315/Streit-um-Busenattentat-auf-Theodor-W-Adorno.html

2 如前注。

3 Oskar Negt. Verrohung ist eine falsche Vorstellung von Freiheit, in: *Süddeutsche Zeitung*, 2. 6. 2017. http://www.sueddeutsche.de/politik/er-bewegung-verrohung-ist-eine-falsche-vorstellung-von-freiheit-1.3525379

4 Claus-Jürgen Göpfert und Bernd Messinger. *Das Jahr der Revolte*. Frankfurt am Main 2017, S. 28.

5 Tanja Stelzer. Die Zumutung des Fleisches, in: *Der Tagesspiegel*, 7. 12. 2003.

穿著籃球鞋的外交部長——左派青年費雪的政治路

學生的抗議改變了聯邦共和國的內政。

——哈伯瑪斯，一九六八

六〇年代的法蘭克福，在這座不安之城裡，住著無數對共和國失望的青年，躁動而憤怒。其中一個留長髮、穿著破舊衣服的左派青年，名叫約書卡・費雪（Joschka Fischer）。

費雪的父母原是匈牙利的德裔，戰爭結束時整個中東歐的德裔族群幾乎全踏上流亡之路，被驅逐者估計約在一千二兩百萬人到一千四百萬人之間。費雪的父母一家也因此在戰爭結束時被迫離開家鄉，來到了異鄉德國，並於一九四八年在南德生下了這個原來有著匈牙利文名字的Jóska。

高中畢業後費雪搬到了法蘭克福，參與了六〇年代的法蘭克福街頭。一九六八年起他在法蘭克福參與學生運動，在社會主義大學生聯盟的出版社以及書店打工。當時他雖然參與學運，但並未在大學註冊，只是常常跑法蘭克福大學，坐在擁擠的阿多諾、哈伯瑪斯、內格特等左派教授的課堂上聽課。那段期間，他認真地閱讀了黑格爾、馬克思和毛澤東的著作。

卡爾馬克思書店

一九七〇年，他與一位編輯芭芭拉．布林克曼（Barbara Brinkmann）及其他朋友們一起開了間專賣左派理論與文藝的書店：卡爾馬克思書店（Karl-Marx-Buchhandlung）。書店位在法蘭克福波肯海姆區的約旦街上（Jordanstraße），距離大學老校區不遠。當年成立時，營業註冊文件上這麼寫著：

芭芭拉．布林克曼小姐，編輯，約書卡．費雪先生，編輯，經公證人證實其身分。前揭二人宣告擬成立有限責任公司並訂立共同合約如下：該公司名為卡爾馬克思書店，有限責任公司，位於法蘭克福。企業營運標的為書籍及其他印刷品販售，特別是卡爾．馬克思之著作，以及關聯其理論的當代社會科學文獻。

於是一九七〇年開始，小小的擁擠的書店裡，擺滿了馬克思之著作以及與其理論相關的當代社會科學文獻。當年費雪親手釘了書架，把這些書放上架子；他也擺上了一臺義式咖啡機，命名為Libresso——這個字由Libro加上Expresso組成，意思是書加上濃縮咖啡。許多大學生、作家、甚至像費雪這樣只參與學運卻不願進入大學的青年，每天都聚集在這個小地方，讀書討論、喝咖啡，以為某個時刻他們必能寫出像《最低限度的道德》那樣充滿哲思與力道的作品，或者在街頭上改變不可能改變的事物。

Libresso是法蘭克福一間更老的左派書店的名字，當年在歌劇院廣場（Opernplatz）十號的這家書店，是法蘭克福毛主義者聚集處，今日該處是銀行與高檔餐廳的所在地。而卡爾馬克思書店一開始的成立宗旨，正是想走一條與Libresso不同的左派道路。當時的Libresso變得愈來愈教條化、馬列主義與毛主義，而卡爾馬克思書店則較偏向法蘭克福學派所代表的新左派路線。

這間書店立刻在全德、甚至全歐洲的左派青年中打響名號，這裡有最新的理論，餵養那些求知若渴的青年們，甚至有阿多諾、哈伯瑪斯等人上課的影印筆記出售。那個年代，全歐洲的青年懷著熱血走上街頭，而激發他們熱血的，除了對冷戰背景下的帝國主義與資本主義的怒意，還有就是這些他們似懂非懂、卻著迷捧讀的專著。店員每天接來自歐洲各地的電話，詢問最新的出版進度，印書的速度趕不上賣書的速度。

就是在這樣對於理解與改變世界充滿激情的年代，出版社成為重要的社會政治機構，例如在法蘭克福的伏爾泰出版社（Voltaire Verlag，編輯部在西柏林）、海涅出版社（Heinrich Heine Verlag），或者社會主義大學生聯盟主席沃爾夫（K. D. Wolff）創立的紅星出版社（Roter Stern Verlag）。除了出版社外，開書店也是許多青年嘗試另一種生活的可能出路。馬克思書店並非唯一具有影響力的左派書店，六〇到七〇年代，在全德各地隨著政治局勢的變化，誕生了許多以合作社性質營運的新書店，提供各種以往在一般書店很難見到的激進文學、社會、政治、哲學作品，許多書店今日還繼續營業，雖然他們提供的另類理論已不再另類，激進思想也不再激進。一九七〇年，德國甚至成立了左派圖書業協會（Verband des linken Buchhandels），有近兩百家書店與出版社加入，可見當年的盛況。

現在擔任波茲坦時代史研究中心（Zentrum für Zeithistorische Forschung）研究員的宋能貝格（Uwe Sonnenberg），在成為學者以前，便跟三個好友在波茲坦開了一家知名的另類書店：史普尼克（Sputnik），在書店裡高掛反抗殖民主義的墨西哥薩帕塔民族解放軍標語：「我們帶著質疑前進！」（Fragend gehen wir voran!）這句標語，很能代表六、七〇年代左派書店的精神。當時每個人都對社會不滿，每個人都提出了他的質疑，只是不一定都找得到答案。未來該往哪裡去，眼下只能透過各種不同的社會與政治實驗，嘗試探尋迄今沒有試過的可能性，一種共同經營書店的生活方式，也成為這樣的可能性之一。

宋能貝格後來寫了一本《從馬克思到鼴鼠：一九七〇年代西德左派書店》（*Von Marx zum Maulwurf. Linker Buchhandel in Westdeutschland in den 1970er Jahren*）的博士論文，將左派書店的功能定義為溝通中心——不只是書籍資料流通的地方，還是志同道合的運動者交換意見、討論運動策略的地方，因而也發揮了政治動員的功能。而費雪，也在卡爾馬克思書店裡，以另一種方式從事了社會運動。

誰丟了炸彈

那個卡爾馬克思書店的店長費雪，並不是一個只偶爾去旁聽左派理論課的文藝青年而已，他還以實際行動實踐了習得的理論。一九七一年他去了法蘭克福近郊的盧瑟斯海姆（Rüsselsheim）歐寶汽車工廠，混進了工人之中，組織政治行動，期盼喚醒工人的革命意識，但並未成功，最後被歐寶發現他的動機不良，立即開除。

費雪離開歐寶後，身兼數職，除了書店的工作外，他還考了計程車執照，在法蘭克福街頭開計程車。從七〇到八〇年代，他一直過著這種身兼勞動者與街頭運動者的生活。這一段時間他參與了許多左派運動組織，其中部分團體非常激進甚至暴力化。

他在這一段時間做了什麼？這在德國一直是尚未被詳細探究、甚至是禁忌的話題。某些人相信他跟左派恐怖分子往來密切，例如赤軍團（RAF；Rote Armee Fraktion），甚至可能參與部分暴行，但是一直沒有明確的證據。調查記者克里斯蒂安．許密特（Christian Schmidt）於一九九八年出版《我們是瘋狂者：費雪與他的法蘭克福同夥們》（*Wir sind die Wahnsinnigen: Joschka Fischer und seine Frankfurter Gang*），這層面紗才有部分被掀起來。

德國記者、第一代赤軍團成員：烏莉克．邁恩霍夫。
（Wikimedia Commons）

二〇〇一年一月，赤軍團成員烏莉克・邁恩霍夫（Ulrike Meinhof）的女兒貝蒂娜・羅爾（Bettina Röhl），公布了一些關於她母親的影片及照片，其中可以明確看到穿著皮夾克帶著安全帽的費雪於一九七三年四月七日在街頭上，與同夥抗議那個「豬儸體系」（„Schweinesystem"），以暴力攻擊了一位警察。二〇〇一年時費雪是聯邦外交部部長、聯邦副總理，也是綠黨主席，羅爾公布照片用意在於，她認為費雪是當時暴力行動的發起人之一，指責德國主流媒體常年來對於費雪的這段歷史過於包容，甚至「遮掩」。她還寫了公開信給當時的聯邦總統約翰尼斯・勞（Johannes Rau），呼籲德國政府應該正視此事，並表示將指控費雪蓄意謀殺。[1]

一九七六年五月十日，被捕的邁恩霍夫在獄中自殺，法蘭克福街頭展開了大規模的暴力化抗議行動，費雪也在其中。在那次抗議裡，左派分子認為整個國家機器都必須要為邁恩霍夫之死負責，站在街頭的警方自然首當其衝。激進的運動者們向警方丟擲摩洛托夫雞尾酒炸彈，導致一名警員重傷。費雪被逮捕、起訴，但後來被釋放。

羅爾與綠黨之間唇槍舌戰，在媒體上公開交鋒。綠黨指責羅爾不可信，但後來費雪承認，他確實有參與那次抗議，也以暴力攻擊警方，但他辯稱從來沒有與其他的左派運動激進分子一樣丟過摩洛托夫雞尾酒炸彈。

無論費雪是不是真的丟過雞尾酒炸彈，他曾參加的激進團體「革命鬥爭」（Revolutionärer Kampf），多次因激烈的抗爭手段被警方逮捕並遭法院判刑。他絕對不是個吃齋唸佛的左派，這點是可以確定的。

主席先生，您真是個混帳東西

一九七七年發生了德國之秋[2]，這個左派恐怖事件震驚了費雪，他說他「不再存有幻想」（illusionsverlust），意識到暴力不可取，從此與激進政治團體漸行漸遠。一九八二年，他加入了綠黨，走上體制內改革的政黨政治路線。

一九八三年，綠黨在聯邦國會大選成功取得五．六%政黨票，在綠黨名單上排名第三的費雪，因而進入國會，成為當年他在街頭所抗爭的擁有權力者。但在國會裡，他依然不是什麼乖乖牌，最知名的事件發生在一九八四年十月十八日，費雪發揮了在法蘭克福街頭訓練出來的潑辣，跟當時的國會副議長施提克倫（Richard Stücklen）吵了起來。

這兩人是截然不同的政治人物，

一九八三年二月，費雪在綠黨召開關於國會選舉的記者會上。三月，這個成立於一九八〇年的小黨，第一次參與國會大選便獲得五．六%選票，費雪也走入了國會。（Lothar Schaack/Wikimedia Commons）

費雪自居為生態環保基本教義派，曾在學運街頭丟擲雞尾酒炸彈；而施提克倫是標準的傳統權力菁英代表，來自巴伐利亞，第三帝國時代是納粹黨員，在一九八三年前擔任多年國會議長，隸屬極保守的基督教社會黨。可想而知，這兩個不同世代的政治人，有著截然不同的信念與從政風格。

當時另一位綠黨議員因為指責聯邦總理科爾（Helmut Josef Michael Kohl）在接受弗里克集團（Flick）的政治獻金上有操守問題，而被當時擔任主席的施提克倫趕出議場。費雪聲援，兩人針鋒相對，施提克倫氣得宣布議事中斷，除非把費雪趕出國會議事廳，不然他不會復會。他說：「議員先生，我拜託您！我第二次要求您遵守議事規則。費雪議員先生，我必須將您排除在接下來的會議之外。」

費雪一氣之下，說出了應該是他從政生涯最知名的一句話：「請容我這樣說，主席先生。您真是個混帳東西！」（Mir Verlaub, Herr Präsident. Sie sind ein Arschloch!）接著就被趕出去了。

這句話多麼具有德國特色，就算罵人罵得如此激烈（Arschloch 就是屁眼，對德國人來說是很惡毒的粗話），還是得先來一個「請容我這樣說」，然後用敬語稱呼主席先生，這是真正的德式禮儀。

施提克倫當然氣炸了。而當天所有新聞都刊出了這句名言。最好笑的是，隔天，費雪表示他願意收回這句話。於是媒體又報導了：費雪表示他收回施提克倫是個混帳東西的話。主席先生又再次與混帳東西連接在一起。從此施提克倫永垂德國政治史，再也無法擺脫這句話。

這句「請容我這樣說，主席先生。您真是個混帳東西！」甚至還有周邊商品，印有這句話的鉛筆、T恤、購物袋、馬克杯都賣得不錯，曾有一本寫德國綠黨崛起歷史的書，也以這句話做為書名。

一九八五年，他遵守綠黨的輪調規則，離開國會，來到社民黨籍總理波爾那（Holger Börner）執政下的黑森邦，擔任環保與能源廳的廳長。十二月十二日，他在議會宣誓就任時，穿著籃球鞋、牛仔褲和運動外套就走上臺，叛逆不羈的形象再次成為全國媒體的焦點。

兩年後，他跟波爾那大吵了一架，因為兩人對於是否在黑森邦再建核電廠的政策，無法取得共識。費雪堅持停用核能，因而被趕下了環保廳廳長的位置。不過在那一年，黑森邦議會選舉中，費雪代表綠黨參選勝利，進入邦議會。此後多年，他一直致力於黑森邦境內以及全德境內核電廠的停工。

我沒被說服

一九九四年，費雪再次進入聯邦國會，他從政的重心逐漸轉向國際事務。一九九八年國會大選後，德國組成紅綠聯盟，由社民黨與綠黨聯合執政，費雪擔任聯邦副總理以及外交部長，成為綠黨首位

施提克倫一九七二年的競選海報。他自一九四九年開始擔任德國國會議員，至一九九〇年為止，長達四十一年。
（CDU/Wikimedia Commons）

擔任此一職位的政治人物。

在他擔任外長的第一年，依然沒興趣當個乖乖牌，他要求北大西洋公約組織（NATO）未來必須放棄使用核武，而這與當時德國的歐洲與國防政策並不相符。德國國防部長夏平（Rudolf Scharping）因而還訪問美國滅火，解釋那並不是聯邦政府的立場。

他在外交部長任內，也講出了一句廣受國際媒體報導的名言，只是這次是用英文：「很抱歉，我沒被說服。」（Excuse me, I am not convinced.）

二〇〇三年二月八日，慕尼黑的國際安全會議上，各國外長及國防部長等安全政策主管者，都來到慕尼黑參與這個年度國際政治大事。那一年最熱門的議題就是伊拉克戰爭與海珊的問題。美國國防部長倫斯斐（Donald Rumsfeld）也與會，表示在海珊問題上已經窮盡了一切非武力解決的可能性。而做為主辦國的外交部長，費雪在臺上發言時，明確表達他對戰爭的懷疑：「很抱歉，我沒被說服。」

這個違背美國立場的發言，當時被國際媒體認為不符向來德美大西洋同盟的立場。不過當時大部分德國人都支持費雪，認為那是使德國脫離美國霸權下的國際政治、堅持和平秩序的第一步。後來在費雪出版的回憶錄《我沒被說服——伊拉克戰爭以及紅綠聯合執政那些年》（*I am not convinced. Der Irak-Krieg und die rot-grünen Jahre*）中，他寫道他不認為反恐可以合理化侵略，美國應該尋求國際社會的支持，透過聯合國決議來對伊拉克施壓。他形容那次發言是一場國際政治的小小革命。

費雪其實並沒有真的想要抗拒美國，在九一一事件後，他就表示，德國無條件與美國站在一起，而他也致力於打擊恐怖主義，非常頻繁地出訪中東，以凝聚反恐力量。可是他還是質疑美國的一些反恐作為。例如，除了慕尼黑的那次小小革命外，他也明確批評過美軍在關塔那摩基地的非法作為。

對美國來說，這位特別的德國外長，可能只是個太過天真的歐洲人。不過綠黨的崛起，其實一開始也建立在被視為太過天真的政治理念，綠黨所推動的國際政治，當然會帶著更多的和平色彩。費雪沒有被美國說服，因為他仍然有著一個老歐洲的理想主義性格。但倫斯斐批評，堅持德國特殊道路（deutschen Sonderweg）的結果，將使德國在國際政治舞臺上被邊緣化。

二〇〇五年聯邦大選後，綠黨退出了內閣，費雪也交出了外長職位。隔年他離開國會議員的位置，逐漸退出政壇。二〇〇七年開始，他開設了自己的顧問公司，並成立智庫，走向商界及政治遊說行業。

他擔任西門子、ＢＭＷ等集團的顧問，甚至買了新的ＢＭＷ i3豪華汽車，為ＢＭＷ拍了廣告。他的綠黨同志們對此非常不滿，不僅因為豪華轎車與綠黨的環保形象相去甚遠，也因為這些汽車集團是強大的政治團體，在柏林及布魯塞爾積極遊說，阻撓了綠黨所擬推動的環保法案。《焦點週刊》酸溜溜地地報導他為ＢＭＷ拍的廣告：「昔日他跑步，今日他開車。」《世界週報》的標題是：「『印象深刻』：利益團體說客費雪開著i3。」綠黨的同志說，他在大選中為綠黨助選都不比為大集團發聲那麼賣力。

德國外交部裡仍有他穿著運動鞋的照片，但是，那個長髮青年終究是老了，終究得高掛跑鞋。他的旅程仍未結束，不管未來他將走向哪裡，這位憤怒的計程車司機、打零工的哈伯瑪斯的孩子、另類的書店老闆，在法蘭克福的傳奇始終被敘述著。

注釋

1 Christoph Schult, "Anzeige gegen Fischer wegen Mordversuchs," *Der Spiegel*, 08.01.2001, http://www.spiegel.de/politik/deutschland/mein-hof-tochter-anzeige-gegen-fischer-wegen-mordversuchs-a-111239.html

2 詳見下文〈走過極端革命的年代——左派恐怖主義與赤軍團〉中關於「德國之秋」的部分。

成為自己想要成為的人——紅色丹尼與他的同代人

丹尼爾・孔恩－本迪（Daniel Cohn-Bendit），一位法蘭克福的政治家，但不只是法蘭克福人，他也是全德甚至全歐洲知名的人物。孔恩－本迪的家族史就是德國近代史的縮影。他的父母都是來自柏林的猶太人，父親埃里希・孔恩－本迪（Erich Cohn-Bendit）是執業律師，而且信奉左派思想，種族與政治立場的雙重不正確，使孔恩－本迪一家注定不見容於納粹時代的德國。一九三三年希特勒上臺後，孔恩－本迪一家立刻逃亡巴黎。當時這一家人在巴黎來往的朋友，也包括逃亡的政治哲學家漢娜・鄂蘭。

後工業社會對丹尼的啟迪

一九四五年戰爭結束那年，孔恩－本迪出生於法國。一九五二年父親回到法蘭克福，一九五八年孔恩－本迪也跟著母親來到法蘭克福。他在這裡上的學校是今日已成傳奇的歐登瓦德（Odenwaldschule）。這間學校離法蘭克福不遠，是一九一〇年時由充滿教育改革思想的老師所建立，當時的創校精神是「成為你自己」。師生在此如同大家庭般生活、學習、玩耍，學校希望學生在大自然裡充分發展各種潛能，而學校的各種事務，學生們也可以共同議決，是一所沒有權威概念、充滿自由風氣的學園——當時學校最著名的特色之一，就是師生間直接以「你」（Du）相稱。

孔恩－本迪就在這種沒有權威的環境中長大，這也影響了他未來的道路。高中畢業後，一九六五年他去了巴黎南特大學讀書，跟著當時歐洲最激進的社會學教授，成為一個非常政治的學生。當年的教授之一就是杜漢（Alain Touraine）。杜漢當時是四十歲的年輕教師，幾年後才會出版其經典之作《後工業社會》（*La société post-industrielle*），但已經以《行動社會學》（*Sociologie de l'action*）成為法國社會學界的新星。他對社會運動、社會結構變遷的研究，影響了一九六〇年代的社會學學子甚深。在《後工業社會》中，他說：

> 我們看到了新型態社會的誕生，人們會稱之為後工業社會，以區分於其前身工業社會……人們會稱之為技術統治社會（technokratische Gesellschaften），以標明此類社會所擁有的力量。人們也會稱之為被規劃好的社會（programmierte Gesellschaften），以試著由其生產方式及經濟組織的本質來定義此類社會。[1]

當時跟著杜漢讀書的孔恩－本迪就是從這樣的視角理解他所身處的時代：那是一個與上一代斷裂的時代，技術主宰了人類的命運與未來，而社會的一切都被規劃好，人只是社會結構中的環節，是方程式裡的一個因數。

此外，一九六四年馬庫色出版了英文版《單向度的人》，一九六七年翻譯為德文版，一九六八年翻譯為法文版，與馬克思、毛澤東一起成為影響六〇年代學運的「3M」。這本書把當代科技官僚統治國家形容為一種全面性的獨裁，資本主義所發展出來的消費社會，讓個人都成為單向度的人，順從統治，毫無反抗能力也無反抗意願。這樣的人是熱鍋裡的青蛙，我們都活在慢慢加熱的水中，甘願棲息在舒服的溫水裡，等到溫水煮沸後，我們再也沒有能力跳出鍋子。

在這樣的社會裡生活的歐洲青年們感到窒息，亟需不一樣的空氣，在其社會中找尋一個結構的缺口，如果找不到，就自己創造。於是一九六八年，法國史上最大的學潮爆發，無數學生走上街頭要求教育改革，期盼證明自己在後工業社會中仍擁有自由行動的可能。孔恩－本迪就是其中相當激進的一人，他吸收了法國社會學對結構缺口的觀察，也將德國社會主義大學生聯盟的行動策略輸出到法國，是一個兼具理論深度與實踐能力的學生領袖。《明鏡週刊》稱他為「抵抗戴高樂第五共和的發起者」，並說他幾乎引發了另一場法國大革命。法國媒體也將他與法國大革命中的重要領袖丹東（Georges Jacques Danton）相比，稱他為「日耳曼的丹東」。[2]

三二二學運

那年一月，法國青年與運動部長米索夫（François Missoffe）參加了一個泳池開幕活動，孔恩－本迪就在臺下高聲質問米索夫：為什麼青年與運動部所編撰的青年白皮書裡，完全不涉及性的問題；米索夫嚴詞回應：如果您有性的問題，可以跳進這個泳池冷靜一下。這件事情過後大學校長祭出校規嚴懲這位失禮的學生，被媒體稱為「孔恩－本迪事件」（Affaire Cohn-Bendit）。

三月，法國學生走上街頭抗議越戰，孔恩－本迪占領了南特大學建築，而各派左翼學生力量也串連支持，於是發生了知名的「三二二學運」（Bewegung 22. März）——除了抗議越戰，也將議題擴大至其他第三世界問題，並質疑資本主義社會、拒絕成為資本運作剝削邏輯的共犯。這場以「進坐」（sit-in）方式發生的運動裡，馬克思、巴庫寧、毛澤東及格瓦拉是其精神導師。但除了這些，孔恩－本迪強調三二二學運是一場去權威化、去中心化的運動實驗，並無中心組織，而他自己也不是學生領袖（Führer），只是個傳達聲音的發言人（Wortführer）。後來在接受《明鏡週刊》的專訪裡，他這麼形容學運的特質：

> 我是個無政府主義的馬克思主義者。對我來說，馬克思對於資本主義社會的基本分析是正確的。可是，我全然拒絕共產主義運動所創造出來的組織形式。這些組織無法創造新的社會，

而只會創造新的威權。所以在馬克思主義理論與共產主義實踐之間，會有斷裂。而我們就是要再次強調這樣的斷裂。[3]

但是，即使拒絕傳統的左派運動組織，希望脫離既有的共產主義實踐方式，學運仍然需要有人出面說明學生的訴求。被學生們稱為「紅色丹尼」（Dany le Rouge）的孔恩－本迪還是被推到了這個運動的聚光燈下。

這些學生中包括毛派、托洛斯基派等各種無政府主義者，部分人非常激進，除了占領教室，還製作摩洛托夫雞尾酒炸彈，企圖燒毀大學建築未果。後來在一個團體那裡發現製作炸彈的說明書，上面標示著「丹尼雞尾酒」（le cocktail Dany），孔恩－本迪因而被視為主導者。[4]

四月十一日，柏林發生了德國學運領袖杜區克遭暗殺事件，德法學生震驚，對於國家失望的情緒高漲到極點。孔恩－本迪呼籲學生們採取更激烈的手段以對付這個暴力化國家，於是學生們衝進了大學，進坐抗議；五月二日，學校校長找來警察擬恢復大學秩序。警方逮捕了約六百名學生，而學生也以暴力手段回應校方與警方，遂爆發了知名的巴黎六八學運。

六八年時的孔恩－本迪（Jac. de Nijs/Wikimedia Commons）

也許是歷史的巧合，就在學運爆發前夕，馬庫色來到巴黎，親身見證了這場狂風暴雨的青年運動。學生占領巴黎索邦大學時，也於五月十日在巴黎街頭設起了路障，寫了《單向度的人》而激發無數青年投入社會改革的思想家，就在現場看著學子們如何以行動拒絕成為單向度的人。

五月十三日，大約兩萬名學生占據巴黎街頭示威抗議。大學教師協會及各學生會、工會都串連進行大罷工，以支持這場學運。整個法國怒火延燒。當時學生們認為，國家機器掌握了教育、媒體、國會，建立一個鋪天蓋地的控制結構，鼓勵階級對立。而唯一能反抗的方式不在體制內，而是街頭，「我們要在街頭宣示，必將實踐直接民主。」[5]

這場學運逼得戴高樂總統不得不解散國會進行重選，最後戴高樂勝選，奪回了民意支持。左派退下街頭，看似在體制內挫敗了，但四十年後孔恩—本迪回憶起這場學運時，仍然相信當年的理想：

> 這場運動深深地影響了人們，一種由反叛而塑造的不一樣的社會、不一樣的生活方式、不一樣的理解政治的方式誕生了。那不僅僅是六週而已，在那之後，這個社會的改革過程不斷地延續下去。[6]

從紅色丹尼變成綠色丹尼

巴黎學運之後，孔恩－本迪被法國宣布為「不受歡迎的外國人」，趁他回到德國串連學運時，禁止他再入境。法國學生們認為此舉如同納粹時代法國協助驅離猶太人，在五月二十四日上街高舉著標語「我們都是德國猶太人」，聲援孔恩－本迪。他本人也無視法國警方禁令，在當天擬突破封鎖回法國。他說：「法國政府要嘛就得組織一支軍隊擋住我，要嘛就得讓我入境。」[7]而法國政府也真的這麼做了。他在德法邊界的薩爾邦被上千名警察擋住，同時現場也有上千名學生呼喊著「我們都是孔恩－本迪」。

後來他曾以非法方式成功偷渡回法國，引起左派學生歡呼，但也使右派人士極度不滿。學運落幕後，孔恩－本迪決定回到德國，以結束「對於他的明星著迷現象」。於是，他又再次成為法蘭克福人。

六八年冬季學期開始，孔恩－本迪於法蘭克福大學社會學系就讀，就學於阿多諾、哈伯馬斯。在法蘭克福期間，他也多次聲援那年因法蘭克福百貨公司縱火案而被監禁的赤軍團成員巴德（Andreas Baader）與古德倫．恩絲琳（Gudrun Ensslin）。在法蘭克福街頭，他認識了費雪，兩人很快就成為反資本主義運動的戰友，並一起假冒身分混進了歐寶汽車廠，鼓吹工人組織工會發動罷工。兩人後來還找了一些戰友，一起在法蘭克福波肯海姆區開設了傳奇的卡爾馬克思書店。

七〇年代他與費雪等人不再那麼激進，放棄街頭路線，走入剛剛創黨的綠黨，開始體制內的改革。九〇年代他擔任法蘭克福市多元文化事務局局長，一九九四年至二〇一四年擔任歐洲議會議員。有意思的是，他第一次代表德國綠黨競選歐洲議員，後來因取得法國國籍，第二次參選竟代表法國綠黨競選——昔日被拒絕入境、不受歡迎的外國人，後來卻代表法國在歐洲議會為歐洲而奮戰，當年的紅色丹尼在法國媒體上被稱為「綠色丹尼」（Dany le Vert）。二〇一四年他因健康因素不再參選，但仍然在法蘭克福極為活躍，時常可見到他在各種論壇討論德國政治與歐洲未來。

傳奇人生再思考

多年後再回首孔恩－本迪在動盪德國戰後史中的傳奇人生，此時我們可以再提出一些問題思考。

首先可以問，在今日當一個左派是什麼樣的姿態？六〇年代時的左派青年已察覺共產主義的困境：他們熱衷讀馬克思，但並不完全信奉馬克思所說的一切，而是將其理論做為分析資本主義社會的工具，也不接受當時共產主義政權的實踐方式；孔恩－本迪便指責法國共產黨只想在資本主義體制內改革，以及只想透過在議會奪權來推動必要變革，「你可以說這是改革主義，但你也可以說這是修正主義」，這樣的共產黨太過守護體制也太過資產階級。[8]

除了與共產黨分道揚鑣，學生們也與勞動者的關係曖昧。學生想扮演「無產階級的先鋒隊」（proletaische Avantgarde），但孔恩－本迪也說，共產主義者強調由無產階級獨裁（Diktatur，中文世界常翻譯為專政）來取代資本主義，他認為是錯的，「我反對無產階級獨裁，因為我反對任何一種威權。」[9]可是這種既要帶領無產階級、又對無產階級保持戒心的政治態度，要走到哪裡去呢？學生追求的革命，是勞動者要的革命嗎？

當年學運左派也清楚自己與無產者之間的差異。他們當年早知道要與無產者聯合，但也同時反對高舉無產階級獨裁的政治綱領，不願因為階級鬥爭而陷入舊秩序中。《明鏡週刊》記者也對孔恩－本迪提出這樣的尖銳問題：學生發起了革命訴求，而勞動者以罷工回應並占領工廠、走上街頭支持，但後來學生卻被排除在運動之外，且在想進入工廠對工人喊話時被拒絕。學生是否被孤立了？

孔恩－本迪說，不，他最後也被允許對工人發表演講，這表示工人仍與學生站在一起。記者還是懷疑地說：這樣的想法不會太一廂情願嗎？[10]

記者的疑問確實有道理，因為勞動者與學生的目標不同。勞動者關切的仍是政治經濟條件的改變，而學生希望以一種自由的主體實踐方式，達成社會改革的目標。前者是政治經濟學的，而後者是哲學、美學的。

那個年代的學生投入革命的目標並非改善勞動條件，而是期待獲得更完整的自我實現。日爾曼文學教授博格達（Klaus-Michael Bogdar）就指出，六〇年代最大的特徵在於以往對主體的定義對於那個世代的人不再具有吸引力；如果五〇年代問的問題是立足於「我們再次成為了誰」（wir wieder wer sind）的確定性上，再提問「我們是誰」（wer wir sind），六〇年代關切的只有「成為那個我們想成為的人」（ein solcher zu werden, der man sein möchte）。[11]這個說法相當到位，六〇年代青年對自己的看法及對社會的理解已經完全不同，他們不想被教育成一個夠資格融入資本體系的勞動者（ausbilden），他們要的教育是真正的培育，讓他們變成自己想成為的人（bilden）。

他們不願適應這個社會，而是希望改變這個社會，讓社會適應他們。例如社會主義大學生聯盟的大學改革提議就有非常激進的想法，倡議每個人年滿十八歲時都成為大學的一員，並參與治校，此成員身分除非明確表達退出，否則終身有效，藉此弭平社會與大學之間的差異。杜區克就希望把社會打造成一所巨大的大學，這是一個巨大的人人都學習的社會，每個人既是老師，又同時是學生。

那些學生們所倡議的激進改革想法後來沒有實現。但社會不斷在變化，那個年代的精神多少依然留到了今日。

一九七八年六月十三日，奧地利廣播電視臺（ORF）的節目「第二俱樂部」（*Club 2*），製播了特輯《一九六八——起義之年》（*1968 - Jahr des Aufstands*），邀請了杜區克、孔恩－本迪兩位前學運領袖，在六八年時於柏林自由大學執教、反對激進左派運動的社民黨員政治學教授宋特海默（Kurt Sontheimer），以及任職於未停止批評學生運動的史普林格媒體集團記者、因而被視為謀殺杜區克共犯的華爾登（Matthias Walden）。他們在運動十年後，來到奧地利一同回首、討論當年運動的意義，未能一笑泯恩仇，依然激辯，節目一錄就超過三小時。節目接近尾聲時，各方仍爭得面紅耳赤，孔恩－本迪對宋特海默說：「在您眼前是即將失去的世界。」（Sie haben eine Welt zu verlieren.）杜區克立刻接著說：「而我們眼前的是一個必須去贏取的世界。」（Und wir haben eine Welt zu gewinnen.）

也許多年後，這兩句話還是用來形容當代世代差異的最好注腳。上一個世代永遠覺得反抗者在破壞這個世界，而下一個世代，永遠想從上一個世代那裡贏得一個他們所相信的更好的世界。

一九七八年，在奧地利廣播電視臺回顧六八學運的特別節目中，杜區克（左二）和孔恩－本迪（右二）兩位前學運領袖，依舊激昂地與宋特海默、華爾登辯論著。（截自：https://youtu.be/8v3bcJLaG6I）

注釋

1 Alain Touraine: *Die postindustrielle Gesellschaft*. Frankfurt am Main 1969. S.7.

2 "Die Kommunisten sind und zu bürgerlich," *Der Spiegel* Nr. 22, 1968. S. 111.

3 "Die Kommunisten sind und zu bürgerlich," *Der Spiegel* Nr. 22, 1968. S. 111.

4 Susanne Kailitz: *Von den Worten zu den Waffen?: Frankfurter Schule, Studentenbewegung, RAF und die Gewaltfrage*. Frankfurt am Main 2007. S. 142.

5 „Seid realistisch - verlangt das Unmögliche," WDR, http://www1.wdr.de/stichtag/stichtag3646.html.

6 „Seid realistisch - verlangt das Unmögliche," WDR, http://www1.wdr.de/stichtag/stichtag3646.html.

7 "Die Kommunisten sind und zu bürgerlich," *Der Spiegel* Nr. 22, 1968. S. 111.

8 "Die Kommunisten sind und zu bürgerlich," *Der Spiegel* Nr. 22, 1968. S. 112.

9 "Die Kommunisten sind und zu bürgerlich," *Der Spiegel* Nr. 22, 1968, S. 112-113.

10 "Die Kommunisten sind und zu bürgerlich," *Der Spiegel* Nr. 22, 1968, S. 113.

11 Klaus-Michael Bogdal, "Riskante Subjektwerdung oder Wissen wir noch , wer wir waren?" in Ulrich Ott und Roman Luckscheiter (hrsg.) *Belles lettres/Graffiti: Soziale Phantasien und Ausdrucksformen der Achtundsechziger*. Göttingen 2001, S. 19.

走過極端革命的年代——左派恐怖主義與赤軍團

一個瘋狂陰鬱的少年在那個瘋狂陰鬱的年代

二〇一五年十月的一個晚上，德國圖書獎（Deutscher Buchpreis）評審團在全國媒體前宣布，該年的大獎得主為法蘭克．維策爾（Frank Witzel）的小說《一九六九年夏天，一個瘋狂陰鬱的少年，發明了赤軍團》（*Die Erfindung der Roten Armee Fraktion durch einen manisch-depressiven Teenager im Sommer 1969*）。這個決定引起在場媒體譁然，因為沒什麼人事前預測到維策爾會奪下這個獎，而這本小說，用極小的字體印了超過八百頁，在這個熟悉社群媒體短小輕薄敘事的年代，也是不太合時宜的老派創作。

小說是這麼開始的：一九六九年，住在鄉下的十三歲少年本德（Bernd），鏡子工廠老闆的兒子，在他死氣沉沉的小鎮家鄉與幾個要好的同學組成了祕密社團，煞有其事地寫了社團章程、畫了社團標誌，還宣布他最愛的音樂家約翰．藍儂是榮譽成員，至於這個社團要做些什麼，他也沒什麼概念。有天晚上，他陪家人看電視時，看到電視新聞播報懸賞緝拿左派恐怖分子的消息，心驚不已，因為，那些犯下綁架、縱火、殺人的壞人們，用的正是他社團的名字：赤軍團（Rote Armee Fraktion）。

幸好，接下來新聞上出現的壞人留著長頭髮，跟本德的短髮一點都不像，讓他鬆了一口氣，但也有些許失望。他有點期待自己的社團也能聞名全國，就像那個犯下大事、震驚整個國家、電視全天報導的同名社團一樣，雖然他並不十分清楚到底是什麼大事。

本德是個幻想力十足的少年，這本小說的劇情很大部分由他來敘述，中間夾雜著不同的時間（少年時代或成年後）、文體（回憶、日記、問卷、訪談……），在真實世界與少年的幻想間交錯，用各種角度重構一個危機年代中搖搖欲墜的國家。

雖然原本沒什麼人看好這本小說，但維策爾能獲獎已有跡可循。在這本小說出版前，他原來只是個小有名氣的作家、畫家與音樂製作人，就跟大部分德國的藝術工作者一樣，名為自由，實際上過著有一餐沒一餐的日子。二〇〇〇年左右，他決心寫一本小說，敘述這個在他少年時期記憶深刻的事件——六九年時，他也與本德一樣是個十幾歲的少年，來自同樣的小鎮。這本明顯帶著自傳性質的小說，他一寫就是十五年，可說是乘坐時光機回到當年，把他從年少到現在對於國家、社會、體制、歷史的觀察與想像，藉著少年之口毫無保留地說了出來。雖然有時太過瑣碎，但正是在鉅細靡遺、不停歇的文字裡，才能感受到在那個危機的年代中，每天都在發生什麼、每個人都惴惴不安在議論著什麼、懷疑每一天睡醒時國家就要垮臺的氣氛。

這幾年來，德國出版市場出現了許多討論六〇年代末期到八〇年代初期的專書，包括學術界的理論梳理、學術史、知識史的研究、歷史記述、自傳等。例如洪堡大學的史學家菲爾許（Philipp Felsch）二〇一五年三月出版的暢銷書《那個漫長的理論夏天：一九六〇到一九九〇年反叛的歷史》

（*Der lange Sommer der Theorie: Geschichte einer Revolte 1960 bis 1990*，本書入圍萊比錫書展獎專業書籍類決選名單）；康斯坦茲大學歷史系教授萊夏特（Sven Reichardt）二〇一〇年編輯的文集《另類的生命情境，一九六八年至一九八三年間德國及歐洲反中產階級生活模式及左派政治》（*Das Alternative Milieu. Antibürgerlicher Lebensstil und linke Politik in der Bundesrepublik Deutschland und Europa 1968-1983*）、二〇一四年出版的教授資格論文《本真性與共同體：一九七〇年代到八〇年代初期的左派另類生活》（*Authentizität und Gemeinschaft: Linksalternatives Leben in den siebziger und frühen achtziger Jahren*）；德國文學檔案館館長勞爾夫（Ulrich Raulff）也出版《與七〇年代重逢》（*Wiedersehen mit den Siebzigern*），記述七〇年代在聚集左派一流理論者的馬堡大學讀書的回憶。文學評論者波帝格（Helmut Böttiger）評論這種出版現象時，便認為對七〇年代的重新探索，代表我們現今對於「另一種生活方式的渴望」（Sehnsucht nach Alternativen）。

維策爾回到那個年代，穿插著個人家族歷史，重建了西德的特殊國家處境，例如少年與他的「赤軍團」成員們對於圍牆那一方的東德以及共產黨的天真想像——東邊的人很容易就可以搞到蘇聯製機關槍、那裡的孩子們每天都帶著武器上學、甚至攻擊自己的父母師長、遇到前納粹黨員就將他們囚禁起來審問拷打……這本超過八百頁的小說，談論了另一種生活方式，恰好將這幾年來德國對於六〇年代末到八〇年代初的探索熱潮，再推上了新的高峰，也因此在出版後立即登上暢銷書排行榜。在累積十五年創作能量結合當代對上個世代的懷想後，獲得德國圖書獎正是水到渠成。

懷疑的一代：法蘭克福的紅火

那到底是一個什麼樣的時代？為什麼有那麼大的魅力？

一九七〇年西德批判性搖滾團體「瓷土石塊碎片」（Ton Steine Scherben）發行了單曲〈破壞那些破壞你們的東西〉（Macht kaputt, was euch kaputt macht）[1]，這首歌前半段是這麼唱的：

放收音機
放唱片
放電影
放電視
買旅行
買汽車
買房子
買家具
為了什麼？

破壞
那些破壞你們的東西吧！

樂團嘶吼的聲音，正道出六八年時左派的心聲：資本主義是壓迫的國家機器的共謀，奪走每個人的自由與權利，弄壞了當代人；他們相信唯一解放之道就是反擊，甚至訴諸暴力也在所不惜。這樣「破壞」的精神不僅定義了六〇年代，甚至延伸到七〇、八〇年代。當時越戰未歇、冷戰情勢緊張，青年們對國家、社會與經濟體制不滿，要求各種改革，在抗議國家的過程中爆發了連鎖反應的歷史悲劇，重創了年輕的聯邦共和國。一九六七年六月二日的歐納索格事件可以做為象徵性的起點。

參加遊行的歐納索格被警察射殺，但最後開槍的警察被判無罪。學生們堅信國家機器無藥可救，最終推動了全西德學生串連，爆發了一九六八年大規模的學運。德國從此走上了一條不一樣、無法再回頭的道路。原本仍有許多人主張在自由民主體制內追求改革，但這個事件後對政府的信賴全盤崩潰，使得「議會外反對運動」的聲浪大漲，一九六七年十二月三日，學運領袖杜區克接受媒體採訪時便說：「我認為現在的議會體制毫無作用，意思是指，在我們的議會裡，沒有真正代表人民利益的人。」街頭於是成為唯一可行的道路。倘若不在民主體制內尋求改革，認為當前體制毫無作用，走向激進似乎成為學運必然的發展。

那幾顆射殺歐納索格的子彈，也將左派中的一些人推向了武裝暴力革命的立場。有些人不再上街頭示威遊行，那些對體制全然失望的革命者認為抗議已失去意義，遂在法蘭克福街頭燃起了一把大火，盼望燒毀這個國家法西斯主義、資本主義與帝國主義共謀的邪惡結構。

今日來到法蘭克福的遊客，幾無例外會踏上購物大道采爾街（Zeil）。這條街上百年來百貨公司、國際精品店林立，也成為資本主義體制運作的象徵。一九六八年四月二日，第一代赤軍團在半夜時來到采爾街，縱火焚燒兩間百貨公司，對西方國家在越南的行徑以示抗議。後來他們在受審時說，這是他們創造的「政治事件」（politisches Happening）。換句話說，他們要「破壞那些破壞你們的東西」。

這些縱火者是第一代赤軍團的組成者，包括巴德、古德倫．恩絲琳、普羅爾（Thorwald Proll）、索恩萊（Horst Söhnlein）等人，犯案後隔天，警方接獲線報，在法蘭克福一處民宅中逮捕了這幾個嫌犯，也在法蘭克福展開了一場矚目全國的審判。

來自慕尼黑的巴德

為什麼赤軍團成員要採取這麼激烈的手段？在上一篇「六八學運之城」中所提過的歐納索格事件，是重要的引爆點，但那一代的青年對國家的失望其實不是在六八年才產生——雖然後來他們被稱為六八世代——那些未曾參與戰爭的世代，在戰後的成長過程中，早就懷抱巨大的不滿，沒有人告訴他們父母親犯了什麼錯，他們這一代卻要背負上一代的罪責，被指為納粹的民族，被罰以兩德分裂的代價，再加上令人失望的冷戰國際情勢，赤軍團某種意義上代表了一整代青年的憤怒，只是他們走上了武裝革命路線，盼望以暴力處理自己面對體制時的無力感與憤怒。結果，整個國家都因為他們的左派恐怖主義付出了慘痛代價。

其中，巴德如何成為縱火犯並走上赤軍團之路，值得我們思考。他正是那一代青年最極端的代表。

巴德在慕尼黑出生長大，從小不愛讀書，只讀到高中就輟學在家，其實是個平凡的少年，直到一九六二年的那一夜。六月二十一日，一些青年在慕尼黑史瓦賓區聚會演奏俄羅斯民謠，那時已經晚上十點半了。鄰居報警，認為他們擾亂安寧。許多警察來到他們的聚會處，逮捕了五位音樂家，引來現場所有青年的不滿，最後竟演變成一場近四萬人參與、歷時五天的流血衝突與鎮壓，其中不只學生，也有大學教師。媒體稱之為「史瓦賓暴動」（Schwa-

一九六七年的短片《訂閱》（*Das Abonnement*），由恩絲琳擔任女主角。（Ali Limonadi/Wikimedia Commons）

binger Krawalle）。

當時的史瓦賓青年反應如此激烈有其原因，這些街頭音樂家唱的並非政治抗議歌曲，但接獲報案的警察抵達現場時，想以強力手段驅離，想當然耳受到青年們的抵制，某些抗議者也表現出很強的敵意，警察於是採取更激烈的手段對付，最後演變成流血衝突。為了合理化其手段，警察衝入青年們的住宅搜索，找出了俄羅斯音樂唱片及杜斯妥也夫斯基的著作，因而認定這是一場共產主義者涉入的預謀暴動。在那個蘇聯扮演著西方世界公敵的時代，被打上共產主義者的標籤，便理所當然地背上顛覆民主政體的嫌疑。不無諷刺的是，暴動發生幾週前，慕尼黑市政府才剛剛定調未來行銷該市的核心標語是：「慕尼黑，真心誠意的世界之都」（München, Weltstadt mit Herz）。

彷彿是上天的玩笑，這場發生在世界之都的大規模暴動，五天後竟因為大雷雨而結束，當時的青年們在史瓦賓區張貼了標語嘲諷警察：「今日因天氣不佳警方的運動盛典取消。」[2]最後共有超出四百位青年被逮捕，巴德也是其中之一。在獄中的十二個小時，是他人生第一次坐牢，也是第一次對體制這麼失望。巴德的母親後來回憶道，當她十九歲兒子獲釋回家時對她說：「母親，妳知道嗎，在一個國家，如果警察會用警棍對付唱著歌的年輕人，那麼這個國家不對勁。」[3]

他說對了，當時的德國很不對勁。幾個月後，德國戰後侵害新聞自由最嚴重的「明鏡週刊事件」發生，更多青年走上街頭表達對政府的怒意與不信賴；那一年，柏林圍牆也剛剛被豎立起來，這座醜陋的水泥牆不只代表共產主義陣營犧牲了東德人民，也代表了永恆的冷戰狀態，從此以後，西柏林不情願地得到了「一半的城市」(Halbstadt)的別號。巴德在對世界之都極度失望後，隔年搬到了那座只有一半的抵抗者之首都，並在那裡認識了另一位戰友恩絲琳，一起走向反體制的暴力之路。後來，他來到當時左派學生的大本營法蘭克福，於六八年時燒毀了法蘭克福的百貨公司，他以為這樣能解決那個不對勁的體系。

這場火燒毀了法蘭克福許奈德百貨公司兩層樓，以及鄰近的幾間房子，總共造成的損失約兩百萬馬克。在放火之後，德國通訊社的法蘭克福辦公室接到匿名電話，表示這次縱火是一次為了抗議資本主義與帝國主義的政治行動。

在審判中，檢察官要求加重處以六年有期徒刑，因為百貨公司裡時不時有警衛巡邏，而火勢也可能延燒到市區其他房子，造成他人傷亡。巴德等人表示，他們無意造成任何傷亡，已先查看過，確認當時無人才縱火，這次行動純粹是一場「政治事件」，目的是為了抗議西德社會對越戰的忽視。

他們在法庭上毫無悔意，因為他們真的相信自己是為了政治抗議而縱火，他們沒有傷害任何人，只是以燒毀無人百貨公司的方式表達政治信念。當時的抗議者們有個說法，不管手段再激烈，只要破壞的是事物，而不造成人的傷亡，就是抗議行動允許的範圍，這並非對人之暴力，而是「對事物之暴力」(Gewalt gegen Sachen)。

最後，法庭判以三年徒刑。他們被關到一九七〇年後釋放。

德國之秋

巴德出獄後，繼續招兵買馬，建立起一個完整的恐怖組織，為維持其運作，多次搶劫銀行，以獲取經費並購買武器，可是一直沒有任何政治行動，這也招致赤軍團內部出現不滿的聲音——許多成員冒著身家性命的危險加入赤軍團，為的並不是搶銀行，而是基於對社會現狀的不滿，想用暴力推動改變。最後，在一九七二年五月，赤軍團終於發動了一連串恐怖攻擊，媒體稱為「七二年攻擊」（Offensive 72）。

那年一月，赤軍團成員在法蘭克福因海德納路（Inheidener Straße）租了幾間公寓，在這裡製作恐怖攻擊需要的炸彈，並策劃恐怖行動。赤軍團的每次攻擊都有詳細計畫，並且幾乎所有步驟都按計畫執行，而從一月搬進法蘭克福後，他們終於決定在五月發動連續攻擊，以釋放政治訊息。十一日到二十四日之間，赤軍團一共發動了六次攻擊，攻擊的對象包括公家機關及美軍，還有左派恨之入骨的史普林格媒體集團漢堡總部。

赤軍團之所以搬到法蘭克福來，以此做為恐怖攻擊的總部，除了因為交通地點便於移動、大都市裡藏匿方便，還有個重要的原因是他們攻擊的首要目標，是法蘭克福的美軍基地。五月十一日，他們炸了西區的工業染料集團大樓——當時是美軍及中情局的辦公大樓，多年後成為法蘭克福大學校區。

那次攻擊造成其中一位美軍上士布魯姆基斯特（Paul A. Bloomquist）被殺害，多人重傷。攻擊發生三天後，赤軍團的首領之一佩特拉・許姆（Petra Schelm）發布聲明，認為這棟美軍總部裡，得以遙控駐德美軍轟炸北越，因而為了北越人民，赤軍團必須採取行動，「我們要求立刻停止對北越的轟炸，我們要求美軍退出中南半島。越共勝利！」[4]

另外，為報復警方對赤軍團的緝捕，他們也攻擊了奧古斯堡及慕尼黑的警察局。那年五月，整個西德都陷入恐慌。警方把緝捕赤軍團的海報貼滿全國，五月底，民眾通報法蘭克福一間民宅內可能藏有赤軍團成員，警方埋伏後順利攻堅，逮捕巴德及他的同夥。在全民協助下，那個六月，幾乎所有隱匿在全國各地的赤軍團帶頭成員都落網。

一九七五年，第二代赤軍團綁架了柏林基民黨黨團主席羅倫茲（Peter Lorenz），要求政府釋放監獄中的赤軍團成員，最後政府屈服，釋放了五名囚犯。一九七七年，第二代赤軍團再次發動了「七七年攻擊」（Offensive 77），以試圖救出獄中的第一代成員。這個被稱為「德國之秋」（Deutscher Herbst）的震撼，在德國劃下一道巨大的傷口。

四月，恐怖分子在卡爾斯魯爾攻擊了檢察總長布巴克（Siegfried Buback），二十顆子彈打進他乘坐的汽車，他與他的隨員當場死亡。兇手身分至今不明。

九月五日，恐怖分子在科隆綁架了德國雇主協會主席許萊爾（Hanns Martin Schleyer），他的司機及其他三名保鑣當場被射殺。赤軍團要求政府釋放十一位第一代成員，否則將施行「處決」。但這次政府不像一九七五年時願意跟恐怖分子談判，總理施密特（Helmut Schmidt）從一開始就拒絕接受要脅。

為了增加施壓的力道，赤軍團聯合了其巴勒斯坦的盟友策劃劫機。漢莎航空往返馬優卡島與法蘭克福的班機「蘭茨胡特號」（Landshut），於十月十三日遭到四名攜帶手榴彈與手槍的巴勒斯坦恐怖分子挾持。恐怖分子要求德國釋放被羈押的赤軍團成員、兩名受土耳其羈押的巴解組織成員以及一千五百萬美元的贖金。

當時機上有八十六名乘客，德國政府一開始束手無策。蘭茨胡特號飛往各國，利用人質性命要求油料及食物補給，各國機場被迫服從。最後於十月十八日清晨利用飛機在索馬利亞補給時，德國特種部隊潛入了蘭茨胡特號，擊斃其中三名劫機犯，將全機乘客救回德國。

當日，劫機危機解除的消息傳到斯圖加特的監獄裡，赤軍團成員巴德、恩思琳、拉絲帕（Jan-Carl Raspe）、莫勒（Irmgard Möller）在那天早上自殺，只有莫勒存活下來。

十月十九日，赤軍團知道已不可能、也無必要與德國政府繼續談判，宣布已經殺害許萊爾。那天，一個女性打電話去德國新聞通訊社，唸出了以下的文字：「我們綁架許萊爾四十三天後，已經結束了他可悲且腐敗的生命。施密特總理從一開始就在他的權力算計裡，考量著許萊爾的死亡，他可以在米盧斯（Mulhouse）的查爾斯皮規路上一臺巴德洪堡（Bad Homburg）車牌的綠色奧迪一○○裡找到許萊爾。」

警方依照這個指示，找到了那臺奧迪後車廂中許萊爾的屍體。迄今仍無法查出兇手身分。

聯邦政府的難題

在許萊爾被綁票的事件中，有個值得討論的議題。一九七七年十月十五日，許萊爾已被綁票五週，他擔任律師的兒子漢斯－艾伯哈特．許萊爾（Hanns-Eberhard Schleyer），眼看聯邦政府在劫機案件發生後仍無意滿足恐怖分子的要求，深知自己父親命在旦夕，便向卡爾斯魯爾的聯邦憲法法院申請釋憲，希望藉由司法力量強迫聯邦政府行動。

他的理由是：許萊爾做為德國公民，聯邦政府有義務保護其處在危險中的性命。在嘗試一切可能手段都無法確保人質的性命安全後，聯邦政府沒有任何其他選擇，必須接受恐怖分子的要求，否則便無法履行保護公民的義務。

許萊爾的兒子認為，按照基本法第二條第二款規定，國家有義務保護國民的生命，也沒有比生命來得更有價值的法益；此外，根據基本法第三條第一款的公權力公平對待原則，之前已經發生過的羅倫茲案件，政府願意接受恐怖分子要求，這次是一模一樣的情況，也應比照辦理。

他的申請書送進憲法法院後，當晚，憲法法官們立刻召開會議，徹夜不眠討論本案。隔天，法院做出了「對抗危及生命的恐怖主義威脅之憲法審查的界限」判決文，駁回請求。憲法法官承認國家確實有保護國民生命的義務，可是在本案中必須考量這個難題：一方面政府必須盡一切可能，以保護許萊爾的性命；但另一方面，釋放那十一位赤軍團成員，將把更多無辜者的性命置於高度危險中。從羅倫茲案件中已可看出，被釋放的恐怖分子必然會持續血腥暴行，「基本法所支持的保護國民生命的義務，並不只是針對個人，還是針對整體公民。」

法官們認為，基本法第一條與第二條確實規範了國家保護每一人類生命的義務，但這個保護的義務是全面性的，也就是說，必須要確保國家有保護的能力，才能抵抗來自他人的不法侵害；國家要如何才能有效保護國民的生命，政府相關機關必須要有自由判斷與承擔責任的空間。而每一個案件都必須個別衡量，才能最有效地履行這個義務。因此憲法並無法指導或強迫政府相關機關在因應恐怖攻擊時的普遍性作為。憲法機關一旦強迫政府接受恐怖分子要求，那麼未來國家的反恐行動，對恐怖分子來說從一開始就明顯可估算（kalkulierbar），最後的後果是：國家面對恐怖分子時將被綁住手腳，因而無法最大程度地履行其保護國民生命的義務。

許萊爾的兒子當然無法接受這樣的解釋，他認為他父親的生命危險是具體可見，而憲法法官所強調的，倘若接受恐怖分子的要求則將置全體國民於危險中，那是抽象的，兩者不應被放在一起評斷。但對於憲法法官來說，如果建立了這樣的憲政慣例，由憲政機關強迫行政機關接受恐怖分子的條件，則所有恐怖分子都將知道政府的底線，最終將使恐怖分子更無忌憚施行暴力，亦將危害更多人的性命。

憲法法官的考量確實有道理，不過可想而知這並不是輕易能夠做出的判決。當時參與判決的法官西蒙（Helmut Simon）後來接受媒體採訪時就說：做出這個判決壓力極大，因為每個法官都知道，一旦駁回申請，就表示支持政府不需要與恐怖分子談判，後果可能就是人質被殺。法官們都知道他們在判決書上簽名時，感覺就像判了一個人死刑。

這個案件所凸顯的，其實是今日政治哲學課很喜歡討論的議題：人類的生命可不可以被計算價值？一個人的生命與多數人的生命，有沒有哪一邊是可以犧牲的？如果一架飛機被劫持撞向人口密集的大都會，政府可不可以在更多傷亡出現前擊毀這架飛機？人性的尊嚴與性命真的不可侵犯嗎？

德國憲法法官們在德國之秋中，為這永恆的難題給出了一個答案，困難但必須的答案。後來，以許萊爾的名字成立了基金會，每年並頒發許萊爾獎（Hanns Martin Schleyer-Preis）給「對自由的共同體之基礎卓有貢獻者」，二〇一二年頒給了前總理施密特——正是當年德國之秋中拒絕與恐怖分子妥協的決策者。這個獎，也可算得上是許萊爾家族與德國政府和解的象徵。施密特在頒獎典禮的致辭中，引用了一句拉丁文說明其立場：Salus publica suprema lex。這句羅馬共和政治思想家西塞羅的名言，意思是「公共的福祉乃是最高法則」，這個思考方向，正是當年他下決策、以及憲法法院釋憲決定的關鍵。

赤軍團留下了什麼？

從今日回頭去看那個極為不安的六〇到七〇年代，我們能從歷史中找到什麼？我想提出幾個值得探討的方向。

首先是法西斯主義與資本主義的問題。原來思考法西斯主義問題都是在極權主義問題的脈絡中，但是學運開始後，左派主導的論述開始討論資本主義與法西斯主義的共謀關係或因果關係。法蘭克福學派掌門人霍克海默就是最著名的代表，他在批判西方布爾喬亞社會下的經濟體系時，認為法西斯主義是維繫資本主義的工具，因而兩者都應該批判，「不願談資本主義的人，也應該對法西斯主義閉嘴！」（Wer aber vom Kapitalismus nicht reden will, sollte auch vom Faschismus schweigen）是他為人傳頌的名句。當然不能說法蘭克福學派催生了左派恐怖主義，但左派恐怖主義確實挪用了社會批判的語彙，認為「異化」、「剝削」等資本主義下的症狀都與法西斯主義有關，因此克服異化以及被剝削的狀態，就是對法西斯主義的抵抗，為達此目的不管採取什麼暴力手段也在所不惜。

就是在這種信念下，這些左派恐怖主義者相信，刺殺資本主義的代表，與納粹時代的起義行為具有同等意義，也因而自我合理化其血腥手段。

其次，那個年代開始爭辯理論與實踐的關係。青年指責帝國主義、資本主義與法西斯主義的合謀，大學講堂上的理論家們對此只能針砭，而無改革的實踐；許多人逐漸喪失耐性，拒絕左派理論者所主張的必須等待客觀革命條件到來。激進的學生受到格瓦拉影響，著迷於游擊戰概念，巴德便呼籲：游擊隊的語言是行動！實踐的重要性於是超過了理論，甚至理論是有害實踐的，左派激進分子主張坐待革命環境成熟不切實際，應該主動創造可能性。

在這樣的態度下，學生們投入了議會外反抗運動（APO）。可是那場運動的激進化，卻撕裂了整個國家。

創辦《每日報》（*taz*）的知名記者與作家韋德曼（Arno Widmann），當時正在法蘭克福大學讀哲學，參與了法蘭克福的學運及左派運動。他在一篇〈暴力優先〉（Primat der Gewalt）的文章寫道，在第一代赤軍團成員被捕後，一九六九年時，當時毛派學生與這些赤軍團成員都在法蘭克福歌劇院廣場的Libresso書店聚會，討論運動的方向。基本上大家都有共識，武裝抗爭是必須的道路，只是毛派學生希望走上毛澤東的文化大革命路線，透過建立一個極左政黨，在黨的領導下進行一切革命行動，發展幼稚園、學校、工會等做為抗爭武器；但巴德等人不願意走政黨領導、人民戰爭的毛澤東路線，認為德國這樣的資本主義發展後的工業社會，更應強調武裝革命，最後兩種路線分裂。赤軍團成員對左派學生說：「你們去建你們的政黨吧，我們建我們的赤軍。」[5]

如何改變這個受資本主義、帝國主義荼毒的體系？左派運動者提出了兩種不同的策略：政治優先或者暴力優先。而赤軍團選擇了後者。

馬克思《黑格爾法哲學批判》中曾有這麼一段話：批判的武器當然不能代替武器的批判，物質力量只能用物質力量來摧毀。赤軍團的「你們去建你們的政黨吧，我們建我們的赤軍」路線，就是不再相信批判的武器，寧願選擇武器的批判。可是，這樣與社會絕不互相容忍的姿態，又真的是一種成功的武器的批判嗎？

馬克思接著說：「但是理論一經掌握群眾，也會變成物質力量。理論只要說服人，就能掌握群眾；而理論只要徹底，就能說服人。所謂徹底，就是抓住事物的根本。」赤軍團也許也讀馬克思，但是他們拒絕了理論的力量。巴德在法蘭克福街頭引發的這場大火，正是他對社會、體制、對於「這個國家不對勁」的答案。

對社會體制的失望，不能直接合理化恐怖手段，這是德國之秋後的共識。德國人對於抗爭、甚至革命的接受度是很高的，在七二年關於德國之秋的共識發生前，七一年的民調裡都只有五分之一的人認為他們是罪犯，多數人認為他們是政治抗爭者。可是赤軍團後來採用的武裝鬥爭路線無法獲得民眾認同。其實當時在左派學生中的主流意見，還是強調自由民主體制的重要性。將資本主義與自由民主體制扣在一起，並將兩者一併摧毀，並非左派青年的共識。學運領袖杜區克所屬的「社會主義者辦公室」（Das Sozialistische Büro）在德國之秋發生時立刻聲明，社會主義者的運動必須合乎《基本法》架構，杜區克也公開撰文表示，要與那些宰制階級的代表者抗爭，還是得「符合議會制度的可能性」（den parlamentarischen Möglichkeiten gemäß）。

赤軍團的革命，真的是革命嗎？他們要抗爭的對象是國家霸權，但是他們也在爭取霸權，作家克羅波泰克（Felix Klopotek）曾寫過一篇論文〈反面國家——論赤軍團的政治浪漫〉（Der Gegen-Staat. Zur politischen Romantik der RAF），指出這個組織是一種國家拜物教（Staatsfetischismus）的形式：「赤軍團是反面的國家，想要挑戰主權者對權力的獨占，求索奪回自己的原初權利，這些權利包括囚禁並審判他人，決定誰是市民而誰是敵對者，以及定義何謂人民，誰屬於人民，誰又不是。」所謂「拜物教」，指的是古老信仰中把某物視為超自然力量的象徵，也就是假的東西代表了真貨被崇拜。赤軍團一心想催毀國家，卻成為了虛幻的國家。

赤軍團的失敗是歷史的悲劇，也是歷史的必然，德國已經進入穩定的民主時期，人民不能接受赤軍團倡導的「都會區暴力行動」（Gewalt in den Metropolen）、「城市游擊戰」（Stadtguerilla）等違憲概念。在德國之秋後，連原來同情他們的左翼知識分子都譴責以暗殺或恐怖行動推動政治目標。他們反對國家暴力，可是，如何可能以極端的恐怖暴力來取代國家？暴力與暴力之間如何取捨？如果德國之秋事件確實帶來了什麼好處，那應該是：人民確認了，不管對於政治有任何巨大的不滿，憲法仍是各個不同政治立場者的共識；議會外的反抗運動有其界限，而在議會內尋求其意見被代表，才是最佳的遊戲規則。

赤軍團也知道自己的失敗。一九九八年四月二十日，德國新聞通訊社收到了一份八頁的文件：〈赤軍團解散宣言〉（RAF-Auflösungserklärung），赤軍團的剩餘分子宣告：「今天，我們終止這個計畫。以赤軍團方式進行的城市游擊戰，現在已成歷史。」他們自承，赤軍團著重於反帝國主義，與社會關切問題脫節，是最根本的錯誤。另外，只採用非法武裝反抗，而不走合法的政治、社會組織，也是「策略錯誤」。在宣言的最後，赤軍團寫了：「革命說：我曾發生過、我正存在著、我未來必將發生。」(Die Revolution sagt: ich war / ich bin / ich werde sein)

這個宣言距離一九六八年燒毀法蘭克福的百貨公司整整三十年。這是一場持續三十年的武裝革命，三十年的德國之秋，今日我們能以看待歷史的方式討論這個事件，但是，這一切真的結束了嗎？偶爾我經過警察局，仍會見到昔日的赤軍團分子現身在公布欄上的通緝公告，許多當年的暴力與罪行仍未成為過去式。有時，看著這個時局，極端勢力以各種明顯或幽微形式滋生、再起，我不由得懷疑，那個瘋狂陰鬱的年代仍未遠去。

注釋

1 後來收於該樂團首張專輯《為什麼我覺得這真髒》(*Warum geht es mir so dreckig*)，這張專輯成為七〇年代左派青年必備的經典之作，除了〈破壞〉一曲外，從其他曲名可以聽出那個時代的憤怒：〈我不想成為比我年長的人那樣子〉、〈抗爭繼續〉、〈我的名字是人類〉、〈奴隸販賣者〉……

2 Bayerischer Rundfunk, “21. Juni 1962 Die Schwabinger Krawalle beginnen” http://www.br.de/radio/bayern2/wissen/kalenderblatt/2106-schwabinger-krawalle-100.html

3 Butz Peters, *Tödlicher Irrtum. Die Geschichte der RAF.* Berlin 2004, S. 55.

4 Petra Schlem: “Anschlag auf das Hauptquartier der US-Army in Frankfurt/Main Erklärung vom 14. Mai 1972,” Rote Armee Fraktion *Texte und Materialien zur Geschichte der RAF.* Berlin: ID-Verlag 1997, S. 145.

5 Arno Widmann, “Primat der Gewalt,” *Frankfurter Rundschau,* 02.09.2017. S. 2.

醫學與科學之城

世界各國對於德國的評價，多認為是醫學、科學及工業方面的大國。這確實是德國傲人之處。尤其如果考量到德國民主化的腳步遠遠落後於英法美等強國，在科學發展上也不如英國很早就開始、並獲得巨大成果的科學革命，更會為德國後起直追的發展速度感到驚奇。一九〇一年開始頒發諾貝爾醫學獎，前十屆得主中，有四位是德國人；另外，前十屆的諾貝爾物理學獎得主，也有三位是德國人。德國，曾經主導了世界科學的發展。

隨着德國納粹掌權並參與二戰，許多這個國家一流的、但在政治與種族上不正確的人才被迫離開學術界及流亡海外，德國學術進展的腳步因此減緩。即使如此，戰後德國還是從廢墟中站了起來，再次回到學術強國之列。二〇〇五年，在舉辦世界盃之際，德國聯邦政府與聯邦德國工業協會（Bundesverband der Deutschen Industrie）合作，以「德國—思想之國」（Deutschland–Land der Ideen）為主軸，推出系列宣傳活動，擬向國際社會展現，不論在足球場上或場下，在實驗室裡、在大學課堂中，甚至是產業研發的前線，德國都是強國。

然而，觀察這個工業與科學的強國，不能只看光明面，也必須清楚科學背後的陰暗。在法蘭克福發生的人事物，便呈現了科學發展歷史中的進步與壓迫。

本篇以法蘭克福為舞臺，描述那些在此把國家推向一流強國的科學家們，例如發現阿茲海默氏症的醫師、為人類治療「上帝的懲戒」絕症的醫師、創立各種天才理論的數學家們。但這些科學故事不只激勵人心，也令人傷痛。不正義的政權，曾在這座城市迫害這些偉大的腦袋們，曾限制他們的學術發展；更甚者，誤用原本應為人類福祉服務的科學成果。在法蘭克福研發的毒氣，被送往戰場前線及集中營，為邪惡的政權屠殺人命，這讓我們看到了，科學在未受規範時，會對人類歷史帶來何等毀滅性的後果。

探詢遺忘之地：阿茲海默

我失去了我自己

她向來是一個規矩順從、勤奮的家庭婦女，每日的生活以家庭、丈夫及小孩為重心，把家裡打理得乾乾淨淨，總是燒上一桌好菜，從未讓家人餓肚子。她的生活，其實就如那個年代的大多數德國婦女，再平凡不過了。

直到五十一歲那年，在她身上發生的怪事，使她再也無法維持多年來的生活，她再也不能平凡，也注定了她的名字會永遠留在歷史裡。多年以後，許多世人都承受著與她一樣的宿命，都不斷地再翻出這段悲劇，與她一同哀嘆、悲傷、憤怒、迷惘。

那是一九〇一年的三月，她性格大變，開始對丈夫產生無比強烈的猜疑、嫉妒及占有欲；她煮的菜味道怪異，無法下嚥；她時常迷路，忘記時間及其他的小事。最後她的家人無法再與她共處，認為她精神失常，只好於那年十一月將她送到法蘭克福的「市立瘋狂與癲癇診療所」。

她原來應該如同其他病患，在診療所裡過著與社會隔絕的餘生，並就這麼無名地死去。但是一九〇一年十一月二十六日，一位未滿三十歲的年輕主治醫師坐在她的床邊，問了她幾個問題，從此改變了她的命運，也改變了這位醫師的命運。

這位醫師的名字叫阿洛伊斯．阿茲海默（Alois Alzheimer）。

病患的名字是奧古斯特．迪特（Auguste Deter），真名是否如此，她自己也無法確定，但她這麼自稱，而醫學史文獻多稱她為Auguste D.。阿茲海默寫下的病歷資料，成為醫學史上最著名的問診內容。

一九〇一年十一月二十六日

（她）坐在床上，一臉無助。

您的名字？　答：奧古斯特。

您的姓？　答：奧古斯特。

您先生的名字？　答：我想是奧古斯特。

我問的是您的先生？　答：對啊，啊，我的先生。（明顯無法理解問題）

您結婚了嗎？　答：跟奧古斯特結婚。

您是迪特女士？　答：是的，跟奧古斯特．迪特結婚。

您來這裡多久了？　沉思後答：三週。

這是什麼？　答：鉛筆、鋼筆、錢包及鑰匙、筆記本、香菸。她正確回答。

午餐她吃了白菜及豬肉。問她吃了什麼，她說菠菜。
她吃肉時，問她正在吃什麼，她說馬鈴薯及辣蘿蔔。
把一些東西秀給她看。短暫時間後問她，她已經記不得這些東西。
讓她寫字，她寫的樣子讓人覺得有右眼視覺障礙。
請她寫下奧古斯特．迪特女士，她寫了女士後，忘記接著要寫什麼。必須一個字一個字再告訴她（失憶性的書寫障礙）。
晚上，她說話內容充滿詞義錯置及不斷重複的用法。

【記錄者注記：失憶（Amnesie）＝記憶出現缺口。詞義錯置（Paraphasie）＝無意義的字詞組合。不斷重複（Perseveration）＝對於同樣的字彙固執地重述】

阿茲海默覺得困惑，這些反應似乎是老年失智症（Senile Demenz），但奧古斯特才五十一歲，症狀雖然類似，但其病變比一般老化失智更加劇烈。究竟是什麼造成這個疑惑、失憶、性格扭曲、自我認同破碎的狀態？奧古斯特恐懼地喊著：「我不要開刀！」無法再理解原來的世界，只能重複做著自己無能控制的動作，耗盡力氣卻無法回到原來的正常狀態，嚷著：「我得重建我的秩序。」最後，奧古斯特癱坐在病床上，哀傷地說出了醫學史上這句非常著名的自白：「可以說，我失去了我自己。」(Ich habe mich sozusagen verloren.)

阿茲海默也無法理解這樣的病症，他想，這種狀態迄今為止的醫學無法解釋，也許這是一種新發現的疾病。但他無法確定，只能每天觀察、記錄奧古斯特的變化，寫下：病患持續地無助、驚慌……

直到一九〇六年。

發現醫學史上未曾記載的病症

阿茲海默一八六四年出生於巴伐利亞，一八八三年中學畢業，赴柏林讀醫學。當時的柏林是剛剛統一不久的帝國首都，聚集了頂尖醫學、化學研究者，例如菲爾紹(Rudolf Virchow，白血病發現者)、克赫(Robert Koch)、埃爾利希(Paul Ehrlich)、維斯法爾(Carl Westphal，研究跨性別的先鋒)，這些一流研究者正領導著醫學革命，並把柏林打造成世界醫學中心。阿茲海默在柏林讀了一個學期後，再去符茲堡大學、杜賓根大學就讀，一八八七年寫完博士論文，一八八八年通過國家醫學考試後，來到法蘭克福的「市立瘋狂與癲癇診療所」擔任助理醫師。

市立診療所位在今日法蘭克福大學現址，由法蘭克福知名的精神醫師霍夫曼(Heinrich Hoffmann)建立，霍夫曼是德國青少年精神醫學的先驅，也創作許多知名的童書。在他的主持下，診療所不同於以往的精神醫院只是收容，而是透過現代醫學診療，試圖為精神異常的病人減輕痛楚，甚至找尋康復的可能性。奧古斯特就在一九〇一年進入這間診療所，直到過世。

從一八八八年到一九〇三年為止，阿茲海默在這個診療所工作，也努力想治療奧古斯特，但還是找不到對策。一九〇三年，在慕尼黑大學擔任醫學教授暨慕尼黑皇家精神診所所長的克雷普林（Emil Kraepelin）向他招手，他遂轉到慕尼黑任職，但仍然關切在法蘭克福的奧古斯特。一九〇六年，奧古斯特過世，阿茲海默要求解剖，把組織切片送到慕尼黑檢驗。在顯微鏡下，阿茲海默發現奧古斯特大腦的大部分神經細胞已經毀損，約有三分之一的神經元已經死亡。他確認這並非老化失智，而是醫學史上未曾記載過的病症。

一九〇六年十一月三日，阿茲海默回到母校，在杜賓根舉行的第三十七屆西南德精神醫師大會報告此病症。然而，在他報告完這個令他振奮的醫學進展後，在場的醫師反應冷淡，無人提問；甚至連大會主辦方也不打算把他的報告放入大會紀錄中。這個在今日影響現代社會甚鉅、危及無數人存在狀態的病症，當年首次曝光時，被醫學界完全忽

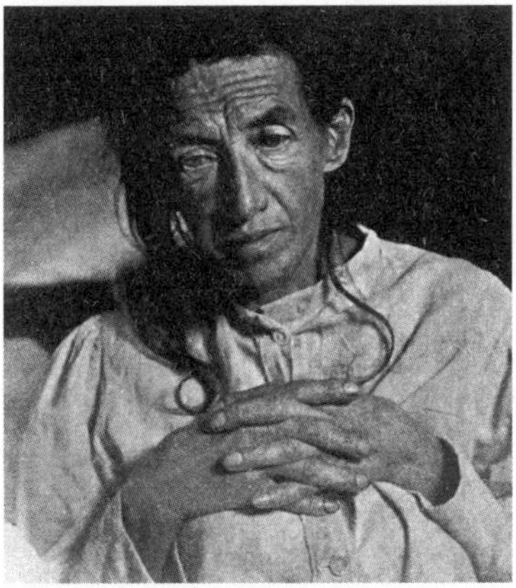

第一位被確診為阿茲海默症的病患奧古斯特．迪特。她的那句自白：「可以說，我失去了我自己。」為阿茲海默症病患的處境下了生動而又哀痛的注腳。
（Wikimedia Commons）

視。最後只有當地報紙以簡短的一句話提及：「來自慕尼黑的阿茲海默醫師報告了一個四年半內神經細胞大量萎縮的發病過程。」

一九〇七年，他的報告內容終於在專業的醫學期刊刊出，這篇〈論一種腦皮質區的特殊病變〉（Über eine eigenartige Erkrankung der Hirnrinde）是首次談及此種阿茲海默症的公開文獻，然而這篇論文在當時的醫學界中，依然如同投入大海的石頭，並未激起什麼漣漪。阿茲海默雖然確定此病症在歷史上獨一無二，但他暫時不知該如何命名，僅稱之為一種特殊病變。後來，他的導師克雷普林於一九一〇年在其暢銷著作《精神醫學：給學生及醫師之教科書》（*Psychiatrie: Ein Lehrbuch für Studierende und Ärzte*）第八版中敘述了此新發現，並稱為「阿茲海默症」，從此確立了該名稱。

阿茲海默是位熱情的研究者，也是憐憫的醫者。他窮其一生想找出治療此病的方式，後來更是全心投入研究，減少看診時間，但還是每週在家裡安排固定時數為窮困者義診，這在當時的醫療制度中，稱為「給貧困者的無償問診時間」（Unentgeltliche Sprechstunden für Unbemittelte）。一九一二年七月，他獲得布雷斯勞大學正教授職位，並擔任大學精神醫學診所所長。但是長年投入研究已使他透支健康，該年十月他臥床不起，最終於一九一五年十二月十九日，阿茲海默與世長辭。

那一年，是德國醫學界的巨星殞落之年，諾貝爾醫學獎得主埃爾利希、克赫病毒及傳染病研究所（Robert-Koch-Institut）所長勒夫樂（Friedrich Loeffler）、海德堡大學首位病理解剖學學科教授阿諾德（Julius Arnold）相繼去世。而該年年底德國醫學界又失去阿茲海默，世界也失去了一位真正的人道主義者。一百年過去了，那個以他為名的病症，至今仍未能找出治療的方法。

再發現阿茲海默與奧古斯特

阿茲海默症雖已是全球知名的病症，但是阿茲海默的生平與貢獻，卻逐漸在歷史中被掩埋。德國著名的調查記者俞爾格斯（Michael Jürgs）在其詳盡的傳記《阿茲海默：探尋無人之地的足跡》（*Alzheimer: Spurensuche im Niemandsland*）中問道：我們今日如何看待阿茲海默當年的研究？他留下了什麼樣的遺產？

德國重新翻出醫學史上阿茲海默這一章，實屬巧合。一九九二年十一月五日，美國的神經醫學醫師維布斯特（Henry de F. Webster）寫信給慕尼黑的馬克斯普朗克神經生物學研究所（前身即當年阿茲海默工作的診所），希望看看阿茲海默在二十世紀初工作留下的顯微切片。

阿茲海默醫生。在解剖奧古斯特的大腦後，阿茲海默發現其大腦大部分神經細胞皆已毀損，這是醫學史上從未記載過的病症。他窮其一生都想找出治療此病的方式。
（Wikimedia Commons）

所長格雷伯（Manuel Graeber）回信告以，經過一世紀，他懷疑這些樣本是否還存在，實在無法耗費時間心神找出這些資料。同年十二月，日本東京神經科學總合研究所的大腦研究專家藤澤浩四郎（Kohshiro Fujisawa）也來信請求看看這些樣本，雖然經過兩次世界大戰，樣本保存下來的可能性極低，但他對德國人的「秩序、守時」的德性抱有希望。神經生物學研究所被說服了，開始整理其百年的歷史檔案庫，幾個星期之後，真的找到了幾千份阿茲海默實驗所留下的資料及顯微切片。格雷伯遂根據這些切片資料發表多篇研究論文，並受邀赴日本演講。

法蘭克福大學醫院也收到請求，尋找阿茲海默當年在市立診療所留下的看診紀錄。因為二戰時法蘭克福九成以上的建築被炸毀，這些歷史文物存在的希望渺茫，但教授仍帶著助理在百年檔案室裡多次翻箱倒櫃。一九九六年，在一個布滿灰塵的藍色檔案箱裡，找到了那份記載著阿茲海默對奧古斯特診療的珍貴病歷卷宗——除了問診內容，還有奧古斯特被要求寫下自己名字的字跡，以及她那張流傳於歷史上的唯一影像，記錄了僅僅五十一歲卻已在病床上老朽的無助容顏。

於是，消失於歷史中的阿茲海默及奧古斯特再次浮現。俞爾格斯所寫的傳記裡，探索了阿茲海默的研究熱情、人道作為和如何盡心盡力幫助病人；以及因妻子是猶太人，其子女因而被《紐倫堡法令》定義為「第二級混種」，終受納粹迫害之事。德國第一公共電視臺於二〇一四年製作了紀錄片《阿茲海默：在遺忘中迷失》（*Alois Alzheimer — Verloren im Vergessen*），詳細檢閱了阿茲海默的一生及其醫學發現。二〇一五年阿茲海默逝世百年，《明鏡週刊》、《南德日報》等各大媒體也刊登專文介紹這位醫師，以及以他為名的惡症。

公共衛生的優先議題

百年後，閱讀阿茲海默生平，不能不感嘆，我們每一個人都可能是奧古斯特。一九〇六年阿茲海默發現阿茲海默症時，只有五%的人口超過六十五歲，多數人在罹病前已經離世。而今日在德國六十五歲以上的老人，至少有一百二十萬人罹患失智，全球約有四千七百萬人苦於失智症，到二〇五〇年時，數字甚至將達到一億三千萬！這其中三分之二的失智症患者是阿茲海默症。世界衛生組織因此在二〇一二年出版的《失智症：公共衛生的優先議題》（*Dementia: a public health priority*）報告中，將阿茲海默症視為全球危機。我們如何面對這個棘手的社會危機？

科學家們仍然致力與這個病症纏鬥，德國聯邦研究教育部每年投入巨額經費執行與記憶喪失、療法、早期診斷及控制等項目有關的研究計畫，世界各大藥廠也投入驚人資金研發對症良藥。經濟合作暨發展組織（OECD）也於阿茲海默百年忌日前夕，在瑞士邀集各國專家研討阿茲海默症對策。然而，也許在真正有效的醫學方案問世之前，我們得先做好心理準備：在這個時代裡，我們都將比我們的父母輩更老，而且老得比醫學發展的速度更快。而最重要的問題也許是：我們如何能有尊嚴地變老，如何在最好的狀況下「失去自己」？這幾年來，德國投入大量資源努力想找出答案。這個問題不只是醫學科學問題，還涵蓋了倫理學、經濟學、法學、世代共存、跨國合作、市民社會改變、勞動市場規畫、長照制度、社會基礎建設及養護設施的轉型、公私部門合作，甚至社區發展方向等議題，目前還沒有最後的答案。

這個病症的百年歷史，在無數病患及家屬身上寫下了悲傷的故事。英國哲學家及小說家艾瑞斯・梅鐸（Iris Murdoch）描述她罹患阿茲海默症的無助過程，說她彷彿「航行在陰暗之海上」；德國戰後重要的文學者及語言學家嚴思（Walter Jens）說他患病後，「我的語言已死」，其遺孀描述嚴思如何「一天一天地沉亡在虛無裡」。而今日社會是不是已做好準備，陪伴他們走入那陰暗的虛無？我們是否也已經做好準備，親自進入無人的遺忘之地？

疾病不是上帝的懲罰：埃爾利希

一九一五年是德國科學界豐收之年，因為愛因斯坦提出了廣義相對論；然而，這也是德國科學界悲慟的一年，在免疫醫學領域做出開創貢獻的諾貝爾獎得主保羅．埃爾利希，於這一年過世。二〇一五年，在聯邦健康部的主辦下，法蘭克福的保羅大教堂於十一月二十二日舉行了逝世百年紀念儀式。法蘭克福歷史博物館亦策劃特展：「砷與尖端研究：保羅．埃爾利希與一門新醫學領域的開始」(Arsen und Spitzenforschung: Paul Ehrlich und die Anfänge einer neuen Medizin)，以表彰他對人類醫學及公共衛生的卓越貢獻。

老實說，除了醫學專業領域，大多數人已經遺忘了埃爾利希。在我辦公室附近的公園裡有一塊碑紀念他。平常人們匆匆經過，極少有人注意這塊紀念碑。這個名字不只中文世界不熟悉，也許這塊在雜草中的紀念碑也象徵著，連德國人自己也漸漸遺忘了埃爾利希在近代醫學、藥學及化學上的重要貢獻吧。

人類福祉的創造者

埃爾利希生於一八五四年三月十四日，一八七八年在萊比錫取得醫學博士學位後，便在柏林夏洛特醫院（Charité）擔任主治醫師，並繼續從事醫學研究工作。一八九〇年，德國著名的免疫學家、病毒學家克赫延聘他為助手，兩人工作的「皇家普魯士傳染病研究所」（Königliche Preußisches Institut für Infektionskrankheiten）就是百年來德國最頂尖的病毒研究防制及免疫學研究機構，克赫是首任所長，今日這間研究所以克赫為名，仍舊是這個領域的世界級頂尖機構；在伊波拉病毒、禽流感病毒等國家重大衛生安全事件中，發揮無比的研究與疾病控制能力。一八九六年，埃爾利希擔任在柏林設立的血清學研究所首任所長。克赫與埃爾利希兩人先後在一九〇五年及一九〇八年獲得諾貝爾獎。

一八九九年起，埃爾利希赴法蘭克福擔任「皇家實驗療法研究所」（Königliches Institut für experimentelle Therapie）所長，一九〇〇年維也納大學希望聘他為正教授，但他未接受，一九〇八年他因其抗體與抗原研究獲得諾貝爾醫學獎，可說是實至名歸。諾貝爾獎基金會成立於一九〇〇年，早在一九〇一年第一屆提名中，埃爾利希已與另一位德國研究血清療法的專家馮貝林（Emil von Behring）共同獲得提名，後來由馮貝林獲獎。一九〇二年、一九〇三年、一九〇四年、一九〇七年，埃爾利希多次獲得提名，最後終於在一九〇八年獲獎。

得獎之後，埃爾利希還是在醫學領域努力不懈，多次再獲諾貝爾獎提名，可惜最終都沒有再一次得獎。他後來最知名的醫學貢獻，是一九〇九年與其日本助手秦佐八郎（Sahachiro Hata）在六百零五次實驗失敗後，成功發現治療梅毒的砒素劑（Salvarsan），命名為「六〇六號」。梅毒原來被視為絕症，甚至被宗教人士認為是上帝針對人類的墮落與罪惡而降下的懲罰——此類不治的傳染病在古德文中即有「上帝之懲戒」（Gottesgeißel）的別名。這個在當時被稱為「埃爾利希－秦－六〇六」的特效藥上市後，成功治療了梅毒，是人類脫離上帝權柄的一次成功嘗試，也將德國化學製藥業帶向世界巔峰，甚至影響整個世代對於免疫、細胞、病毒學的思考。隔年德意志自然科學及醫學研究者大會上，便稱埃爾利希為「人類福祉的創造者」。法蘭克福大學醫學史及醫學倫理教授本真霍夫（Udo Benzenhöfer）便曾在醫學期刊上撰文為埃爾利希抱屈，認為「六〇六號」絕對讓他有資格再獲一座諾貝爾獎。

埃爾利希最知名的醫療貢獻之一，就是和他的日本助手秦佐八郎一起發現了治療梅毒的砒素劑，將人類從上帝的懲罰中解放出來。（Hata Memorial Museum, Shimane/Wikimedia Commons）

為法蘭克福大學醫學院奠基

埃爾利希的學術成就，從一個小故事可以看出：一九一四年他六十歲生日那天，來自全世界的醫界、學界甚至政界都拍發電報祝賀，據法蘭克福電報局資料，當天上午十一時，來自全世界的賀電已經超出五百封！這樣一個國際知名的諾貝爾獎得主，卻始終無法得到一個正教授職位，因為當時的帝國大學中，猶太人要獲得正教授教席非常困難。最後一九一四年猶太人社群出資成立法蘭克福大學，他才成為創校的醫學院教授。他也被提名為法蘭克福大學校長的候選人，但因健康因素而推辭。另外，帝國也表示要頒贈他動位，但是他堅持自己的猶太身分不願改宗，因而拒絕。他說：「我們將我們的生命獻給科學，而不是用來追求頭銜。」

他確實將生命獻給科學，畢生投入醫學研究近四十年，家裡也堆滿實驗器材與論文。家人抱怨，他極少度假，即使度假，也常會突然結束假期，提前返回實驗室。平常工作之外，他除了抽菸以及閱讀偵探小說，幾無其他興趣（他最愛的作者就是同為醫界同儕的柯南．道爾，書架上還擺著柯南．道爾的照片）。他擔任法蘭克福大學教授後，因健康惡化不得不戒菸，隔年即過世於法蘭克福郊區。他終於放下了顯微鏡，不再偵查破解人體之謎。

馮貝林在他的葬禮上致詞：「埃爾利希創建了一門科學，他在這門學問裡是國王，全世界的無數師生都屬於這個王國。」還有什麼對諾貝爾獎醫學獎得主的稱讚，比得上來自第一屆得主這樣的推崇？

曾被「清洗」、曾遭遺忘

埃爾利希過世後多年，納粹才上臺，他雖免於經歷種族主義的瘋狂，但其猶太人身分，也使得他的研究成果在一九三〇年代成為被「清洗」的對象。早在一九一〇年，他工作多年的法蘭克福市已有道路以他為名，但在納粹上臺後，納粹對於這個猶太科學家絕口不提，反而大肆宣揚「純正雅利安人」的馮貝林才是德國醫學界的驕傲。於是，埃爾利希這個在德國受教育、訓練、工作、用德語教學研究發表論文的「非雅利安人」，這個為德國贏得諾貝爾醫學獎的「非雅利安人」，遂被納粹政權從歷史中抹去。這條「保羅埃爾利希路」，就在一九三八年被納粹改名，埃爾利希的遺孀也帶著他的手稿著作流亡美國。

埃爾利希由於「非雅利安人」的身分，即便曾為德國獲得諾貝爾醫學獎，並在近代醫學、藥學及化學方面做出重大貢獻，卻被納粹政府刻意抹去。現在，除了醫學專業領域人士，記得埃爾利希的貢獻的人已經不多。圖為埃爾利希故居。（蔡慶樺攝）

戰後，保羅埃爾利希路的名字才被改回，而在漢堡、杜賓根、呂北克等各大德國城市也有道路以埃爾利希為名紀念他。後來，德國的二百元馬克鈔票上正面印的就是他的肖像，背面則是他用來觀測病毒的顯微鏡。鈔票中的他在法蘭克福的歷史建築前，戴著圓圓的眼鏡，滿頭白髮、花白絡腮鬍，看起來既像現代典型的德國教授，神情卻又有一點中世紀煉金術士的虔誠。聯邦健康部下的「聯邦血清及免疫藥物研究所」(Bundesinstitut für Sera und Impfstoffe)，也更名為「埃爾利希研究所」。法蘭克福大學並在戰後設立埃爾利希基金會，每年在法蘭克福保羅教堂頒贈埃爾利希獎給全世界在免疫及病毒醫學有卓越成就的研究者。這是生醫領域最重要的獎項。

在時差中的同時性

埃爾利希與克赫、馮貝林，以及稍晚的愛因斯坦等這一代人，就是俾斯麥統一了德意志帝國後的第一代德國科學精神代表人物。當德國統一、帝國誕生時，埃爾利希正在求學，見證並參與了德國在科學、工程、社會、醫學等領域如何現代化，從落後的腳步急起直追，一躍而成一等強國。哲學家布洛赫(Ernst Bloch)形容一次世界大戰前的這段帝國時光是處於現代與傳統之間的曖昧時間：現代，因為那一代的德國統治者與知識人甫掙脫了停滯不移的舊世界，對於「進步」懷有強烈的信念；然而，那一代人又不免陷在各種傳統勢力中，仍然浸淫在舊大陸的舊文明裡。這是從帝國中萌芽的現代性之矛盾與曖昧——布洛赫稱其特質為「在時差中的同時性」（Gleichzeitigkeit der Ungleichzeitigkeit）。

埃爾利希生在帝國成立前夕，死於帝國崩解前夕，在傳統與現代、變動與停滯的「時差」中探索著現代科學的邊界。他曾說，他的學術研究成功絕非憑一己之力，而是如同在大河上捕魚，每一個學術工作者都是一個只擁有小漁網的漁人，他們必須將彼此的小網相互連結，才能成功在這條大河上有所斬獲。而他與他的同代人就這麼網接著網，將前現代的德國推上了現代化的快車。他們見證了德國如何在面對其他早就現代化的國家時，後起直追，甚至超越。根據杜伊斯堡—艾森大學日耳曼學教授安孟（Ulrich Ammon）的研究，十九世紀下半葉，全世界自然科學論文的發表語言一直是英文居多，後來德文世界研究圈的發表能量強大起來，直到約一九〇八年，德文與英文開始取得同等地位，之後德文文章數量不斷增加，一九二〇年代更是達到差距的高峰。但在一戰結束後，英文論文再度取得優勢，直到今日，以德文發表的自然科學論文數量已不到總數的一％。那一段德語界科學強大的時期，正是埃爾利希及他的同代人最大展長才的時候。

一戰後，德國國勢大衰，再加上二戰，許多重要的學者被迫流亡海外，也造成這個國家在學術領域雖一度超越群倫，但已節節退守，戰後必須花費無數心力重新挽救頹勢。現在，德國又回到歐洲首強的位置，並在學術研究上拓展自己的道路，與美國既競爭又合作，又不全然陷於美國制定的學術規則。也許正是埃爾利希那一代的學術工作累積了極雄厚的知識資本，才能使這國家在經受兩次大戰後又能挺住，並重回世界的學術競賽中。

所有的政治人物幾乎都可以被忘記，但那些知識的創建者，那些人類文明的締造及保護者，我們需要牢牢記住。像埃爾利希這般把我們的文明成就往上推動一個層次的智者，總讓我想起當年就讀過的魯爾波鴻大學的校徽：校徽上是希臘神話人物厄庇墨透斯與普羅米修斯，厄庇墨透斯幫著上帝造萬物，給了獅子勇猛、給了兔子快捷，給萬物強項，卻單單沒有給人類任何東西。普羅米修斯便去諸神處盜了火，把知識與智慧傳給了人類。

有這樣的盜火者，這樣執著地相信「將生命獻給科學，而不是用來追求頭銜」的人，我們才能一窺上帝的智慧，也才有能力經受那一切戰爭、罪惡，及人類的愚昧。

法蘭克福的數學家們

我們必須知道，我們終將知道

故事先從傳奇的德國數學家希爾伯特（David Hilbert）說起。

哥廷根大學的數學家希爾伯特，也許是二十世紀最知名的德國數學天才。在他坐鎮下的哥廷根大學數學系，吸引了來自全世界的其他天才們取經。今日的哥廷根大學數學系館，也是在他任內揭幕。當年，他的肖像甚至被印在學校出版的明信片裡，以對外宣傳，招攬學生。

希爾伯特一八六二年出生於哥尼斯堡，那裡也是哲學家康德的故鄉。十八歲那年他也成為康德的學弟，在哥尼斯堡大學就讀數學系，一八八四年並在該校取得博士學位，兩年後寫完教授資格論文，留校任教，直到一八九五年被挖角到哥廷根大學。從哥尼斯堡這個東普魯士的港口大城，搬到哥廷根這個鄉下大學城，並不是個容易的決定，但希爾伯特還是遠離了他的家鄉，來此打造哥廷根的數學傳統，因為這裡早已經是知名的數學殿堂，對一流的學者有很強的吸引力，在希爾伯特來此之前已過世四十年的數學家高斯（Johann Karl Friedrich Gauß），就是哥廷根數學傳奇的代表。

希爾伯特在哥廷根教出了非常多優秀的學生，他指導的博士生後來很多也在德國各大學擔任數學教授，可說一手打造了希爾伯特學派。值得一提的是在這個學派裡面，有不少女性數學家，這在當時是很罕見的事。女性在當時要進大學讀書非常困難，奧地利的大學直到一八九九年才收女學生，而巴伐利亞是一九〇三年，普魯士則遲至一九〇八年。但在法令已經允許女性讀大學之後，還是有很多老一輩的教授輕視女性的研究能力，認為女性根本聽不懂那些高深的學問，要求女學生離開講堂後才肯開始講課。對此，希爾伯特相當不以為然。

對希爾伯特來說，數學關係的是思考、抽象以及把握原理的能力，與性別完全無關。一個例子是，後來被《明鏡週刊》稱為「被遺忘的天才」的女數學家艾米．諾特（Emmy Noether），於艾爾朗根大學取得數學博士學位，成為德國第二位女性數學博士後，被希爾伯特聘到哥廷根任教並寫教授資格論文，這在當時引起哥廷根學界的反彈，諾特因而必須以希爾伯特的名義開課。當時數學系許多其他的教授反對諾特提交教授資格論文，希爾伯特怒斥：「學院又不是澡堂！」這句話傳譽後世，意指學術界不應該有任何性別之分，在許多提及早期女性在學術界不平等待遇的文章裡，都會引用這個句子。

後來諾特還是通過教授資格論文口試了，可以想像，她必定有一流的數學資質，能說服一切敵視她的人。不然在那個對她充滿敵意的男性學術圈裡，不可能生存下來。

一九〇〇年，希爾伯特被選為德國數學家協會主席，也就是那一年，他去巴黎參加了那在歐洲學術史上成為傳奇的數學家會議。

那一年，法國主辦世界博覽會，巴黎多采多姿。而與博覽會相比，如果沒有希爾伯特的與會，那場大約有兩百五十人參加的學術會議，可說是場無聊平凡的聚會。許多與會者是中學數學老師，很多報告人都在臺上喃喃唸著自己的研究。可是，八月八日那天，希爾伯特提出了他未來的數學研究最重要的、必須被解決的二十三個問題後，聽眾都醒過來了。在沃爾維茲（Georg von Wallwitz）所寫的希爾伯特傳記《先生們，這裡可不是澡堂》（*Meine Herren, dies ist keine Badeanstalt*）中這麼描述：「希爾伯特……提出了二十三個問題的列表。與原先預料的不同，這個表並不只在有限的感興趣的聽眾那裡獲得迴響，而是很快地傳遍了歐洲、北美及日本，且在一夕之間，成為二十世紀數學的奠基文件。」[1]

除了在數學領域內的貢獻，希爾伯特也很喜歡物理學，他與愛因斯坦是好友。沃爾維茲便記錄了一段往事：一九一五年夏天，愛因斯坦被邀請至哥廷根介紹他的相對論，當時他就住在希爾伯特家裡，兩人對於數學及物理學交換了許多意

希爾伯特這位優異的數學天才，除了在數學領域貢獻卓著並教育多位優秀子弟外，他對物理也很感興趣。他曾在與愛因斯坦交換意見後，試圖以數學方式重新闡釋相對論，這讓數學不好的愛因斯坦很吃味。（Wikimedia Commons）

見。希爾伯特一接觸相對論之後，就迷上這個理論，努力想以數學的方式重新闡述。對此，數學不好的愛因斯坦相當吃味，當年十一月寫給另一位科學家的信裡，他說：「這個理論擁有無法比喻的美感，但是，只有一個同行能夠真的理解它，而這位同行卻想以巧妙的方式把這理論寫成他自己的。」[2]

納粹上臺後，哥廷根大學數學系裡許多不符合種族主義的教授們被迫離開，包括希爾伯特的愛徒諾特。諾特即使被視為她那一代最傑出的數學家之一，但始終不被允許取得教授位置，後來流亡美國，並在一個小學校教書，默默無名地死於美國。同樣因為納粹而必須流亡的愛因斯坦，感傷地發表悼詞：「自從女性被允許接受高等教育後，那是最重要的、有創造力的一位數學天才。」希爾伯特雖然並非猶太人，不用被迫離開大學，但對於其同事與學生被放逐，對於大學的轉變，他還是傷心不已，曾對納粹高官抱怨：「這個數學系，早已不是原來的數學系了。」

一九四三年他死於哥廷根，沒能見到哥廷根大學數學系戰後的重建。其在哥廷根埋骨之處，墓碑上寫著他的名言：

我們必須知道，我們終將知道。（Wir müssen wissen. Wir werden wissen.）

這是一九三〇年時他受邀到哥尼斯堡演講作結的最後一句話，看得出他對德國的學術充滿樂觀與自信。他必定沒有想到，短短三年後，德國的學術便屈居政治之下，而許多為學術自由奉獻的人，不得不流亡他國。

詩人或征服者

在哥廷根，希爾伯特教出了另一個知名的學生：鄧恩（Max Dehn）。鄧恩一八七八年出生於漢堡的猶太人家庭，成名甚早。一八九九年在哥廷根大學取得數學博士，接著僅僅以一年多時間，就在敏斯特大學寫出了教授資格論文，當時二十三歲的他，在其教授資格論文解開了希爾伯特的二十三個問題之第三個：兩四面體有相同體積之證明法。這二十三題可視為希爾伯特對全世界下的挑戰書，每個數學家都躍躍欲試投入解答，這個年輕人以那麼快的速度接下並克服了挑戰，可想而知震驚了學界。

取得教授資格後，他分別到敏斯特大學以及基爾大學擔任講師，最後於一九一三年，在布雷斯勞科技大學成為編制內教授。一九一五年離開學校從軍，一九一八年戰爭結束後再次投入學術界。在戰場上的那些年，他參與了無數重要戰役，因此獲得軍方表揚，授予勛章。一九二一年，原來參與法蘭克福大學數學系創系的教授比伯巴赫（Ludwig Bieberbach）轉去柏林大學（他後來成為信服納粹意識形態的數學家），鄧恩便被挖角到法蘭克福大學接任，教授純粹數學與應用數學，直到一九三五年。

鄧恩任教法蘭克福大學數學系的那些年，開啟了數學系的黃金時代。哥廷根在希爾伯特的帶領下依然有其霸主地位，可是鄧恩也為法蘭克福打開了國際聲譽，例如安德列・威爾（André Weil），二十世紀最重要的法國數學家之一，即在學生時代分別來到哥廷根與法蘭克福進行短期研究。他在回憶錄裡提及在法蘭克福停留的一九二六年，讚譽那是一段追求智慧的時光。他說，鄧恩不只是數學家，也對希臘哲學有深入的理解。而鄧恩帶領著同事與學生對於真理的探索，令他覺得自己如同在雅典學園裡。鄧恩就是他心中的蘇格拉底。[3]

威爾這個說法並非過譽，從鄧恩的一篇演講稿〈論數學家思想特質〉（Über die geistige Eigenart des Mathematikers），即可看出他如同柏拉圖筆下引領統治者的哲學家。一九二八年一月十八日，大學舉辦了慶祝德國立國的慶典，鄧恩應邀進行這次演講，在結尾時他說：「數學家有時候有詩人或征服者的熱情，他的思想嚴格，如同一個意識自己身負重任的政治家，或者，簡單地說，如同一位憂心忡忡的家長；數學家有年長智者的深思熟慮；他既是革命的又是保守的，全然的懷疑，但卻又充滿信念的樂觀。」

對他來說，數學家有自己的王國，必須嚴格對待思想，必須有責任感，因為數學家每一次思想的提出，都帶有革命性的意義。數學家必須保守，守護並繼承前人留下的學術資產，但又必須進步，在傳統中不斷尋求新的可能，也必須樂觀地相信有一天必能達到這個目標。

不過，這樣充滿樂觀與希望的時代，在納粹上臺之後便結束了。鄧恩的許多非雅利安血統的同事與學生被迫離開法蘭克福大學，他自己則因為曾在戰場上為祖國流血，暫時被容忍，但也只到一九三五年為止。從此，法蘭克福大學數學系的黃金年代結束。

不只法蘭克福，全德國的數學界都受到排猶政策影響。在威瑪共和時代，德國大學總共有九十四個數學教授教席，其中有二十八位是猶太人；如果算入講師，則超出九十位是猶太人，由此可見猶太人在數學教學與研究的貢獻。而且，如果將當年未改信基督教的猶太人根本就不可能獲得教職、即使改信了機會也微乎其微的情況也一同考慮進去，更必須佩服猶太人在數學領域的活躍了。[4]可想而知，所有猶太人被迫退出學界後，會對德國數學研究造成多麼負面的影響。

一九三五年被強迫退休後，鄧恩到其他尚未淪入納粹控制的歐洲國家講學，幾年後隨著納粹進攻各國，他知道再無自己容身之地，便決意流亡。一九三九年他離開德國，到了挪威一家科技學院任教，一九四〇年去美國，隔年開始從助理教授做起，在美國任教直到一九五二年過世為止，戰後不再返回德國。他的命運與另一位希爾伯特的學生諾特相同，都是才華洋溢的研究者，都被迫流亡美國，在美國默默無名的小學校教書，直到老死。

遲來十年的大學教授資格

由鄧恩所打造的法蘭克福數學系黃金年代裡，也產生了另一位優秀的女性研究者。在法蘭克福西區格林堡路（Grüneburgweg）上，掛著一塊解說牌，告訴來往的路人，這裡曾經住過德國第一位女性數學教授：法蘭克福大學的數學家露絲．穆芳（Ruth Moufang）。

穆芳生於一九〇五年，父親是大學教授，在書香世家長大的她，很小就培養了對學術的興趣。十九歲那年通過了高中畢業會考，是該校第一位通過這項考試的女學生。一九二五年，她進入剛剛成立沒幾年的法蘭克福大學，讀數學、物理學及哲學。一九三〇年，她在數學教授鄧恩的指導下，以優異成績口試通過幾何學的論文，取得數學博士。

鄧恩非常欣賞他所帶出來的這位女博士，稱她的論文「豐富了我們對於幾何學的理解」。在他的推薦下，穆芳取得博士後的獎學金，去羅馬繼續學術研究，一九三二年，她去了哥尼斯堡——希爾伯特的家鄉——繼續學術工作，並開始擔任講師。

一九三三年，希特勒上臺後沒多久，她回到法蘭克福，但那已不是能安心做研究的時節了。穆芳看著自己許多老師及同行，因為猶太人的身分而被趕出大學，甚至流亡他國。她沒有猶太人身分，毋須被逐出大學。於是她便在窘迫的條件下開始在納粹德國的學術生涯。一九三四年，她開始擔任法蘭克福大學的編制外講師，同時撰寫教授資格論文。一九三六年，她提交了論文，獲得極高的評價，「大學教授資格」(venia legendi)眼看是囊中之物。

雖然她順利完成教授資格論文這項極為困難的學術認證，但並沒有就此順利成為學院的數學家。當時的學術已隸屬於政治之下，穆芳必須參加官方舉辦為期十個星期的大學教師訓練營，以及從事勞動服務。那個時代德國讀數學的女性已經不少(在全德國大學數學系中，有二〇%是女性)，但女性寫完教授資格論文卻極為少見，可想而知所有的訓練計畫，全都是針對男性教師所設計，尤其是體能訓練、勞動需求，都不適合穆芳。於是，她向政府提出申請免除這個義務，但遭到拒絕。另外，她還需要參加公開的教學測試，這也必須申請獲准才行。法蘭克福大學校長當時也為她寫了一封信給當局：

> 這是史上第一次在法蘭克福有一位女性擬取得教授資格，於是我們面對一個很重要的問題，教育廳廳長必須做出決定。一般說來，我認為男性才適合走上教授這條路，可是在這個特例裡也必須考慮到，穆

穆芳在法蘭克福的故居。她是德國第一位女性數學教授，這個位置原本應是諾特所有。然而，不管是穆芳或諾特，她們都可算是希爾伯特學派一脈相傳的門生；也都因為女性身分或猶太血統，在第三帝國期間遭受不平等的對待。(蔡慶樺攝)

芳博士小姐——我曾對她的教授資格論文提呈報告——是一位有能力又勤奮的數學家，且具有極佳的教學天分。之前幾個學期，大學裡的數學教席空出來，她接下了教學工作，得到了很大的成功，即為明證。此外，純粹數學以及應用數學的領域，後繼無人，也因此給予穆芳教授資格證書，理所當然。

不過，教育廳並沒有被說服，仍然拒絕穆芳的申請。一九三七年二月，她寫了一封陳情書給教育廳，但是教育廳還是給了她否定的答案。因為官員認為，在第三帝國內的大學教授，負責的不只是研究與教學，還必須配合政治意識形態，將學生打造為模範帝國公民，而當時在大學裡受教育的絕大部分是男性，負責教育的也是男性，因此第三帝國只訓練男性教授，女性教授並不符合帝國的要求。

於是，這位天才洋溢的數學家被迫離開學術界，去了魯爾區的克虜伯（Krupp）集團擔任研究員。任職約十年後，戰爭結束，穆芳無法忘記她對數學的熱情，立刻離開克虜伯，回到法蘭克福大學。一九四六年，她獲得教授資格證書，遲來了整整十年。她終於成為德國第三名獲得教授資格的女性。

於是她開始擔任編制外教授，一九五一年，終獲法蘭克福大學數學教授的位置，成為全德國第一位女性數學教授——這個榮譽，原來該由諾特獲得——也是法蘭克福大學第一位女性教授。

她在學界提出「穆芳圈」(Moufang-Loop),在代數領域聞名世界。最後她擔任數學系系主任,在一九七〇年退休前,帶出了許多戰後重要的數學家,一共指導了十六位數學博士。

退休後一年,她在法蘭克福過世。

回首看德國二十世紀數學的發展,希爾伯特、諾特、鄧恩、穆芳等這一脈天才洋溢的數學家構成了一個如同雅典學園的思想學派,原可為德國的現代化、甚至人類文明做出極大貢獻,若不是納粹,無數如他們一樣優異的頭腦不需被迫離鄉背井,而德國戰前那段學術思想發展的黃金歲月可以延續,後來的德國在科學上的發展,必然會有無法想像的大幅進展。

他們自身的悲劇,何嘗不是德國的悲劇?今日再記述這些數學家的生平,正可提醒世人:政治的兇殘,我們必須知道;而思想自由的可貴,我們也終將知道。

注釋

1 Georg von Wallwitz, *Meine Herren, dies ist keine Badeanstalt.* Berlin 2017, S. 70.

2 Jürgen Renn, Einstein, Hilbert und der geheimnisvolle Schnipsel. *FAZ*, 2005. 11. 25.

3 Gerhard Burde, Wolfgang Schwarz und Jürgen Wolfart. Ein Mathematiker mit universalem Anspruch. In: *Forschung Frankfurt* 4/2002, S. 85.

4 Moritz Epple. *Einführung. Ausstellungseröffnung Jüdische Mathematiker in der deutschsprachigen akademischen Kultur.* 2005. 5. 6. http://www.juedische-mathematiker.de/eroeffnung_frankfurt.pdf

工業的陰影——一棟承載百年歷史與創傷的建築

我在法蘭克福工作時，辦公室附近即是法蘭克福大學校區，這個校區的主樓是一棟黃色建築，外表看起來沒有什麼特別，就像一般的德國辦公大樓。但這其實是一棟非常值得一談的建築，不是因為它曾得過什麼建築獎，而是它承載著德國百年來的創傷，甚至可以說承載著二十世紀的歐美鬥爭史。

「染料工業利益集團」

這棟大樓現在叫作波爾齊建築（Poelzig-Bau），以建築師波爾齊（Hans Poelzig）命名。但是這棟大樓原來並不是這個名字，用途也不是做為大學使用。原來大樓的原址是一棟別墅，一八三七年開始為發跡於法蘭克福的世界知名銀行羅斯希爾德家族（Rothschild，或意譯為紅盾家族）所擁有，一八六四年起做為市立瘋狂與癲癇診療所使用，著名的阿茲海默症首例病患就在這裡被確診。一九二七年「染料工業利益集團」買下了這裡，委託建築師波爾齊新建了「染料工業集團大樓」（IG Farben-Haus），一九三〇年竣工，成為該集團的總部。

百年前，德國學術研究全世界最強，快速進步的工業化腳步也傲視全球，化工業就是其中一項德國遙遙領先於其他國家的產業，「染料工業利益集團」是當時化工產業的世界最大集團，全名為染料工業聯合利益集團公司（Interessen-Gemeinschaft Farbenindustrie AG），由德國當時最大的八個化工公司於一九二五年組成，倡議建立者就是當時拜耳公司的主席杜伊斯堡（Carl Duisberg）。為了確保德國化工業的全球競爭力及主導地位，他參照美國托拉斯產業聯合模式，在德國聯合各公司成立此一集團。集團包括的產業有染料、醫藥、炸藥、工業原料、石化煉油等各種化工產品，總部設在法蘭克福，一九三一年開始進駐「染料工業集團大樓」。

一九三三年二月二十日，全德國的工業集團頭子祕密集會，決議為納粹黨提供三百萬帝國馬克的資金，染料工業集團負擔其中四十萬帝國馬克。二月二十七日，納粹製造了火燒國會事件，謊稱是左派人士所為，以進行清算。就是在這次事件後，納粹順理成章地登上政治舞臺。火燒國會事件後隔天，染料工業集團將四十萬帝國馬克匯入了納粹黨的帳戶裡。

這筆資金當然不是白給的，新上任的納粹政府與染料工業集團之間達成協議，以保證價格收購染料工業集團煉製的油品，使集團獲得巨大利益。後來，幾乎所有集團理監事會的成員都加入納粹黨並擔任要職，集團內部暱稱這些理監事為「眾神的顧問」（Der Rat der Götter）。

這個巨大的工業集團與納粹崛起、掌權的過程息息相關，是一個緊密的共犯體。甚至可以說，從這一段共謀史可以看出，並非只是希特勒單方面欺騙、蠱惑了德國人，許許多多德國人也迅速、主動地配合種族主義及法西斯主義。

戰爭、戰敗、冷戰

戰時，染料工業利益集團與第三帝國更是緊密合作。由染料工業利益集團與德固賽（Degussa）化工集團、郭爾德史密特（Th. Goldschmidt）化工集團等公司聯合成立的德意志防害蟲公司（Deutsche Gesellschaft für Schädlingsbekämpfung，簡稱 Degesch），旗下一位出生於法蘭克福的一流科學家，化學博士荷爾德特（Walter Heerdt），開發了 Zyklon B 殺蟲藥，後來這個藥被用在奧許維茲集中營的毒氣室裡，成為大屠殺最有效率的武器。

同時，納粹也為染料工業利益集團提供好處，隨著戰線擴大，戰爭所需的各種物資、原物料、能源都由染料工業利益集團供應。最後為了擴大產能，集團於一九四一年在奧許維茲設立工廠——勞動力的來源，便是從各地送至此處的囚犯，強迫他們在「勞動使人自由」的謊言下工作至死。而為了容納集團所需的勞動力，又擴大了集中營。因此可以說，奧許維茲的集中營規模如此龐大，這個集團扮演了決定性的角色，甚至將之視為戰犯之一都不為過。

後來在紐倫堡大審中，二十三個染料工業利益集團的高層被起訴，其中十二人被判有罪，包括在奧許維茲工廠的廠長因犯下「奴隸他人罪」（Versklavung），被判六年有期徒刑。

戰後，在同盟國的強力堅持下，於雅爾達會議通過了「去卡特爾化」（Dekartellisierung）的決議，染料工業利益集團於是必須被解散。解散德國卡特爾的原因是，各戰勝國要徹底解除德國軍事化的可能，那些戰時支持納粹的德國工業一旦被去卡特爾化，則法西斯主義復活的可能性立即大減，德國才能順利完成民主化。在一九四五年八月二日簽訂的《波茨坦協定》中便載明：「德國經濟應該要去中心化（decentralized），以消除目前經濟權力過度集中化的情形，尤其是德國的卡特爾、企業聯合（syndicates）、信託以及其他獨占性的體制。」一九四五年九月二十日，同盟國占領委員會通過的占領區法律裡，也明文規定「為了斷絕德國對鄰國或世界和平在未來造成威脅的可能性，並考量工業染料利益集團在極大程度上協助了德國戰爭能力的發展以及維持」，必須徵收該集團的財產。從上述決議文字就可以看得出來，同盟國都認為如果沒有染料工業利益集團，德國要發動戰爭的能力有限。

就這樣，一個世界最大的化工集團，在同盟國的意志下瓦解，其工廠以及財產分別被各國接收。一九五一年，在同盟國同意下，德國決議將工業染料利益集團分割成多個公司，其中包括現在許多知名的德國公司，例如愛克發化工（Agfa）、巴斯夫集團（BASF）、拜耳（Bayer）等。媒體上還常常會用「染料集團後繼者」（IG-Farbennachfolger）的術語來稱呼這些公司。

隨著集團瓦解，這一棟黃色建築被挪作他用。一九四五年三月開始，美軍進駐，這棟樓成為美軍以及中情局在歐洲的指揮中心。後來成為美國總統的艾森豪將軍，當時就在這裡辦公，也因此，之後大樓裡成為學生咖啡廳的圓形空間，被命名為艾森豪咖啡。除了艾森豪將軍外，後來成為美國國務卿的鮑威爾（Colin Powell）也曾被派駐此地。美軍直到一九九五年才撤出了這棟大樓，將建築還給法蘭克福市，由大學承接做為新的校區。

美軍進駐時期，這棟樓也曾登上全球媒體版面。那是一九七二年五月十一日，德國左派恐怖分子赤軍團為了抗議美國在越南的帝國主義，侵入這棟建築，發動炸彈攻擊。[1]之後美軍在這個區域嚴加戒備，但在一九七六年及一九八二年，還是陸續發生了恐怖攻擊。

另外，這也是一棟與德國民主化歷史相關的大樓。一九四八年六月二十日，剛剛成立於法蘭克福的「德國各邦聯合銀行」（Bank deutscher Länder）在這棟大樓宣布德意志馬克將做為新的貨幣通行西德，這是德國經濟重建之路的重要里程碑。政治重建的工作也從這裡開始。同年七月一日，當時西德十一個邦的邦總理來到這棟大樓，在同盟

一九四八年七月，在同盟國軍政府代表的見證下，西德十一個邦的邦總理來到了染料工業集團大樓（現今的波爾齊建築），共同簽署《法蘭克福文件》，為日後推動的基本法，設下了很高的修憲門檻，避免德國再次走向修憲擴權而可能導致的弊端。（Wikimedia Commons）

國軍政府代表見證下，通過協議，表明將推動一部基本法，以建立戰後德國的民主架構，這項協議後來被稱為《法蘭克福文件》（*Die Frankfurter Dokumente*）。

文件中寫明，將召開制憲會議，以制定西德憲法，因而這部憲法其實已經預設分裂架構，確立西德將在聯邦制之下完成民主化，以及保障自由人權的工作（以避免強大的中央集權政府再次獨裁化）。這部憲法的通過及修改，都必須經由同盟國軍政府的許可，並且需三分之二以上的邦同意。設下這麼高的修憲門檻，明顯在預防過去法西斯政權藉由修憲擴權的弊端。

命名及反省

美軍退出後，市政府接管了這棟大樓以及周邊，到二〇〇一年改由法蘭克福大學接手，成為西區校區，也使大學校園得以大幅擴大。但是大學接手後首先出現的問題是：如何面對這棟大樓的過去？

二〇一三年年底，法蘭克福大學的學生刊物《論述》（*Diskurs*）製作了一個特別的專題：「在奧許維茲之後求學」（Studieren nach Auschwitz）。這個標題是借用自阿多諾的名句：「在奧許維茲之後寫詩是野蠻的。」（nach Auschwitz ein Gedicht zu schreiben, ist barbarisch）[2]學生們想問：在奧許維茲之後求學，是野蠻的嗎？

因為他們求學的地點，是一棟很有爭議的企業總部。

在這棟大樓曾經生產出殺害無數猶太人的毒氣，也是逼迫無數猶太人強迫勞動的企業總部，到這裡讀書的師生們，能不對這棟大樓的歷史進行反省，就輕易地接受它嗎？當然不行，大學做為提供教育機會的機制，必須對於威權歷史做出正確的反省。

但是怎麼做？難獲共識。關於這一棟大樓該何去何從，師生爭辯多年，甚至有聲音呼籲應該拆除，不要保留威權遺緒，以重建真正屬於民主國家的大學學習殿堂。但保留的聲音還是占多數。

首先，大學必須處理命名的問題。這棟從三〇年代就被稱為染料工業集團大樓的建築，是否應該正式改名，以避開那段不義的歷史？經過激辯後，決定改名，也決定在大樓內設立常設展，說明這棟大樓與染料工業集團以及納粹的共謀關係。

大學也面對了強迫勞動的歷史。染料工業集團大樓前的廣場，二〇一五年被正式更名為諾貝特沃

當年法蘭克福大學的守衛亭，變成了悼念被強迫勞動者的多媒體播放室，107984為沃爾海姆在集中營的囚犯編號。（蔡慶樺攝）

爾海姆廣場（Norbert-Wollheim-Platz），以紀念被迫解送到集中營為集團工作的猶太人沃爾海姆（Norbert Wollheim）。另外，大樓的側翼亦興建了一個多媒體播放室（原為當年的守衛亭），播放被強迫勞動者的生命歷史與訪談，牆上寫著沃爾海姆在戰爭結束、獲救那年的一句話：「我們被解救了，但並未被解放。」（Wir sind gerettet, aber wir sind nicht befreit.）

那麼多人被迫勞動並死於集中營，為什麼特別紀念生還的沃爾海姆呢？因為他於一九五一年發動了意義重大的控告。他向法蘭克福地方法院控告染料工業集團，控告理由並非在集中營裡受到具體虐待，而是代表所有被強迫勞動者指出集團的普遍性不法（das allgemeine Unrecht），也就是說，提告並非為了他個人受到什麼虧待，而是強迫勞動本身就是損害人身自由，即使勞動過程獲得薪資或安全，都不能彌補被損害的完整人格。

一九五三年六月十日，法蘭克福地方法院宣判沃爾海姆勝訴，染料工業集團對於納粹強徵囚犯勞動須負共同責任，支付原告一萬馬克的賠償金。「沃爾海姆紀念碑」網站上詳細記錄了本次判決，並指出這項判決跌破法學界眼鏡，成功呈現了這段不義的歷史，也為其他被迫勞動者立下判例。其時代意義在於：那是個西德政府強調拚經濟，在國際政治上融入西方陣營，沒有人願意追究納粹往事的年代。[3] 地方法院打開了每個人都想闔起的一章。

現在的大樓正面設置了紀念碑，銘刻了作家瓊．阿梅里（Jean Améry）的一段話：「沒有人可以自外於其民族的歷史。我們不應該、也不允許讓過去自行安息，因為倘若如此，過去便會再次發生，而成為新的現在。」正因為如此，我們必須記得這一棟大樓的曲折身世，那在威權、左派恐怖主義、冷戰及民主歷史中度過的百年，因為這棟大樓與德意志民族緊緊纏繞在一起的過去，我們絕不想再次經歷。

注釋

1 請參見「革命世代之城」中〈走過極端革命的年代〉該章關於「德國之秋」的部分。

2 Theodor W. Adorno: Kulturkritik und Gesellschaft. In: Gesammelte Schriften, Band 10.1: Kulturkritik und Gesellschaft I, Frankfurt am Main 1977, S. 30.

3 http://www.wollheim-memorial.de/de/das_urteil_des_lg_frankfurt_am_main

正義與不正義之城

這一篇談的是百年來在法蘭克福發生的那些正義與不正義的事。這些事件中的主角們，都面對這樣的問題：當他們站在明顯不正確的事情之前時，應該如何行動？而如果那個不正確是由國家所造成，又該如何自處？

左派運動者呼籲人們拒絕第一次世界大戰，勿在戰場上殘殺人類；神職人員抗拒德國的軍事化發展，堅持基督徒不應該拿起武器，並寫了一首傳誦全世界的詩，鼓舞人們堅持其道德勇氣；檢察官不顧眾人反對及政府內部的壓力，發動了戰後對於納粹罪行最大規模的偵查與起訴；有些外交官服從法西斯政權，迫害了無辜者，於此同時，也有外交官對無辜者伸出援手；商人救助了無數原本可能會在集中營中喪命的無辜生命。這些，都與法蘭克福這個有故事的城市緊密相連，今日在法蘭克福街道上，都能看到這些事情發生過的痕跡。

在看似無法改變的道德難題前，在糾結難解的政治困境下，平凡人如我們，應該採取何種行動？本篇中登場的人物，以他們的生命給出了答案。他們體現了德國哲人康德在《純粹理性批判》結尾這句話的意義：「世界上有兩件東西，當我們愈常思索它們，就愈能不斷震撼我們的心靈：我頭上燦爛的星空，及我心中崇高的道德標準。」你將讀到的，是德國黑暗歷史中耀眼的星星。

一道逆風的浪：紅色的羅莎・盧森堡

煽動抗命者

如同其他德國大城市，法蘭克福也有一條「羅莎・盧森堡路」（Rosa-Luxemburg-Straße）。這條路給予法蘭克福市民的印象並不好，因為這條連接市區與北邊陶努斯山區的汽車高架道路，對許多路旁的居民來說，代表著永不停歇的車聲。而高架橋下，也被市民及媒體視為是法蘭克福最髒的區塊，因為行駛而過的汽車駕駛人隨手丟下的垃圾、橋下被非法傾倒的廢棄物、棲息的遊民，以及滿布塗鴉的橋墩，使得這條快速道路總是成為每次市政府開市政規劃會議時的改善重點。

這條路所紀念的羅莎・盧森堡（Rosa Luxemburg），逐漸無人記得她的生平，以及她與法蘭克福的關係。

與盧森堡關係最密切的德國城市應該是柏林與法蘭克福。她與柏林的關係並不融洽，除了柏林是她的埋骨之處外，她也不喜歡她在柏林的生活。多年前我仍在柏林歌德學院上高級德語班時，在圖書館裡讀了一本關於憎恨柏林者的書，我向老師提及，他很感興趣，我們便在課堂上一起閱讀、討論了這本書。其中的一章，就是盧森堡的日記，她記錄了剛剛踏入柏林時的失望，那陰鬱的天氣，那大都會的氣氛，注定柏林並非她的城市。

可是，法蘭克福也非她能愛上的地方。她在這裡奮鬥過，但也失敗了。

法蘭克福波肯海姆區的巴薩爾特街（Basaltstraße）二十三號，設立了一個紀念碑，紀念盧森堡於一九一三年在這裡舉行的演說。碑文這麼寫著：

在這裡的中庭，曾有一家餐廳「Zur Liederhalle」，一九一三年九月二十六日，羅莎．盧森堡在此演說。

她致力於維護和平：「如果我們被要求，對我們的法國的、以及其他國家的兄弟們舉起武器來，那麼我們呼籲：我們拒絕！」

她因此言論，於一九一四年在法蘭克福因為「煽動抗命」被判一年徒刑。

羅莎．盧森堡於一九一九年一月十五日，在柏林被謀殺。

因為這場演說，以及之後而來的審判，法蘭克福成為德國左派歷史不能忽視的一座城市。

馬克思之後最聰明的頭腦

盧森堡一八七一年三月五日生於俄屬波蘭，如果我們相信星座多少決定一個人的性格與命運的話，就可以想像這位一生投入革命與馬克思主義理想的異國女子，其雙魚座的浪漫個性，也許在她的生命中起了不小的作用。十六歲那年，她便加入華沙一個社會主義革命團體。十八歲，她不得不逃離波蘭，流亡到蘇黎士；一方面是為了離開俄國統治，另一方面也因為當時的波蘭，並沒有讓女孩子有讀大學的機會。

當時的瑞士充滿自由氣氛，各種異議人士來到這裡，女學生也毫無差別地被大學接受。一八九〇年到一八九七年，她在蘇黎士大學讀自然科學、數學、國家學與國民經濟學，並與同志們成立了「波蘭王國社會主義黨」。一八九三年，她在第三次國際社會主義者大會登臺演講，這位不起眼的嬌小波蘭女學生，展現了強大的政治魅力，在這次會議中一戰成名。

一八九七年，她以經濟學論文《波蘭的工業發展》（*Die industrielle Entwicklung Polens*）取得博士學位。當時她已有一位男友，但一心想奉獻給國際社會主義事業的她，不願留在瑞士，決意搬去當時左派人士的首都：柏林。為了取得德國國籍，她與政治上的戰友呂貝

羅莎・盧森堡是永遠的異議者，她的一生，正可為她那廣為傳頌的名言：「自由，永遠是異議者的自由。」做出最好注解。（Wikimedia Commons）

克（Gustav Lübeck）假結婚，隔年便搬到柏林，並加入了德國社民黨。之後，她憑藉著優異的馬克思理論基礎、一流口才以及文采，在德國社民黨內快速地崛起。

在德國時，她開始從左派觀點撰寫時事評論，深獲好評。一八九八年開始，她在德勒斯登擔任《薩克森工人報》（*Sächsische Arbeiter-Zeitung*）總編輯。盧森堡曾被譽為馬克思死後最聰明的頭腦，這樣的比較確非毫無道理：兩人都專注於勞動議題，也都從媒體開始其社會批判的道路，且著述能量皆無比豐沛。

一九〇〇年九月二十三日，巴黎召開為期五天的國際社會主義者大會，盧森堡在會上激昂地陳辭，批判軍事主義，呼籲國際政治社會應聯合對抗殖民主義、軍事主義及帝國主義，如此才可能達致世界和平。這個報告，也是她後來在法蘭克福演講的基調。

一九〇二年，盧森堡加入《萊比錫人民日報》（*Leipziger Volkszeitung*），繼續提筆報導並著述。這位筆鋒辛辣的記者與編輯，於一九〇四年被判三個月徒刑，罪名是「侮辱君主」（Majestätsbeleidigung）。起因於一九〇三年時威廉皇帝表示，他比任何社民黨人都瞭解德國勞動者的處境與問題。盧森堡譏諷道：「這個談論德國工人的良好與安全生存境況的人，根本對事實毫無概念。」這句話，在今天民主時代讀來其實尋常無奇，但是在那個帝國時代，嘲諷君主必須付出相當大的代價。

雖然盧森堡已成為德國人，但她沒有忘記自己的自己的祖國。一九〇五年年底，她偷渡回波蘭，參加了反抗俄國沙皇統治的工人起義；隔年三月，她在華沙被捕，但幾個月後因健康因素，以及家人籌出保釋金而獲釋。回到德國後，她去了柏林——這在當時是左派人士的麥加聖地——並在當年九月寫完了其名著《大罷工、政黨與工會》（*Massenstreik, Partei und Gewerkschaften*），從她對第一次俄國革命的觀察裡，梳理出德國勞動階級反抗的運動策略。

她在一九〇五年革命裡看到了，工人罷工如何演變成大罷工，取得學生甚至軍隊的支持，如同燎原之火。她認為，這種跨越各階級的大罷工，也可以是德國社民黨的抗爭手段。不過一開始她並未受到黨內太多支持，她認為其他社民黨人都只想在資本主義體系裡尋求不可能的改革，而避免更激烈、卻唯一有效的革命手段；那些擬在體系內為無產階級爭取翻身的社民黨人，對她來說都只是小市民階級的一廂情願。於是，她便到各個工會與社民黨黨員大會等場合，鼓吹大罷工戰略，一種全面革命的手段。因為在耶拿政黨大會上鼓吹大罷工，當年十二月她被威瑪的地方法院判處兩個月徒刑。

一九〇六年開始，德國社民黨在柏林成立了培訓其黨內人員的社民黨學校（Reichsparteischule），黨內暱稱為「戰鬥學校」（Kriegsschule），由黨內一流的頭腦開設法學、政治學、經濟學、史學等課程。例如來自奧地利、創立奧地利馬克思主義的醫生希弗丁（Rudolf Hilferding，後來成為威瑪共和的財政部長），便在此開設經濟學。不過，這個左派色彩濃厚的學校，一開始就受到普魯士的警察監視，某日臨檢，發現希弗丁是外國人，他不得不離開學校。一九〇七年開始，盧森堡便接手他留下的經濟學講座。

盧森堡在此教學累積出的手稿，後來出版成兩本書：《國家經濟學導論》（*Einführung in die Nationalökonomie*）以及《資本的累積》（*Die Akkumulation des Kapitals*），尤其是後面這本使她成為黨內焦點——她批評了馬克思《資本論》中關於資本累積的觀察太過單面，或說太過單純，只把分析的焦點放在資本主義體系內，可是資本家與勞動階級之外可能存在的其他階級，以及當時尚不屬於資本主義體系的國家，卻在馬克思的理論內成為抽象概念；換句話說，馬克思如同數學家，討論的是抽象化的「單純再生產」（die einfache Reproduktion），是「純淨的資本主義」（der reine Kapitalismus）。盧森堡則認為只有找到資本累積的外部因素，才能看清帝國主義擴張的本質。這樣的批評，在當時黨內許多把馬克思奉為神主牌的人士眼裡，是離經叛道的說法，引來極大的不滿。

我手上的《資本的累積》，是一九六六年法蘭克福新批判出版社（Neue Kritik）的版本——這個出版社也是法蘭克福的傳奇，在六〇年代學生運動開始時設立，與社會主義大學生聯盟關係密切，專門出版左派社會批判書籍，幾乎所有和盧森堡同時代的重要理論家都可以在其出版目錄中找到，而且今日還在持續出版中。盧森堡在這本書的附錄，寫了一篇很長的文章〈反批判〉（Eine Antikritik），文章開頭她便引了一句拉丁文：*Habent sua fata libelli*，意思是「書籍皆有其自身命運」。她感嘆在社民黨內從沒有哪一本著作遭受黨內同志那麼多的抨擊，不過她並非退讓之人，一一反擊社民黨內的炮火。

從上面的敘述其實也可看出，這位波蘭來的革命家從來就不是服從權威的人，不管是黨內的權威，或是馬克思本人——在一封寫給友人的信裡，盧森堡毫不避諱地寫道：「馬克思那部著名的《資本論》第一卷，有和黑格爾一樣的大量華麗辭藻裝飾，讓我生厭。」

為反戰與和平遭審判

社民黨學校只維持到第一次世界大戰開始。戰爭開始後，盧森堡從無產階級革命運動轉向反戰運動——對她來說，這兩種運動對抗的對象其實都是一致的。做為工人，必須與國際無產階級團結，才可能對抗結合國家武力、軍事以及資本力量的剝削壓迫體制，這也包括帝國主義體制。因此，早在一戰發生前，她即堅定不移地反對任何形式的戰爭，包括以無產階級解放為名的戰爭，多年來始終如一。這也使得她與左派中的許多人針鋒相對，包括列寧。

德國的社民黨人裡，很多人在面對戰爭時，並

德國社民黨為了培訓黨員而設立「戰鬥學校」，匯集了黨內一流的腦袋教授法學、政治學、經濟學、史學等課程，盧森堡（靠牆左四）也是講師之一，在這裡教授經濟學。（Wikimedia Commons）

不抱持真正的左派立場，而是成為愛國主義的擁護者，他們因此也視盧森堡為敵。一九一三年時，為了爭取左派對她的和平主義立場支持，她開始巡迴全德演講，而當時正快速都會化、工業化，因而集居許多工人的法蘭克福，自然是她宣講的重要一站。

在社民黨與工會的邀請下，九月二十六日，她來到波肯海姆區的巴薩爾特街，上千人來到此工人區聽她高喊：「不！我們絕不對我們的兄弟們開槍！」正是這句話，使得她必須站上法蘭克福的法庭。

一九一四年二月二十日，在法蘭克福法院的刑法法庭上，盧森堡為自己結辯，她譏諷地說，當她聽到檢察官如何敘述她的演講內容及思想時，很難不暗自竊笑，心想這真是個典型的例子，得以說明這些受過教育的人們是多麼不理解社會民主的思想世界及其歷史深度。她對法官說，如果去詢問那些演講當天在場的平凡人，那些最樸實的勞動大眾，他們立刻就可以瞭解社民黨的理念。

檢察官認為盧森堡在煽動群眾，但盧森堡反駁，那些宣揚民族敵對的人才是製造仇恨輿論者，她只是告訴勞動者，在這個很有問題的社會體系裡，他們的階級利益及歷史任務何在。另外，檢察官認為盧森堡背叛祖國，盧森堡則主張，並非統治階級的軍事主義，而是她的反戰與和平立場，才真正能為德國帶來最大利益。

盧森堡也強調，她說話的對象不是士兵，而是整體社會大眾，沒有整體社會的支持，這場戰爭不會持續下去。當她在演講時高喊「不！我們絕不對我們的兄弟們開槍！」、「我們不會這樣做」（wir tun das nicht）時，這裡的「我們」指的是幾百萬人的無產階級。要破除戰爭結構，絕不可能要求士兵在戰場上抗命就可以做到，社民黨使用的工具是政治教育、大罷工、街頭遊行等等。

陳詞結尾時，盧森堡控訴，檢察官無所不用其極地抹黑她，說這個「紅色羅莎」是極其危險的人物，為免逃跑，要求法庭立即拘捕她。盧森堡不屑地說：「檢察官先生，我相信如果是您的話，一定會逃的。可是一位社民黨人絕不逃跑，而會勇於面對自己的行為，並嘲笑其刑罰。」

最後一句話是：「而現在竟是您在審判我！」（Und nun verurteilen Sie mich!）這樣的語氣，難怪鄂蘭在《黑暗時代群像》裡論盧森堡那一章，提及這個法蘭克福刑事庭的答辯時，說盧森堡充滿了男子氣概。而這樣的睥睨，更讓她無法擺脫對國家不忠的角色，一九一四年二月二十日，法蘭克福地方法院判處盧森堡一年徒刑。

永遠的異議者

一九一四年八月一日，盧森堡仍在獄中時，德皇威廉二世（Wilhelm II von Deutschland）宣布全面動員投入戰爭。這個國家走上了她最不願見到的道路。

在政治信念與右翼軍國主義之間，德國左派選擇了後者，在國會裡同意德國為了戰爭舉債，而成為盧森堡批判的背叛工人國際團結立場者。八月四日，國會在左派支持下同意戰爭貸款。十四日，社民黨主席哈瑟（Hugo Haase）在國會發表的演講，正可代表這種立場。他說，我們正站在一個命運的時刻，社會民主黨必須協助德國克服這個命運，他們在國會裡所決定的並不是支持或反對戰爭，而是關於如何找到必要的資源而能捍衛國家，「在危機的時刻裡，我們絕不會拋棄自己的祖國。」他的邏輯是：沒有先達成民族自決及自我保存，就不可能達到第二國際的團結；透過投入戰爭，才能盡速結束已開始的戰爭並拯救戰場上的九百萬性命，才能實現社會主義理想以及國際和平。[1]

於是，這場戰爭被左派定位為國家自我防衛戰（Verteidigungskrieg），目的在以戰止戰，也就是戰爭帶來的和平（Siegfrieden）。在兩次世界大戰裡，時常可看到知識人與左派在強大的國家主義意識形態動員下，投入鑄造支持戰爭的說詞。二戰時，日本京都學派中的右翼哲學家們試圖從世界史辨證發展的角度，論證戰爭對共榮之必要，自居為帝國軍方之策士，即為對侵略戰爭之美化。而德國社民黨結合戰爭與社會主義理想的論調，也是設定了投入戰爭之目的後，才苦心創造出防衛戰、戰爭之和平等詞彙。方式雖有不同，其實都是軍國主義意識形態的共構者。

一九一五年一月二日，在盧森堡倡議下，與共產黨領導者李普克內希（Karl Liebknecht）、左派史學家梅林（Franz Mehring）等一些立場堅定的左派戰友們成立了「斯巴達克小組」（Spartakusgruppe），這個小組的成員始終因為宣傳反戰而被政府追緝，最後盧森堡與李普克內希再次入獄。直到一次世界大戰結束時，盧森堡才被釋放。出獄後沒多久，她在柏林被右翼軍人組織追捕、殺害，屍體丟入柏林提爾花園後的蘭德維希運河裡，今日在那河畔，設立了她的名字的紀念碑。放眼德國思想界，支持戰爭者甚多，尼采、海德格、施密特（Carl Schmitt）、雲格等大哲都曾以各種方式支持戰爭之必要，而要在戰時明確地說出反戰則少之又少。這需要與全國為敵亦在所不惜的勇氣，盧森堡正是這少之又少中的一人。要是納粹掌權時，這少之又少的異議者能多幾人，這個國家的命運必然能有轉機。

在《俄國革命》（*Die Russische Revolution*）裡，盧森堡寫下了這句被廣為傳誦的名言：「自由，永遠是異議者的自由。」（Freiheit ist immer Freiheit des anders Denkenden.）不管支不支持盧森堡的政治理念，不能不承認，她一生始終與當權者站在不同立場。在波蘭她是沙皇的敵人，在德國她是德皇的敵人，卻也同時是黨內同志的敵人。這個永遠的異議者，以自身悲劇般的命運實踐了這句名言。

二〇一〇年，德國第二電視臺製作、極為叫座的電視影集《德意志人》（*Die Deutschen*），其中一集「盧森堡與自由」（Rosa Luxemburg und die Freiheit），就是講述這個透過假結婚取得國籍的波蘭人的生平。德國並非她的祖國，她從來也不是一位國家主義者，從未在哪個國家安身立命，一輩子的夢想就是無產者的國際團結，可是她對德國政治的影響如此深遠，使得德國歷史不能忽略她。雖然在她在柏林被謀殺時，沒能看著德國實現社會主義，可是她為社會主義留下的思想財產，以及無畏的反戰態度，使她成為德國左派的精神象徵，今日德國左派黨的基金會即以她命名。

在盧森堡生命的最後一天，她在敵人的囚禁下，讀著歌德的《浮士德悲劇第二部》（*Faust. Der Tragödie zweiter Teil*）——那關於國家命運的第二部。這是多麼具有象徵性的一幕。看她的一生，我亦多次想起歌德在該書中寫下的一句名言：「浪潮總樂於順著每一次的風勢。」（Die Welle beugt sich jedem Winde gern.）。盧森堡卻正是這樣逆著風的浪。

注釋

1 Hilmar Toppe, *Der Kommunismus in Deutschland*. München 1961. S. 9-10.

正義是我的義務：拒絕沉默的弗里茲．鮑爾

德國這些年產出了兩部與追討納粹罪行有關的電影，都以法蘭克福總檢察署為背景，也都與一位擇善固執的法律人有關。一部是《大審判家》（*Der Staat gegen Fritz Bauer*，二〇一五），另一部是《謊言迷宮》（*Im Labyrinth des Schweigens*，二〇一四）。這兩部電影在二戰結束七十年後，再次探索了德國這一段陰暗的歷史。這也顯示了：不管過去多久，德國文化界仍不斷與法西斯的歷史殘留纏鬥著。

《大審判家》敘述德國戰後對於納粹戰犯窮追不捨的法蘭克福總檢察長弗里茲．鮑爾（Fritz Bauer），如何在全國公務系統都試圖掩蓋或遺忘這段歷史時，堅決以一人之力對抗整個國家。《謊言迷宮》也敘述了當時法蘭克福總檢察署在鮑爾的領導下，如何在每個人都沉默、甚至欺騙時，堅持穿透如山的檔案資料，撕開傷口表面的結痂，追求正義的落實。兩部片探索的議題嚴肅，但絕不沉悶，也很好地重現了上世紀五〇年代那種百廢待興、陰暗又徬徨的戰後氛圍。

那個對抗國家的檢察官

鮑爾是在德國極為出名的檢察官。二〇一四年我去了法蘭克福猶太博物館，參觀關於鮑爾生

平的資料展「檢察官鮑爾」(Fritz Bauer. Der Staatsanwalt),讀到他努力要將納粹戰犯艾希曼(Adolf Eichmann)繩之以法,與德國及以色列情報單位多次書信往來的資料,對其嫉惡如仇、有所堅持的強烈法律人特質印象深刻,便開始蒐集資料,研究他的生平。

一般說來,檢察官不像法官會吸引媒體及社會高度關注,但鮑爾是個例外,他對司法正義的追求、對大屠殺的研究、對轉型正義的論述,甚至也成為學界注目的內容。鮑爾在早年就展現了他對於社會的熱情。他一九〇三年出生於斯圖加特,與大哲學家黑格爾同鄉,而且就讀同一所中學,十七歲時加入社會民主黨,中學畢業後到海德堡、慕尼黑、杜賓根等地研讀法學以及神學,一九二七年取得海德堡大學法學博士學位,一九二四年及一九二八年通過兩階段國家司法考試,在威瑪共和時期成為法官。一九三三年納粹掌權後,他的政治立場及猶太出身,加上位居國家司法體系核心,成為納粹最先清除的對象。他被逮捕及審查,最後納粹通過的《重建職業公務員法》清除了政府中的猶太公務員,鮑爾亦不例外。

他於一九三八年時逃至丹麥,後來德軍占領丹麥,他再逃至瑞典。流亡國外時他協助同樣被納粹趕到海外的社民黨事務。戰後回到德國重披法袍,一九四九年在布朗史威格(Braunschweig)法院擔任庭長,後來轉任檢察官,一九五六年來到法蘭克福的黑森邦總檢察署,直到一九六八年過世為止,始終持續不懈地與犯下大屠殺罪行的戰犯戰鬥。他曾寫過他返回德國的動機:「我想要成為一個真正服務於法律正義、人性與和平的法律人,而不是只說些空話。」

他確實是這樣的法律人。

在沉默的迷宮裡

戰鬥，是形容他一生司法工作最好的詞。他戰鬥的對象不只是納粹戰犯，還包括整個司法體系，甚至整個政府。在第三帝國期間，幾乎所有公務員都加入納粹，不認同納粹意識形態的人，也都被迫離開了公務體系，例如鮑爾本人。戰後，雖然在紐倫堡大審中審判了戰犯，可是那僅是代表性的幾個人，在整個政府體系中仍殘留著許多前納粹黨員，他們照常上班，照常掌管國家機器，彷彿在納粹時期所做的一切都沒發生過。戰後初期的氛圍是，沒有人想追究兇手，因為兇手無所不在，沒有人想面對歷史，因為那實在太尷尬也太沉重。當時的政壇共識也是往未來看。一九四九年九月，聯邦總理阿德諾就在政府聲明中表示，「必須讓過去成為過去。」（Vergangenes vergangen sein zu lassen）因此可以說，雖然納粹主要戰犯已被審判，但是許多當年發號施令的人，以及他們的共犯，都

鮑爾檢察官的一生，都在和納粹戰犯、司法體系以及整個政府戰鬥。（Wikimedia Commons）

能全身而退，其他人也不願再提起一九四五年前發生的一切。

德國猶太事務中央委員會的創始人之一，也是最早控告德國政府必須賠償集中營強迫勞動案件的集中營倖存者沃爾海姆（Norbert Wollheim），在晚年接受記者訪問時，提及戰後令人失望的氣氛。他記得戰後第一屆德國國會被選出後，原來大家寄予重望，結果阿德諾的第一次政府聲明，對於剛剛過去的德國納粹歷史隻字不提，完全未悼念犧牲者，更不用說有任何實踐轉型正義的倡議。[1]

就在這樣的氣氛下，德國不願面對過去，掌握司法機關的人在戰前戰後基本上並無太大差別。一九五三年時的法官與檢察官中，有超出六五％的比例曾於第三帝國任職；一九六四年時，德國聯邦最高法院（BGH；Bundesgerichtshof）的法官中，有超過七成曾活躍於希特勒政府中的司法機關。為什麼有這麼高比例的法律人在戰後的民主德國繼續留任？曾在第三帝國擔任軍法官、後來成為巴登符騰堡邦邦總理的菲爾賓格（Hans Karl Filbinger）所說過的一句自我辯解，可以完美詮釋當時的法律人心態：「當年合法的事情，今日不可能不合法。」（Was damals Recht war, kann heute nicht Unrecht sein.）換句話說，絕大多數法律人認為他們在帝國時期也只是在執行法律，他們當時的作為，是在當時法律架構下的正確作為，戰後德國要溯及既往，追究他們曾被認為是正確的公務行為，這是不合理的，甚至是種政治清算。國會議員梅爾頓（Hans Merten）也在國會中致詞表示，以正義之名對納粹時期公務人員追溯，連司法的門外漢都知道這與正義無關，而是一種政治追殺、一種歧視、一種復仇。

在這種氣氛下，可以想像鮑爾處在巨大的沉默迷宮裡，他當然不願意像阿德諾說的那麼簡單讓過去成為過去。他認為如果不處理過去的問題，未來必將重演。早在一九四四年於丹麥出版的專書《法庭上的戰犯》（*Krigsforbrydere for Domstolen*，後以*Die Kriegsverbrecher vor Gericht*為名，隔年推出德文版），他就明確指出德國人民必須回到國際法中，思考德國曾經如何違背國際規範，記取教訓，如此才能在未來避免不法再度發生，並捍衛人權。

不法國家的共識確立

他追討納粹戰犯的工作雖然重要，但我認為更重要的是另一個在電影沒有交代、關於納粹的著名案件：雷默爾（Remer）案。

一九五一年五月三日，鮑爾任職的總檢察署所在地布朗史威格，極右派政黨社會主義帝國黨（Sozialistische Reichspartei）的政客雷默爾（Otto Ernst Remer）在一個公開的競選活動中，宣稱一九四四年七月二十日發動暗殺希特勒最後失敗的那些起義軍官們——其中一位就是湯姆・克魯斯在《行動代號：華爾奇麗雅》（*Valkyrie*）飾演過的史陶芬堡（Claus Schenk Graf von Stauffenberg）——為「叛國者」，未來沒有人會願意承認與那起暗殺事件有關。

雷默爾本人就是當年鎮壓暗殺行動的帝國軍官，他的邏輯是，那些發動暗殺的軍官們，都是對國家及對希特勒宣誓效忠過的，因此他們的不服從，就是背叛自己與國家訂下的誓約，就是叛國。這番言論被媒體報導後引起軒然大波，當時的聯邦內政部長雷爾（Robert Lehr）以及幾位起義失敗被處決者的家屬立刻控告雷默爾，表示身為納粹的抵抗者，被雷默爾的言論侮辱了。但是布朗史威格總檢察署負責本案的檢察官拒絕起訴雷默爾，最後在鮑爾介入之下，本案才成案。鮑爾當時為總檢察長，認為這個案子有指標性意義，便親自起訴雷默爾，在他努力之下，把一件原來是侮辱罪的簡單案件，辦成了在司法及政治史上改變歷史的大案。

當時德國的法界認為暗殺行動實屬非法，慕尼黑法院確實也曾做出判決，認為暗殺行動的參與者是叛國者。而犧牲者史陶芬堡的遺孀也因而不被允許以軍官遺孀的身分領取先夫的退休俸。鮑爾希望能藉由這個案子紀念那些犧牲者、為抵抗納粹者正名，並且釐清抵抗權及第三帝國的國家法律地位。

當時的刑法對於叛國行為的定義是：傷害自己國家的刻意行動。鮑爾的訴訟策略是，暗殺行動並非針對國家發動，暗殺是為了除去對國家傷害最大的希特勒，目的在促進國家利益，甚至是維持人性尊嚴與人權的必要手段，也是當時救國的行動。但反對者認為，公務員宣誓具有忠誠義務，對於法律制度不可因一己之見而輕易毀棄。正反兩方各自找來當時德國最優秀的法學、倫理學、政治學，甚至神學專家，針對國家與公民關係、抵抗權的法律地位、公務員義務等問題進行激辯。當時交鋒的內容，簡直就是從不同角度釐清法治國家核心精神的豐富文本。[2]

天主教學者安格邁爾（Rupert Angermair）就論述，從天主教的德行神學看來，沒有絕不可破除的誓約，尤其是參與暗殺行動的軍官們當年立誓對象應是「德國人民的共同福祉」；至於叛國罪是否成立，他認為希特勒先背叛了共同福祉，那些暗殺行動參與者並未外通敵國，而是為了承擔對人民的責任。安格邁爾說，倘若這些人持續支持希特勒，才是真正的叛國者——他的主張暗示了，那些服膺於不正當政權的人，才是真正的叛國者，也就是幾乎所有第三帝國內的人民。

新教神學家伊萬德（Hans-Joachim Iwand）與沃爾夫（Ernst Wolf）亦闡述從中世紀到當代的新教學說，支持暗殺行動是承擔了「真正的、基督教精神的、以及政治的責任」。

最後鮑爾成功打贏了這場官司，他在審判過程中留下的這句名言，成為媒體焦點：「像第三帝國這樣的不法國家，根本就不具有對它犯下叛國罪的資格。」（Ein Unrechtsstaat wie das Dritte Reich ist überhaupt nicht hochverratsfähig.）雷默爾被判刑三個月，之後逃亡並死於國外。此後，納粹政體是一種「不法國家」，遂成為德國法學界的共識。而德國刑法對於叛國罪

雷默爾在第三帝國時期，是鎮壓暗殺希特勒行動的帝國軍官之一。一九五一年他在競選活動中，公開宣稱這些起義軍官是叛國者，軍官的家屬立刻控告雷默爾侮辱。身為總檢察長的鮑爾親自起訴本案，藉此案釐清了抵抗權及第三帝國的國家法律地位。

（Wikimedia Commons）

的規定，也強調只有背叛「合憲體制」(verfassungsmäßige Ordnung)時才構成罪名，因此只有自由民主的法治國，才是必須效忠的國家。

這個判決進一步探索了這個概念：倘若國家違憲，則起義公民不只不是叛國，還具有抵抗權(Widerstandsrecht)。鮑爾認為，當國家侵害人權及人性普遍價值時，公民有權抵抗以捍衛人性。他在《抵抗國家公權力》(*Widerstand gegen die Staatsgewalt*)一書中定義抵抗為「對於所有被非法侵害之人的急難救助，無論這些受害者國籍為何」。另外他也確定逃亡是一種抵抗權：「移出一個暴政國家，就是抵抗。」這個說法，相當程度上影響了今日德國社會對於來自中東尋求政治庇護者的思考。

自由意義的法律人

一九五六年他來到法蘭克福總檢察署後，貫徹了他的抵抗權概念。鑒於德國司法機關不願追拿艾希曼，他只好密通以色列情報機構，以緝捕艾希曼到案。在此，我想討論他不惜私通外國、不惜國際社會知道德國縱容戰犯，也要緝拿艾希曼的堅持，對德國有什麼意義。

鮑爾這種橫眉冷對千夫指的堅持，其實是痛挖德國社會的傷口。他不顧同僚反對，追訴納粹戰犯，在政府體系裡受到排斥、甚至威脅。他曾多次在訪問中說：「我離開我辦公室的時候，總覺得像踏入了外國。」「德國法院如同敵國。」「在司法體系中，我就像流亡者一樣生活著。」他如同雅典的蘇格拉底，是一隻不停叮咬社會的牛虻，說著沒有人喜歡聽的諫言。也正因其不討喜，他所屬的社會民主黨執政時，也不會將他送進聯邦憲法法院。

可是，正因他的堅持，德國在國際社會的道德高度上才不至於一敗塗地。他代表的是德國戰後青年質問上一代的憤怒與自省，那一代的青年，如同《謊言迷宮》裡那位法蘭克福總檢察署的年輕檢察官，對於集中營發生的一切原本毫無所知。他與其他戰後第一代年輕人，在戰時太小，未參加戰爭，被視為是清白的第一代，他們不知道納粹罪行，很多人相信納粹戰犯在紐倫堡大審被判刑，正義因而得以被伸張；沒有人願意談，只想掩蓋，而國家、教育系統也絕口不提那段歷史；執行那些命令的無數納粹官僚們，依然潛逃國外或在德國正常生活、工作，彷彿一切都不曾發生過。可是這種沉默的國家，永遠不可能與其他受害國和解，德國人終究得穿越沉默與謊言的迷宮，將整個上一代人在戰時犯下的不可思議的暴行暴露出來，以求得傷口能真正痊癒的機會。如果沒有鮑爾的鍥而不捨，很難想像日後德國可以與東歐國家和解，以及現任總理梅克爾在面對安倍晉三談起德國歷史時，可以那般真誠。

更重要的，鮑爾的擇善固執，是履行他做為一個真正法律人的義務，那種義務並不是維持國家的正常運作，而是正

鮑爾當年辦公的檢察署。在他的堅持下寫上了德國憲法第一條：人性尊嚴不可侵犯。　（蔡慶樺攝）

義。德國《法官法》第三十八條即明訂法官之誓言：「我宣誓，在忠實於基本法及法律前提下，履行法官職務，並以最佳知識及良知去判決，不受當事人身分地位影響，只服從真理與正義。」從這裡可看出，法律人服從的不是國家，而是憲法、真理與正義；鮑爾不惜對抗整個國家、不惜在自己的國家成為流亡者，也要掀開全體社會的傷口，因為他知道他真正應該服從什麼。後來在他堅持下，法蘭克福總檢察署大樓外牆上掛上了德國《基本法》第一條的醒目文字——「人性尊嚴不可侵犯」。並非國家價值，而是人性尊嚴，才是他畢生奮鬥的目標。

鮑爾在學生時代時去了海德堡大學讀法律，當時開設法學緒論的教授是後來成為威瑪共和司法部長的知名法學家拉德布魯赫（Gustav Radbruch）。拉德布魯赫區分出兩種法律人：秩序意義的法律人（Jurist aus Ordnungssinn）與自由意義的法律人（Jurist aus Freiheitssinn），前者強調的是國家理性，後者強調的是自由才是行動的標準。當時那個不到二十歲、攻讀法學的大一學生，想必在課堂上早已決定他這一生要成為哪種法律人了。

一九六八年七月一日，鮑爾被發現死於自家浴缸中——那是一棟位於法蘭克福費爾貝格街（Feldbergstraße）上極不起眼的平凡公寓。法醫認為疑似自殺。這位終身未娶無後的司法人，留給世界的財產卻比多數人還要多。在他身後，法蘭克福成立弗里茲鮑爾研究所（Fritz Bauer Institut），研究大屠殺及轉型正義議題；聯邦司法部設立鮑爾獎學金，獎勵研究人權及猶太史的學生；法蘭克福高等法院前設立紀念碑，也將法院裡一個會議廳命名為鮑爾廳，彰顯他對德國司法的貢獻；鮑爾畢業的中學設置以他為名的獎項，並在學校大廳漆上了鮑爾的名句：「我們無法在這塊土地上創造出天堂，可是我們每一個人都能夠做些什麼，好讓這塊土地不致淪為地獄。」（Wir können aus der Erde keinen Himmel machen, aber jeder von uns kann etwas tun, daß sie nicht zur Hölle wird.）

這句話他不只對法律人說，他對我們每一個人說。

注釋

1 Richard Chaim Schneider, *Wir sind da!* Berlin 2000, S. 114.

2 可參閱哥廷根大學國際法研究所創所所長、也是納粹政權抵抗者及受害者Herbert Kraus所撰*Die im Braunschweiger Remer-Prozeß erstatteten moraltheologischen und historischen Gutachten nebst Urteil.* Hamburg 1953。

一堂為德國社會而上的正義課——法蘭克福大審

張開雙眼的正義女神

在法蘭克福羅馬山廣場（Römerberg）上，有一個知名地標：正義女神噴泉。這座噴泉的中心矗立著一尊右手執劍、左手高舉天秤的女神雕像，象徵司法的執法權威與判定正義與不義的功能。不過這尊正義女神特殊的地方在於，她並未被蒙上眼罩。

正義女神（Justitia，拉丁文Iustitia）是羅馬帝國時代即出現的神祇符號，在羅馬神話中是一位代表司法、降臨於邪惡世間的女神，幾千年來成為正義化身，今日在德國各司法機構都可見到其雕像或畫像。一般在德國各處可見的正義女神形象有三個主要的特徵：天秤、劍以及眼罩；分別象徵公道、權威及無私。蒙上眼罩的女神，看不到世人的背景、身分，只知道衡量對錯，是真正的大公無私。

可是，為什麼法蘭克福的正義女神不蒙上眼罩呢？

這座噴泉歷史悠久，十六世紀即已存在，但一開始噴泉並無正義女神像。在一六一二年羅馬皇帝於法蘭克福加冕時，藝術家霍克愛森（Johann Hocheisen）受委託完成了正義女神像及噴泉基座，奠定了今日所看到的模樣。當時女神腳下流的不是水，而是酒，全市的居民在此為了自己是帝國子民而共感榮耀。經過幾百年，噴泉毀壞，在十九世紀末由法蘭克福酒商集資重建，修復基座，並將原來的女神由石像改為銅像，但姿態不變，依然是手執劍與天秤、沒有蒙眼的女神。而基座上刻上了這些拉丁文：

Justitia, in toto virtutum maxima mundo, Sponte sua tribuit cuilibet aequa suum.

正義女神，在德行的世界裡是第一位也是最偉大神祇，以公正之手，給予每個人其所應得。[1]

從這行文字可以看出，創作者希望的正義女神能以公正之手，給予每個人其所應得。可是以今日的理解，不蒙眼是否真能公正？其實不蒙眼，是因為更古老的正義女神形象就是如此。最知名的蒙眼正義女神形象，是塞巴斯提安．布蘭特所著的《愚人船》（*Das Narrenschiff*）中的插圖。這本書於一四九四年出版，描述中世紀時各種瘋狂與愚昧的人類，是德語區的暢銷書；翻譯成拉丁文後，更影響了整個歐洲世界對於瘋狂的想像，例如法國哲學家傅柯就在《瘋癲與文明》中引述了這本書。

《愚人船》第七十一章中出現蒙眼的正義女神。該章描述的是上法庭、好爭辯的愚人，這種喋喋不休的人企圖透過口舌之辯逃離正義的判決，而配圖就是名畫家杜勒（Albrecht Dürer）所畫的木板畫，正義女神雖然手執天秤與劍，但是被愚人遮蔽了眼睛，無法施展其公正之手。從這裡可以看出，在十五世紀時，蒙眼對於正義來說並非好事，因為將無法看清那些狡辯之辭，相反的，睜開眼睛才能真正給予每人其所應得的。

等待太久的審判

從這個睜眼的正義女神正可思考法蘭克福大審的意義。法蘭克福正義女神的對面就是市政廳，而一九六三年時，這裡正是法蘭克福大審的審判進行處。

這個被媒體及民眾稱為奧許維茲大審的重要司法事件，正式名稱為「起訴穆爾卡及其他人」（Strafsache gegen Mulka u. a.），一九六三年十二月二十日在法蘭克福市政廳開始。那一天鮑爾對著來自全球的媒體，強調這場德國已經等了太久的審判，對於這一代人的意義。他說這場審判可以讓我們學到一堂課（eine Lehre, eine Lektion）。最後這堂課進行了二十個月，開庭日共

Matthias Krönung所畫的選帝侯馬隊（Kurfürsten reiten zur Wahl），呈現了一六一二年羅馬帝國皇帝的加冕盛典，正義女神噴泉在該年整建完成，與今日樣貌相去無幾。（Wikimedia Commons）

達一百八十三天，被起訴者二十人。

先從奧許維茲的背景來思考，為什麼這場審判如此必要。德國在戰爭剛結束時，立刻在同盟國的主導下舉行了紐倫堡大審，可是那場審判針對的是主要戰犯，而非參與種族滅絕的共犯。然而，如果沒有那些士兵、警衛、技術官僚、醫生等等，不可能系統性地執行大屠殺任務。可以說紐倫堡大審確定了納粹的無人性罪行，可是如何處理那些主要戰犯以外的共犯者，戰爭結束後近二十年，沒有人願意碰觸這個議題。

對德國政府來說，這也是個尷尬棘手的議題，戰後阿德諾總理就曾表示，希望德國在同盟國的指導下盡快結束去納粹化（Entnazifizierung），因為他不希望德國人長期被分裂為兩種人：政治上清白的，以及有汙點的。後來西德政府甚至立法豁免那些參與納粹罪行程度較低的人，並把一度因去納粹化而被開除的公務員再找回公務界來。[2]

這種想趕快結束去納粹化工作的心態，可以從下面數據看出。終戰隔年雖然通過了《解除國家社會主義與軍事主義第一〇四號法令》（*Gesetz Nr. 104 zur Befreiung von Nationalsozialismus und Militarismus*），試圖釐清曾參與納粹者的罪責，然而在同盟國主導下的去納粹過程充滿形式主義，不管是同盟國或聯邦德國都只想行禮如儀。根據該法，與納粹有所連結的人必須接受審查，審查判定五種類型：主犯（Hauptschuldige）、有罪者（Belastete）、輕罪者（Minderbelastete）、同行者（Mitläufer）、免罪者（Entlastete）。其中同行者與免罪者被判定可獲得去納粹化證書。

直到一九五〇年代初期，同盟國占領區大約審理了三百六十萬件案件，其中只有一千六百六十七人被判定為犯下戰爭罪行的「主犯」，二萬三千零六十人被判定為「有罪者」，超過十五萬人是「輕罪者」，超過一百萬人是「同行者」，超過一百二十萬人是「免罪者」。無數納粹黨員因此拿到去納粹化證明書，如果考量法令中對於同行者的定義——雖加入納粹但只以非常不起作用的方式支持，或者並非軍方成員；以及免罪者定義——雖加入納粹，但只是被動地參與，甚至主動進行了某種形式的抵抗，因而自身亦受到某種損害。這不能不讓人懷疑，怎麼可能絕大多數的納粹黨員都被認定為只是名義上加入、甚至曾經抵抗。這樣浮濫地審查，也讓去納粹證書被戲稱為「洗潔證」（Persilschein）。

就是在這樣的背景下，清白與有罪之間的區分被置之不理。為了下個世代能夠勇敢地立足，這個議題終必須觸碰，其中牽涉到的戰爭罪行、服從正當性、責任倫理，都必須釐清，不能就當成這場戰爭從未發生過一樣，這是對犯罪者的包庇，對下一代的剝奪，也是對受害者的汙衊。因此，西德在一九五八年時成立了「納粹暴行調查中心」（Zentrale Stelle zur Aufklärung

《愚人船》中蒙眼的正義女神
（Albrecht Dürer /Wikimedia Commons）

der nationalsozialistischen Gewaltverbrechen)，開始調查當年的共犯結構。

在「納粹暴行調查中心」成立後，追查當年暴行的必要性才被凸顯，而奧許維茲集中營的倖存者，於一九五九年控告當年集中營的守衛與祕密警察，這個案子的文件透過記者來到鮑爾手中，他決定執行正義，貫徹正義女神的教誨，給予每個人其所應得的——犯罪者應受懲罰，而受害者的尊嚴也應該被回復。

奧許維茲就是一個明確的不義發生之處。從一九四二年到一九四四年間，大約九百天，德意志帝國鐵路以大約六百班班次的火車，將各地的猶太人解送到這裡；這些囚犯們一下車就會被「擇選」(Selektion)，那些帶著小孩的老弱婦女會立刻被送到毒氣室裡；共有約八十六萬五千個猶太人，一抵達奧許維茲後立刻被毒死；大約有二十萬個猶太人被「擇選」為可用勞動力，在營養不良及惡劣無比的勞動環境下工作。最後，共有九十六萬五千個猶太人、七萬五千個波蘭人、兩萬一千個辛提人和羅姆人、一萬五千個蘇聯戰俘、一萬五千個其他背景的人，在這個巨大無比的集中營營區被謀殺。

由這麼龐大的數字可以想像，要使這座滅絕營順利運作，背後必須有強大官僚系統支持。從一九四〇年到一九四五年間，有大約八千二百名衝鋒隊隊員在此服役，其中有二百人是女性。這些奧許維茲的管理者們中，大約有八百人被審判，大部分是在波蘭法院。德國法院總只起訴了四十三人。[3]法蘭克福在一九六三年的這次大審，就是所謂的第一次奧許維茲大審。

為社會啟蒙

鮑爾於一九五九年接到案子，交辦給年輕檢察官庫格樂（Joachim Kügler）、佛格爾（Georg Friedrich Vogel）、維瑟（Gerhard Wiese）偵查，另外也從其他地檢署調來檢察官瓦爾洛（Jahannes Warlo）協助——他召集這些年輕檢察官，就是因為他們年輕，沒有機會在納粹帝國時期受司法訓練，因此意識形態未受影響，可以突破戰後被納粹時期舊世代所掌握的司法界。當時司法界與納粹牽扯之深，除了可以從戰後留任的納粹司法官人數看出來，也可以用一個名字來說明：威爾那．海德（Werner Heyde）。海德原是符茲堡大學醫學教授，在納粹時期是執行安樂死計畫中心的醫學部門領導人，殺人無數惡名昭彰。戰後原被囚禁於戰俘營，一九四七年海德趁押送途中在符茲堡轉車時，脫逃成功。他逃到基爾（Kiel），化名薩瓦德（Fritz Sawade）繼續行醫，而他主要收入的來源包括地方法院的醫學鑑定委託。法院中許多人其實知道這位薩瓦德醫生的真實身分並包庇他，包括石荷邦（Schleswig-Holstein）的檢察總長。[4]

就在這樣的氣氛中，幾位檢察官突破層層困難，調查偵訊大約一千名嫌犯，傳喚約八百名證人，歷經數年才展開審判。

為什麼要花這麼久的時間？因為鮑爾堅信，起訴那些共犯結構不是為了為個人復仇，而是要讓德國社會學到關於正義的一課，這無關私人，而是公益。他希望案例蒐集得愈多愈好，以便能將納粹暴行向社會整體呈現。他也多次向國際媒體強調，這個審判是要查明當年罪行發生的政治歷史條件，是要對德國社會啟蒙。當時參與的一位檢察官就在一封信裡這麼形容當時鮑爾的態度：「鮑爾博士想以最現代的工具，以及一切可使用的觀看素材，讓這場審判眾所周知，例如照片、攝影等，都必須發揮重要功能。」[5]

於是在鮑爾主導下，不只法蘭克福的正義女神張開雙眼，德國民眾也必須取下他們的眼罩，仔細觀看這次審判。便有媒體評論，鮑爾打這場官司的方式，是強迫整個國家一同直視當年曾對一個民族犯下什麼樣的罪。

您要說的是，您當時並不知情？

鮑爾認為大屠殺必須被視為一個所有在集中營服役過的人都共同參與的罪行，無論這些人是守衛、醫師或門房；也就是說，所有處在集中營裡的工作人員都是一個行動整體（Handlungseinheit），對這個整體屠殺計畫直接提供協助成為共犯（Mittäterschaft），沒有這些人的存在，這個計畫不可能被執行。[6]他這麼說：「誰參與操作這個謀殺機器，也就對於謀殺被執行同負罪責，不管他做過什麼。這裡的當然前提是，他知道這謀殺機器的目的，當然，在那集中營裡的、或與集中營相關的人員都知道，從守衛到高層，毫無疑義。」[7]

這是與當時主流法界意見相左的。例如聯邦高等法院認為，集中營裡發生的慘案，還是必須以刑法對謀殺案的規定來審視，必須針對每個個案分別調查，沒有所謂整體共犯架構。聯邦高等法院強調：「在奧許維茲案件中涉及被告的部分，並非是個別的特定犯案者所結合起來的確定的犯罪體（Tatkomplex），而是出於各種不同原因的殺人行為，有些是接受命令，有些是自主行動，有些是犯罪者，有些是共犯。」

這兩種立場各有道理，事後證明這場審判，並不是一場成功的審判，被送到法庭上的，許多都是一些負責不重要工作的人，真正應該負起責任的許多重要共犯，都因缺乏證據，在戰後無憂無慮地開始新人生。一個例子可以說明當年那個審判如何讓人失望。負責本案的一位檢察官庫格勒，被鮑爾選中承辦此案，就是因為他被認為是一個「並不信任國家的檢察官」（nicht staatsgläubig），能突破利益關係清查。而在他深入調查後，不幸地卻加深了他對國家的失望。他在審判結束後辭去檢察官職務，轉任律師，到死都未再擔任公職。他的墳上刻著一行當初他還在檢察官任內最常問的問題：「您要說的是，您當時並不知情？」（Sie haben es nicht gewusst, wollen Sie sagen?）

幾年後，被稱為六八世代、不曾涉入法西斯體制的人們，走上街頭，向被稱為四五世代的父輩母輩們，重新提了那個不曾得到滿意答覆的問題：「您要說的是，您當時並不知情？」只是，這次是用暴力的方式。

注釋

1 Georg Ludwig Kriegk, *Geschichte von Frankfurt am Main in ausgewählten Darstellungen: Nach Urkunden und Acten*. Heyder und Zimmer, 1871. S. 479.

2 這一段西德政府容忍納粹的歷史可參見紀錄片 AKTE D - Das Versagen der Nachkriegsjustiz（https://youtu.be/xXStpXJ4W5E）。

3 Werner Renz, „Auschwitz vor Gericht. Zum 40. Jahrestag des ersten Frankfurter Auschwitz-Prozesses," in *Hefte von Auschwitz*, Nr. 24 (2009), S. 191-299.

4 Ronen Steinke: *Fritz Bauer oder Auschwitz vor Gericht*. München 2013. S. 191.

5 Werner Renz, "Fritz Bauer und der Frankfurter Auschwitz-Prozess," Fritz Backhaus, Monika Boll, Raphael Gross (hrsg.): *Fritz Bauer. Der Staatsanwalt*. Frankfurt am Main 2014. S. 158.

6 ibid. S. 159.

7 ibid. S. 167.

對人類真正的愛：平凡人辛德勒的不凡義行

拯救猶太人

一九〇八年，奧斯卡・辛德勒（Oskar Schindler）出生於東普魯士地區的茲維濤（Zwitrau，今日捷克境內），父親經營農機工廠，他也走上機械的道路，成為一個工程師並接下父親的工廠。二十歲那年他與艾米莉（Emilie Pelzl）結婚，一九三〇年開始，因為經濟蕭條，他結束家業，去另一家機械公司任職。

雖然我們都知道他拯救了猶太人，但他並非什麼懷有偉大志向與情操的義士，只是一般的凡人，想在亂世中存活，卻在時局中發現自己的使命。三〇年代時他為德國在東歐從事間諜工作，一九三九年他加入了納粹黨，隨著德軍占領波蘭，他也得以在波蘭開設自己的工廠，利用當地廉價的勞動力生產軍用物資。

四〇年代開始，辛德勒的工廠因戰爭的緣故擴大規模，僱用大量員工，他也與軍方高層維持良好關係。而納粹開始全面迫害猶太人後，辛德勒也決定在克拉科夫（Kraków）更大規模地僱用波蘭的猶太員工，也在工廠裡收容安置，照料員工的食宿，並藉口為免影響軍用物資供給，請祕密警察不要對他的員工動手。他與艾米莉袒護猶太人的舉動引來祕密警察懷疑，曾因此被捕。在他工廠裡受庇護的猶太人員工，大約一千兩百人。直到戰爭結束前，他與妻子透過行賄納粹軍官，將約一千三百人從鬼門關前救回來。

戰爭末期，隨著蘇聯軍隊逼近，辛德勒接獲命令關閉克拉科夫的工廠，遷廠至捷克境內的布魯尼茲（Brünnlitz），雖然納粹軍方不准，他還是透過賄賂手段取得許可，將一千多位猶太員工一起帶到了新的工廠。

困頓與猶太人的友誼

一九四五年戰爭結束後，辛德勒從東歐回到了德國，後來移民到阿根廷經營農場，但並不成功，債臺高築。他將妻子艾米莉留在阿根廷，獨自於一九五七年回到德國，希望處理原來留在德國的資產之後，能回到阿根廷解決債務，結果這個計畫比原先所想的還要困難冗長，辛德勒必須在法蘭克福租賃一間單人房，等待幾年後才得到約四萬五千馬克，遠遠不夠償還他在阿根廷的債務。後來，他沒再返回阿根廷，試著在德國飲料業、皮革製造業、水泥業等產業另起爐灶，但也沒能逃過破產的命運。

被留在阿根廷的艾米莉，從此沒有再與她的先生相聚。她一生支持辛德勒，包括戰時辛德勒將一千二百位猶太人列入員工名單，拯救許多並不相識的性命——雖然，她並不清楚為什麼先生要賭上自己擁有的一切資產、冒生命危險去營救那些人。她也背負辛德勒留在阿根廷龐大的債務，一九六二年時因而必須把農場賣掉，搬到一個由猶太團體B'nai Vrit提供的小房子居住，沒有健康保險，也沒有退休金，靠著救濟度過晚年。

辛德勒的事蹟並沒有被遺忘。德國政府在一九六五年頒發他聯邦一等服務獎章，以色列在一九六七年頒發他「國際義人」稱號，並在耶路撒冷的「正義之路」植下一株紀念他的樹，一九六八年也獲教宗頒發勛章。但是，他的國際聲望並未為他帶來什麼經濟上的好處。辛德勒自己與他太太一樣過得很困頓，六〇年代時曾有電影公司與他接洽，擬拍攝關於這段義舉的故事，他自己寫好了劇本，電影公司也於一九六五年擬定知名英國演員李察．波頓（Richard Burton）及奧地利演員羅美．雪妮黛（Romy Schneider）飾演他們夫婦，但這個計畫於一九六七年確定胎死腹中，電影公司也未曾寄還他親手撰寫的劇本。[1]

感恩的猶太人們見他困苦，發動捐款，於一九六三年募集了一筆資金；當年

辛德勒與他的妻子艾米莉，在亂世中以經營軍用物資工廠維生，卻也在過程中發現自己的使命，挽救了約一千三百名猶太人。

（Wikimedia Commons）

許多獲他拯救的猶太人已移居以色列，知道辛德勒的困境後邀請他到以色列。一九六一年，他首次踏上了以色列，從六〇年代起，他在耶路撒冷與法蘭克福間來來回回，在耶路撒冷期間就輪流住在獲他拯救的猶太人家中，在法蘭克福期間就居住在孤獨的單人房裡。

一九七四年，辛德勒病逝，在法蘭克福進行的喪禮有無數猶太人前來哀悼。過世後依其遺願葬在耶路撒冷錫安山，在感恩的猶太人集資下，為他在耶路撒冷修建了墓園。

他的墓碑上寫著：「辛德勒，一九〇八年十月二十八日至一九七四年十月九日。永誌這位拯救一千二百位受迫害猶太人生命的人。」每年無數人來訪，在他墓地上放置一塊石頭，感念他曾經證明的人性光輝。

火車站旁四號

要不是史蒂芬・史匹柏拍了《辛德勒的名單》（*Schindler's List*），辛德勒死後，這段往事應該也會隨著他救助過的猶太人的逐漸凋零而被遺忘。晚年他在法蘭克福的居所，是在火車站對面大樓裡便宜租下的一間小單人房，地址是火車站旁四號（Am Hauptbahnhof 4）。現在門口設置了一個紀念碑，正好是地鐵出口處。我每次經過，總要駐足看看這個地方，感嘆這樣一個在真正危險的時代為後世奠立正義與勇氣規範的人，晚年竟如此窮途潦倒，病居鬧市。

紀念碑旁是一間愛爾蘭酒吧，來來去去的旅客與酒客們，無人抬頭看這塊鑄著他的頭像與他的事蹟的紀念碑。但他的事蹟不該被忘記，至少我不會忘記。

談到個人與威權體制的關係時，艾希曼是最知名的案例，學者喜歡提起這個名字，以探討個人如何無條件服從威權體制，進而成為共犯。而如果要說起在獨裁政權下嘗試與邪惡周旋，嘗試在絕對的暴力中拯救無辜者，在火車站旁四號孤獨度過餘生的老人，正是最佳例證。他證明了，不需要是偉大的人，一個平凡人也擁有在邪惡的世界裡開出善之花朵的潛力。

如果沒有電影《辛德勒的名單》，辛德勒夫婦原本可能會逐漸為世人遺忘，但猶太人不曾忘記過。辛德勒在錫安山的墓園每年有無數人來訪，感念他的不凡義行。
（Wikimedia Commons）

注釋

1 Erika Rosenberg. *Oskar Schindler: seine unbekannten Helfer und Gegner*. Münster 2012, S. 12.

他們選擇服從——第三帝國的外交官與戰後的外交官審判

帝國的外交官們

戰後的法蘭克福是轉型正義的戰場，其中一場戰役被稱為「外交官審判」（Diplomaten-Prozess），兩位外交官站上了被告席。在討論這場審判前，必須先瞭解德國外交部與納粹之間的背景。

對於第三帝國時的外交官與希特勒間的關係，向來有個說法，認為外交官與希特勒並非同路人，這些家世背景良好的外交官，許多人祖上都是俾斯麥時代的官員，對於德國的法治與國家主義高度認同，認為自己處在一個偉大的帝國傳統中，並不喜歡希特勒這種沒有受過良好教育的鄉下莽夫——外交部的德文名稱是從北德意志聯盟一直延續到俾斯麥統一德國後的「對外事務署」（Auswärtiges Amt，媒體常簡稱AA或Außenamt），為維護其傳統，並未改為當代通用的外交部（Ministerium für Auswärtige Angelegenheiten或Außenministerium），可見德國外交部對於自身的定位。

因此，一直有個「傳說」，在納粹掌權後，這個「對外事務署」只是不情願地被動配合指示，甚至還是某種祕密抵抗的溫床。可是，在費雪擔任外交部長時，委託史學界專家組成研究委員會，於二〇一〇年時出版成果報告：《外交部及其過往——第三帝國以及西德時期的德國外交官們》（*Das Amt und die Vergangenheit. Deutsche Diplomaten im Dritten Reich und in der Bundesrepublik*），打破這個傳說，證明了外交部參與這個體系，並非因為不得不服從命令，也是來自機關內部的自發行為。而許多成為共犯的外交官們，在戰後繼續其公職，未受影響。

二〇一八年德國外交部舉辦特展「在職責之外——被授予國際義人稱號的外交官們」（Beyond Duty – als "Gerechte unter den Völkern" anerkannte Diplomaten），紀念那些二戰時期在外交崗位上抗命援助猶太人的各國外交官。外交部長加布列爾（Sigmar Gabriel）致詞時便提及這個「傳說」，並要求外交部的同仁們必須清楚提醒自己所處的部會在第三帝國期間的角色。

政府部門的納粹過往

外交部並不是特例。二〇一六年，德國聯邦司法部出版了《羅森堡檔案：司法部與納粹時期》（*Die Akte Rosenburg: Das Bundesministerium der Justiz und die NS-Zeit*）一書，該書是由兩位重要學者哥特馬克（Manfred Görtemaker，波茲坦大學史學教授）及薩福林（Christoph Safferling，厄爾朗根－紐倫堡大學法學教授）合著。他們從二〇一二年起，接受司法部委託，歷時四年合作完成研究。該書探討司法部如何在戰後處理這個機關在納粹時期的棘手過去，包括六〇年代開始追查納粹黨徒罪行時，司法部的立場。

從這本書的出版可以知道，即使戰爭結束七十多年了，即使德國這麼多年來研究第三帝國不遺餘力，對於納粹的問責卻從不是已完成的工作。尤其政府機關在納粹時期的行政作為，仍有太多未被交代的細節、太多未被討論的責任。

因此，梅克爾總理執政後，在聯合政府的組閣協議裡向人民承諾：「這個聯合內閣將處理各部會機關參與納粹的過往。」當年若是行政機關沒有忠實執行納粹政策，德國的法西斯化難以被貫徹，可是行政部門到底涉入的程度為何？在多大範圍內公務員們只是維繫國家機器的運作、而到哪一條紅線之後，公務員們便成為大屠殺的共犯？戰後德國去納粹化的情形又如何？這些都有待更多資料公布、更多研究者投入，才可能解答。於是，梅克爾的內閣近年陸續出版了刑事調查局（Bundeskriminalamt）、憲法保護局（Bundesamt für Verfassungsschutz）以及司法部的資料。目前正在進行中的還有關於情報局、財政部、經濟暨科技部、勞動暨社會部、內政部等部會研究。

但更早整理公布的是外交部的資料，不過卻不是在梅克爾主政時期，而是她的前任——社民黨的施洛德（Gerhard Fritz Kurt Schröder）總理任內定下的政策。然而，對於外交部納粹歷史的揭露，卻不是施洛德總理的既定政策，而是由一個突發事件所引發。

一名納粹外交官之死

二〇〇三年五月十一日，曾任外交部翻譯員的瑪嘉．恆瑟勒（Marga Henseler）寫了一封措辭憤怒的信給當時的外交部長費雪。她抗議，外交部內部通訊刊物登出了一篇悼詞，頌揚紀念剛剛過世的外交官努斯萊恩（Franz Nüßlein），而此人正是個徹頭徹尾的納粹。外交部也知道這件事，因為努斯萊恩曾被視為戰犯。她沒有想到，在以進步聞名的費雪率領下的外交部，竟然如此高調地哀悼一個前納粹官僚。

努斯萊恩是法學博士，也是納粹黨員，在第三帝國時期是高階司法官僚，曾任職帝國司法部，並在捷克的德國占領區擔任高檢署檢察官，任內執行死刑無數，以司法機器推動了納粹在占領區的治理。戰爭結束時他連夜逃走，最後還是被美軍逮捕，應捷克政府要求引渡到捷克受審。最後努斯萊恩因參與戰爭罪行被判處二十年徒刑，但於一九五五年提前出獄，出獄後立即加入德國外交部。

已經退休多年的恆瑟勒，早已不是外交部職員，但她無法坐視外交部的包庇，寄出這封措辭激烈的信。這封信並沒有被呈交給部長，在某個環節就被擋了下來。但恆瑟勒並不氣餒，反而把信寄給了總理施洛德，總理便交辦給費雪。外交部長非常震驚，下令不准再悼念這位納粹外交官，此舉引來外交部舊勢力的反彈、抗議。

費雪面對舊勢力反撲，決意追查到底，遂委託四位知名學者組成跨國工作小組，研究並揭露外交部在那十二年做了些什麼。

這個研究由馬堡大學歷史學者孔澤（Eckart Conze）主持，參與的史學家包括：弗萊（Norbert Frei，耶拿大學）、海耶斯（Peter Hayes，美國西北大學）、齊默曼（Moshe Zimmerman，以色列耶路撒冷大學）。最後於二〇一〇年十月二十一日發表出版成果，厚達將近九百頁的《外交部及其過往——第三帝國以及西德時期的德國外交官們》，韋斯特維勒（Guido Westerwelle）、施泰恩邁爾（Frank-Walter Steinmeier）以及費雪三位前後任外交部長均出席發表會。

外交部及其過往

本書一出，立刻引起外交部內外軒然大波，因為孔澤指出外交官們是希特勒極佳的助手，沒有外交官的協助，納粹屠殺猶太人的計畫不會這麼順利。《明鏡週刊》立刻於當年十月二十五日出刊的一期中刊出兩篇文章，一篇〈對木乃伊的攻擊〉（Angriff auf die „Mumien“）分析該書內容與外交部歷史，稱這是「一本令人不安的報告」、「專家們做出的審判是毀滅性的」；文章開頭就刊出一張照片，是一九三五年時的外交部，外牆插滿了納粹旗，非常醒目；另一篇則是對孔澤的訪談，在文中孔澤直呼外交部是「犯罪組織」（Verbrecherische Organisation）——這是紐倫堡大審中對於納粹黨下各式組織如蓋世太保、祕密警察等的定位。

外交部長久以來並不認為自己是納粹共犯——雖然戰後外交部中有不少人曾是納粹黨員，例如戰後第一個自民黨籍外交部長根舍爾（Hans-Dietrich Genscher），他派到北約的大使自一九三三年起就加入衝鋒隊、一九三六年起加入納粹黨。那個傳說——外交部中許多人來自貴族世家，自許為「反抗處」（ein Hort des Widerstandes），是希特勒的掣肘者——被這本書打破了，外交官們顯然對於納粹的猶太政策完全知情，而且是絕佳的執行者，是大屠殺的共犯。

孔澤做了詳細的考察，外交官如何做為組織的一分子系統性地參與大屠殺。例如，外交部的猶太事務顧問拉德馬赫（Franz Rademacher）在一九四一年去了一趟貝爾格勒，與駐地官員及外交官討論了策劃與執行屠殺猶太人之事，而他核銷差旅費的名目就是「清除貝爾格勒的猶太人」（die Liquidarion von Juden in Belgrad）。孔澤以此例指出，猶太人滅絕政策並非僅獲得外交部部分個別官員的支持，而是一種組織性的政策運作——試想，若非獲得外交部授權，拉德馬赫如何核銷這筆費用？許多駐外官員，也在解送當地猶太人到集中營的工作上「貢獻」良多。史學家認為大屠殺雖非由外交部造成，但是外交部的合作，對於大屠殺的「暢行無阻的執行」起了決定性的助力。

外交部的舊勢力在關於納粹時期的自我辯護上，一個常用的說法是：「那時我們也無能為力……」，他們自嘲為「木乃伊」（Mumien），表示自己只是活死人狀態（這也是《明鏡週刊》那篇文章標題的雙關語典故），另外外交部也表示他們確實也做了一些大大小小的反抗，但時勢如此，沒什麼人有辦法改變。然而，從《外交部及其過往》中可以看出，外交官們並非只是活死人，而是積極地參與了那一段歷史。

對於外交部與納粹的關係，孔澤等人並非是最早研究的，史學家德雪（Hans-Jürgen Döscher）已經分別從《第三帝國時的外交部——最終解決方案陰影下的外交》（*Das Auswärtige Amt im Dritten Reich. Diplomatie im Schatten der Endlösung*）及《陰謀的結夥——阿德諾麾下在新開端與延續之間的外交部》（*Verschworene Gesellschaft: das Auswärtige Amt unter Adenauer zwischen Neubeginn und Kontinuität*）兩本書奠定了研究的基調：有罪。而二〇一〇年這個研究持續指出了：確實有罪。

外交部的去納粹化

戰後如何去納粹化，一直是德國政治裡的一大難題，戰時成為納粹是一回事，戰後如何面對這段過去又是另一回事。許許多多納粹時期的公務員，仍然留在政府裡，外交部尤其是如此。當年戰後第一個總理阿德諾，就認為還是得借助老外交官的能力，倘若真要徹底執行去納粹化，外交部是難以運作下去的，因此外交部中有不少納粹時期即任職於希特勒政府的人，有些人甚至還積極參與黨政決策。阿德諾也知道這些人的問題，便把很有爭議的外交官外放到中東或中南美洲，以避開風頭。

史學家們整理了數字後，揭示一個不可思議的現象：在一九五〇到五一年時，外交部高階官員中竟有四二%曾加入納粹黨——即使在一九三八到三九年，希特勒當政時的外交部，也沒有這麼高比例的納粹黨員在其中任職。

總而言之，外交官們並沒有對他們的罪行做出懺悔或更正——在法律制度上並未受審，而他們也從來沒有主動公開表示悔意。為什麼會如此？孔澤指出，對這些第一帝國時代就存在的權貴外交官來說，確實存在著所謂「猶太人問題」，而德國確實也受此問題所困擾；另外他們也對德國受到《凡爾賽條約》的待遇深感不平，期待一個更強大的德國，因此外交官與第三帝國便產生了共謀關係。他並非要指責任何一個個別外交官，而是要呈現外交官做為一種組織、做為外交部之一分子，忠實執行了組織交待的任務，而外交部也從來沒有反抗過納粹及其「猶太人最終解決方案」，孔澤稱之為外交部的「自我一體化」(Selbstgleichschaltung)。一體化是納粹時期的各機關學校配合納粹意識形態而做出相應的政策與人事調整，例如人事雅利安化、非猶太化；而所有國民也參與納粹組織，呼應動員。可是，很多人在戰後宣稱，在帝國時期他們不得不聽命、被迫投入一體化。而孔澤鑄造了「自我一體化」一詞，以表示外交部並非被動聽命，而是主動配合。

外交官雖然自稱他們是「非政治的」，是中立的文官，但在那個時代的情境下，你選擇做為一個中立的文官，事實上國家的政策卻絕非中立，這本身就不是一種非政治行為，而是相當政治的行動。而且在威瑪時代的「政治」，不能以今日之視角來理解。當時所稱的政治，是民主的、共和的、議會的，也就是平民的，因此這些權貴外交官們理所當然是非政治的。他們認同的並非民主共和，是更偏向菁英統治的貴族政體。「在威瑪，誰愈宣稱自己非政治，他就愈在一個威權的國家架構裡，輕視共和與民主。」孔澤如此形容。

在外交部的網頁上，發布了關於此書的新聞稿，沒有反駁，沒有「危機處理」，而是平靜地發布此一「獨立研究結果」，副總理兼外交部長韋斯特維勒稱這是「重要的歷史文件」。我認為，其實應該為德國外交部說句話，沒有公務體系的配合與執行，納粹的猶太政策不可能落實得如此徹底，其他部會絕對也涉入納粹罪行極深，但多數部會的態度向來是佯裝無事，自居清白，德雪多年前出版的書已經指出外交部陰暗的過往，外交部仍願意出資進行後續研究，且組成一跨國的研究團隊（團隊中也包括以色列學者），這個挖掘事實的態度，起碼已經較其他部會好上許多了。

「我們都不知情」

在這個背景下，看法蘭克福舉行的「外交官審判」，更可知道本案的棘手程度。受審的主角名為貝克勒（Adolf Heinz Beckerle），他出生於法蘭克福，是忠貞納粹黨員，在希特勒上臺前就已加入該黨，納粹時期任法蘭克福警察局局長，一九四一年加入外交工作，被外派至保加利亞。據後來的司法調查，貝克勒派駐保加利亞期間，參與一萬多名猶太人的解送。

一九四四年，保加利亞被蘇聯紅軍攻陷，貝克勒被俘虜，並被判二十五年軍事勞動。一九五五年他獲釋，返回法蘭克福。在戰後的去納粹化審理中，他被判定為「主犯」（Hauotschuldiger），一九六六年，他因為在保加利亞的犯行被逮捕起訴，被認為參與了一萬一千三百四十三名保加利亞猶太人解送到集中營的工作。

起訴他的關鍵人物就是法蘭克福的檢察總長，在戰後極力執行轉型正義的鮑爾。鮑爾與貝克勒同樣生活在法蘭克福，知道此人與他的所作所為，早就想調查貝克勒。一九五六年，他向外交部申請調閱貝克勒的檔案，獲得堆積如山的卷宗。憑法蘭克福檢察署的人力，根本無法處理這些資料。在沒有額外經費與人力援助下，到一九五九年時，鮑爾才有辦法得出初步的調查結果，申請逮捕貝克勒。

另一位在法蘭克福受審的外交官名為哈恩（Fritz Gebhardt von Hahn），哈恩出身於外交世家，父親曾為派駐過中國的外交官，因此哈恩出生於上海。他也是忠貞的納粹黨員，一九三七年時加入外交部，一九四二到四三年間任職外交部「第三處——猶太問題與種族政策事務司」（Referat III / Judenfrage und Rassenpolitik），在這個位置上，他參與制定並執行了「猶太人問題最終解決方案」（Endlösung der Judenfrage）。

戰後，他雖然離開外交部，但並未受到懲罰，甚至重新出任公職，在聯邦經濟部、國防部等機關任職。

一九六七年十一月八日，在法蘭克福法院開始審判，貝克勒發表聲明，認為德國司法在鮑爾帶領下對他進行清算，是基於復仇心態的司法迫害，這將損及德國的民主。他比喻自己如同當年在法國被迫害的德雷福斯一樣，並且大嘆德國黑森邦可惜並無左拉這樣的仗義執言者——「德雷福斯事件」是指一八九四年時，法國戰爭法庭對猶太人軍人德雷福斯（Alfred Dreyfus）判以叛國罪，因為認定他親德。法庭所採取的證據都是有瑕疵的，因而這是一宗司法醜聞，作家左拉於一八九八年撰文聲援：「我控訴！」而貝克勒這個殘害猶太人體制之一員的外交官，竟自比為一位受迫害的猶太人，說有多荒謬就有多荒謬。

貝克勒不但全然否認他犯下的罪行，甚至表示他曾拯救上萬的猶太人，免於被解送到集中營。但是檢方查扣了太多的文件證據，包括貝克勒自己的日記，證明了他所言虛假；另外貝克勒也引用漢娜・鄂蘭《艾希曼在耶路撒冷》（*Eichmann in Jerusalem: Ein Bericht von der Banalität des Bösen*）一書中的說法為自己辯解，鄂蘭寫到保加利亞解送猶太人到集中營的行動，德國並沒有

貝克勒在第三帝國時期，參與解送一萬多名猶太人到集中營的工作。戰後，鮑爾檢察官想起訴他，卻因為人力不足無法處理堆積如山的資料，拖到一九五九年才申請逮捕、一九六七才正式開始審理。此案後來因鮑爾檢察官突然過世、貝格勒健康惡化，於一九六八年停止審理。（Wikimedia Commons）

協助。檢方認為鄂蘭並非在認真考據歷史後得出這個結論，也駁斥了該說法——不過為求慎重，檢察官甚至在一九六八年飛到紐約去，與鄂蘭討論本案。

審判過程中，最吸引媒體關注的時刻是傳喚了當時的聯邦總理作證。貝克勒的律師試圖證明，在德國駐保加利亞大使館裡的外交官並不知道集中營大屠殺這件事，而鮑爾試圖證明這是謊話，因為大使館也訂閱《新蘇黎世報》（NZZ；Neue Zürcher Zeitung）等國際報紙，在這些媒體中對於大屠殺慘案均有詳細的報導。貝克勒希望傳喚聯邦總理基辛格作證——因為基辛格在納粹時代擔任外交部國際宣傳部門的副主管——證明當年外交部的指令是，所有這些國際媒體對大屠殺的報導，均應該視為敵方的虛假宣傳。一九六八年七月四日，基辛格作證支持貝克勒的說法。

這種「我們都不知情」的態度，在許多媒體上引來激烈的批評；六八世代的年輕人，也將基辛格、貝克勒這些人的辯解態度，視為上一代典型的脫罪之詞，感到失望與憤怒，認為那些四五世代的人們確實無藥可救。

最後這個案子並沒有結果，審判過程中鮑爾在一九六八年七月一日突然過世，而貝克勒的健康情況惡化，法院在一九六八年八月十九日宣布停止審理。

選擇較小之惡依舊是選擇罪惡

雖然，法蘭克福的這場外交官審判，今日看來並沒有真正落實轉型正義，但是，還是可以從外交部參與納粹政權這件事，思考公部門參與獨裁政權的問題與責任。

鄂蘭在一九六四年寫成的一篇論文〈獨裁統治下的個人責任〉（收於《責任與判斷》〔*Responsibility and Judgment*〕一書），提到了面對公部門全面參與納粹統治的情形，戰後一個常見的辯詞是：只有完全退出公共生活的人，拒絕任何政治責任的人，才能避免被牽連入罪，才能完全避免法律與道德責任。當時的公務員是待在政府裡，維持政府以及法律秩序的運作，「今天看似有罪的我們，其實是忠於職守，以避免錯誤發生；只有待在裡面的人，才有機會減緩事態，也至少可以幫助一些人；我們給魔鬼他應有的承認，但沒有把靈魂賣給他，但那些什麼都沒做的人是逃避責任，只想到自己，只想拯救他們那尊貴的靈魂。」

換句話說，那些為自己參與納粹統治行為辯護的人，認為他們是以負起責任的方式參與當時的公共生活，他們進了廚房就不怕熱，而其他在戰後能宣稱自己無罪的人，都是因為戰前逃避了責任。參與獨裁秩序中的公共生活是一種什麼樣的責任？他們認為這是更小的罪惡，在那個不得不做些什麼的時代關卡上，你就是得選擇，才能減緩事情以更糟糕的方式發展。而無罪者的不選擇、不負責、不沾鍋，才使他們在戰後站在道德的制高點。

而這正是當年德國外交部流行的自辯詞。外交官們不得不參與那個邪惡政權，以成為希特勒的祕密抵抗者。這樣的自辯詞並不能使鄂蘭信服。

鄂蘭說，那些衷心擁護獨裁政權的人，不會覺得自己有罪，只覺得被擊敗。可是問題在於，大部分人都不是衷心擁護獨裁的人，卻有許多人非常願意去執行政權的要求。這些人不是納粹卻選擇合作，抱持上面所說的這種心態：他們必須選擇較小之惡。譴責他們的人會被認為是有潔癖的道德至上論。鄂蘭回應此心態的方式為：「那些選擇較小之惡的人通常很快會忘記他們選擇了惡」。「較小之惡」這種說法，讓政府官員和一般大眾以為最後的大屠殺才是邪惡，而那些較小之惡，與之相比算不了什麼。但其實沒有一次發生、完成的大邪惡，都是一次又一次所謂較小的邪惡累積起來，制約了人的行為，讓他們允許、合理了自己的行為，到最後才終於進入「不可能發生更糟糕之事的階段」。因此，每一次邪惡都是邪惡，不管多小，因為那使得最後更糟糕的階段得以可能。

另外還有一種辯護方式是：他們只是服從上級的命令。對此，鄂蘭說，每個人都有責任及能力去判斷上級的命令合法與否，而那些不服從、不去信仰納粹鼓吹的新秩序、因而退出公共生活、被稱為不負責任的非參與者，是真正敢於自己下判斷、不盲從上級命令的人，那不是因為他們先天擁有較佳的價值體系或者判斷力，而是因為：

> 他們自問，要是做了某些事情之後，如何還能和自己和平共存、心安理得活著；於是他們決定最好什麼都不做，不是因為世界會因此變得更好，而只是因為唯有這樣他們才能活得心安。

也因此，當他們被迫參與的時候，他們會選擇死亡。更直接地說，他們拒絕謀殺，倒不是因為他們還牢牢守著「汝不可殺人」的戒律，而是因為他們不願意和成為謀殺者的自己共存。

沒有人有權利服從

就是這麼簡單的一個判斷——你願意和什麼樣的自己共存下去——決定了獨裁政體裡的個人如何看待上級命令。不需高度發展的智慧和複雜的道德省思，只需誠實面對自己。鄂蘭認為，希臘時代以來，就把自己跟自己的誠實對話定義為「思考」，這不涉及什麼深奧的哲學和理論，卻是所有哲學思想的根源。獨裁政權下的個人，因此可以分為兩類：「那些願意思考、也因此必須自行判斷的人，和那些不願這樣做的人。」換句話說，對自己誠實的人，以及其他人。

她強調，那些有一套所謂嚴密道德規範的人不可信任，因為歷史經驗告訴我們，納粹統治之下原先存在的道德規範很容易在一夕間瓦解，最先屈服的人正是那些原來被認為是正派社會的成員，他們能夠很簡單地從一套道德價值換到另一套；較值得信賴的是持疑者與懷疑論者，因為他們會檢視事物後才做出決定；而最好的絕非那些頭頭是道的上流社會者，而是只確知一件事情的常人：「不論發生什麼事情，我們只要是活著，就要活得心安理得。」

鄂蘭並未明言，但我相信，在她心中的典範正是那個寧死於雅典、也不願背棄正義的蘇格拉底。這位不被城邦公民喜歡的哲學家，死前在答辯中對雅典人強調，對人類來說最大的善是，每日維繫德行，讓德行的地位超出一切其他東西之上，「如果我這麼說，也許你們更不會相信我，但缺乏自我省思的生活，根本不值得過。」蘇格拉底不斷檢視自己所作所為，確認沒有背棄德行，不正是鄂蘭所言的那個必須活得心安理得的平凡公民嗎？

除了選擇較小之惡的人以及退出公共生活的非參與者，還有一種人，他們選擇積極的服從，因為相信某種程度的組織與群體必須存在，服從是第一序的政治美德，沒有服從就不可能有公共生活的秩序。鄂蘭認為，這樣是混淆了「服從」與「同意」，所有政府都需要被統治者的同意，但那並不代表服從。服從，就是一種支持，是讓獨裁政權得以維繫運作的必要條件，因此對於那些參與者、服從的人，應該質問的不是「你為什麼服從？」而是「你為什麼支持？」；服從似乎是一種被迫，但是鄂蘭認為，我們總是有選擇，總是可以在面對獨裁時退出（或者說逃避），因此服從並不是一種不得不，而是一種主動的支持。

因此，那些宣稱在當時不得不服從的人（包括某些猶太人），無法說服鄂蘭。當年我在參觀集中營後，在附設書店裡買了一張印有鄂蘭照片的明信片，上面是她的一句話，正可以說明她如何看待獨裁政體裡的個人責任：「沒有人有權利服從。」（Keiner hat das Recht zu gehorchen.）

藉由她的分析，可以更看清納粹的外交官們的作為。在一九三三年前，這些人正是德國高雅社會（noble Gesellschaft）裡那些受過最好的教育、所謂最正派的人，但是，在三三年之後，也正是他們，輕而易舉地轉換了信念，完全接受上級的命令；他們不是誠實與自己對話的人，而以較小之惡這樣的說詞自我欺騙。這些外交官們說，他們只是服從，然而沒有人有這種權利，因為正是他們的服從，使得整部官僚殺人機器得以運轉順暢。

人性是良心的準則——抗命的外交官們

自從二次大戰結束後，為了清理第三帝國留下的歷史，德國曾有過多次審判，以釐清罪責問題，例如紐倫堡大審及法蘭克福大審。而在這些審判中，不斷被爭論的難題是：任職於第三帝國裡的公務員們有什麼責任，甚至罪過？尤其在鄂蘭於六〇年代寫了《艾希曼在耶路撒冷》後，法學界與政治學界更必須質問：面對不當命令時，甚至不正義的政權時，公務員行動的準則究竟在哪裡？在什麼界限上，公務員可以斷定某個命令違背了人性、道德、甚至上帝的旨意？究竟什麼時候必須違背「服從」義務，而遵從另一個更高的準則？

這些問題如此困難，也沒有標準答案。每個必須做出這種艱難判斷的處境皆不相同。有些人始終忠誠履行公務員義務；有些人看到體制的問題，但袖手旁觀；某些人想改變什麼，卻認為個人始終無能為力而放棄；有些人知道自己應該做什麼，但付出的代價太高，因而卻步；有些人只是蒙上眼睛，假裝一切都不曾發生。

但是，還是有少數人，在每一次困難的生命情境中面對自己的良知做出判斷，即使面對的是承受不起的代價。

在職責之外

二〇一八年一月三十日到二月二十六日，在柏林的德國外交部總部中庭，舉辦了一個特別的展覽：「在職責之外——被授予國際義人稱號的外交官們」。這些外交官的故事，正可以與鄂蘭筆下那個忠誠於服從命令的艾希曼對照，顯現出不一樣的公務員職責。

「國際義人」是以色列的猶太大屠殺紀念館（Yad Vashem）受以色列國家委託，頒給那些基於公義與良知在納粹暴政時期幫助過猶太人的非猶太義人。這次的展覽，就是德國外交部與猶太大屠殺紀念館合作策劃，展出了英、日、德、祕魯、土耳其等二十一個國家三十六個外交官的義行。

這些外交官在納粹暴政期間，對與自己非親非故、受到迫害的猶太人伸出援手。如展覽名稱所示，他們都在職務要求外，多做了未被要求、但自己認為是正確的事情，拯救了許多原將犧牲於法西斯主義下的性命。

其中有些人冒著性命危險，有些甚至不惜違背上級命令，不惜失去外交官的工作，只為了幫助素昧平生的受苦者。德國外交部長加布列爾在展覽開幕致詞中問道，究竟外交官的職務是什麼?「我相信，這個展覽已經為我們展示了答案。我們也必須慶幸，今日要完成職務，我們所需要的勇氣，不像這個展覽裡被介紹的案例一樣那麼多。我很高興，今日外交官們只需在極為罕見的情況下違抗政府命令，以按照其良知行事。因為人性是我們今日的憲法、也是政府成員良知的準則。」

展覽的內容展示了這些外交戰場上的平凡之人，做了不平凡的事。例如中華民國的外交官何鳳山、日本外交官杉原千畝等。他們之中的一些人下場悲慘，例如瑞典派駐布達佩斯的華棱貝格（Raoul Wallenberg），他不只核發簽證給猶太人，還為被困在布達佩斯猶太隔離區的人設立臨時住處與張羅糧食，並在匈牙利到奧地利邊境的「死亡行進」中救出了數百位猶太人。但在戰後俄國紅軍攻占布達佩斯之後，華棱貝格行蹤不明，消失在歷史中。

其中一位令人欽佩的外交官讓我印象深刻，他展現了不可思議的巨大勇氣，完成了別的外交官無法完成的職務。他是葡萄牙駐法國波爾多的總領事索沙門德斯（Aristides de Sousa Mendes）。

無法坐視眾人痛苦的抗命者

根據德語維基百科，索沙門德斯出身富裕家庭，法學系畢業，原考取律師執照，但選擇加入外交工作，於一九三八年開始擔任駐法國波爾多總領事，當時已經出現猶太人逃亡潮，而尚未陷入納粹控制的法國與葡萄牙，就成為

瑞典派駐布達佩斯的外交官華棱貝格，不只核發簽證給猶太人，還在「死亡行進」中救了數百人。在紅軍攻進布達佩斯之後，華棱貝格的行蹤從此不明。

（Wikimedia Commons）

逃亡者的希望之地。可是，當時的葡萄牙在威權獨裁者薩拉查（António de Oliveira Salazar）統治下，薩拉查曾發布公文，要求葡萄牙的外館不可以核發簽證給流亡猶太人及其他國籍上有問題的人，而一九四〇年德軍控制法國後，想越過邊界逃去西班牙的人湧入了葡萄牙使領館——因為當時西班牙的政策是，只有擁有葡萄牙簽證的人才准予放行。

為避免太多難民湧入，維護國家穩定，從里斯本來的命令於是更嚴禁葡國外交官們發給流亡簽證。四月二十三日，外交部即發電報給外館，要求嚴審申請簽證者的猶太身分：「對於猶太人的護照，除非獲得外交部許可，不得發給簽證。」五月十七日再發電報，強調「無論在任何情況下」都不得在未獲授權下核發簽證。

索沙門德斯在與其妻子徹夜長談後，做出這個艱難決定：不遵守命令。他不停發簽證給所有流亡者，並為那些窮困者免除申請費用。甚至透過他的影響力將意願傳達給當時葡國駐法其他外館，要求其他外交官們也比照辦理。在他的幫助下，無數難民取得簽證，得以穿過西班牙抵達葡萄牙避難，其中也包括知名畫家達利與他的家人。

一九四〇年六月二十日，葡萄牙政府要求這位抗命的總領事立刻離開駐館，並派了兩個人去解送他回國。在離開前的最後一天，他對著前來申辦簽證的難民說，他將離開這個崗位，但他願意免費為所有人辦理簽證；二十三日他離開波爾多，返回葡萄牙的路上，他都還一直為難民核發簽證。二十四日，薩拉查宣布，所有從波爾多核發的簽證一律無效，並要求駐法大使館此後只發簽證給非猶太人，他用的詞彙是「純淨之人」(gente limpa)。

一九四〇年八月，索沙門德斯在葡萄牙接受審判。在戒律委員會上，這位虔誠的基督徒陳詞解釋抗命救人，是因為他無法坐視那些人的苦痛。最後他被判有罪，被外交部停職後強制退休，絕大部分退休俸被取消，並吊銷律師資格，全家陷入經濟困境。索沙門德斯變賣所有家產後，困頓難挨。之後，幸有葡國猶太社群伸出援手，將他的小孩送到美國求學，稍解其困。

忠於憲法與上帝

為什麼索沙門德斯這麼勇敢無私？因為他有高於政治意識形態的行動倫理準則。他的準則，首先來自法律人的良知判斷。他認為政府的命令違憲。他曾對求助的人們說：「我無法坐視你們這樣死去。你們中的許多人是猶太人，而我們的憲法清楚地主張，外國人的宗教

即使違抗政府的命令，葡萄牙駐波爾多外交官索沙門德斯還是遵照內心的良知行動，為猶太難民核發簽證。此舉讓他被強制退休，原有的律師執照也被吊銷。(Wikimedia Commons)

與政治信念都不能做為拒絕他們留在葡萄牙的前提。我決定忠於此原則。我不會棄守，唯一忠於我做為基督徒的信念的方式，就是以合乎我良知的方式行動。」戰後，他向國會申請平反時，也敘述當年抗命的理由，是要使那明顯違反憲法保障的自由與信仰不受侵犯。

他的忠誠不只對憲法，也對上帝，這是超出俗世政權的更高準則。在決定抗命那一天，他說：「從今日起我遵照我的良知行動。做為基督徒，我沒有權力讓那些女人與男人死亡。」被解除外交官工作後，他說：「即使我被解職了，做為一位基督徒，我還是只能這麼做。」在展覽的文宣影片中，也引述了他一句話：「我將站在上帝那邊對抗人，而不是站在人那邊對抗神。」

需要平反的精神價值

為了忠於憲法與上帝，索沙門德斯即使在戰爭結束後，還是持續付出代價。戰後，索沙門德斯向葡國外交部申請平反，未獲回應。後來他中風，健康大受影響，一九四八年喪妻，一九五二年再度中風，半身癱瘓，一九五四年過世時還不到六十歲。這位外交官死時，身邊只有一位姪子，無任何官方致哀。入殮後，他的墓碑上刻著猶太經典《塔木德》的句子：「拯救一條生命的人，就拯救了世界。」而他所拯救的，是三萬條生命。

即使被自己的國家忽視，國際上還是注意到這位犧牲自己拯救他人的無私外交官。他過世那年，法國報紙及其他國際媒體刊登了致意文章；一九六六年，以色列猶太大屠殺紀念館為他設了紀念碑；以國的內蓋夫沙漠（Negev）中，有一座森林以他命名；一九六七年，猶太大屠殺紀念館追贈他獎章，上面刻著他墓碑上那句話；一九八六年，《紐約時報》上刊登了聯署請願，寄到葡國，要求為他平反；那一年，美國的西蒙維森塔中心（Simon Wiesenthal Center）也將他的名字刻在牆上。而美國國會也在那一年，趁著葡國外長訪美時機通過決議案，要求葡國為他平反。

一九七四年，索沙門德斯的女兒向葡國申請平反其父親聲名。一九八七年，葡國總統索阿雷斯（Mário Soares）終於承認這位義人，並追贈自由獎章。一九八八年，在葡國國會議員嘉瑪（Jaime Gama）努力下（他是葡國前外長，也因為反抗薩拉查政權，在十八歲那年即成為政治犯入獄），國會正式為他平反，將他的名字重新列入外交使領團名單中，並追封他為大使。一九九三年猶太大屠殺紀念館頒發他「國際義人」，今日葡國並成立索沙門德斯基金會，以致力人權及民主事務。

二〇〇〇年，葡萄牙外交部為他以及另外兩位有類似義行（只是沒有那麼大規模）的外交官策劃特展，巡迴全美國葡萄牙使領館展出，除了讓美國社會理解，無數美國移民都是因為當年憑藉著葡萄牙簽證才得以跨越北大西洋離開歐洲；也讓所有葡國外交官知道，他們曾有過什麼樣值得欽佩的前輩。

幾年前，一部群眾集資拍攝的紀錄片《多虧索沙門德斯我才活著》（*I AM ALIVE thanks to Aristides de Sousa Mendes*）問世。這部紀錄片在葡萄牙的小鄉鎮帕薩爾（Passal）拍攝，那裡正是索沙門德斯的故鄉。

多年後他的故居逐漸傾壞，在曾受他幫助的人之後代發起募款及葡萄牙政府出資下，這棟房子才得以整修。落成時，許多這些感念他的人來到這裡，有些人當年從這位外交官手上領過簽證時，不過五、六歲，他們知道，倘無這位陌生人相助，他們家族斷無生路。許多人帶著當年他們先人的護照，上面正是索沙門德斯簽署的救命簽證。

影片中，索沙門德斯的孫子說，他祖父代表的意義是歐洲的價值，歐洲值得保存的不是什麼建築或經濟價值，而是這樣的精神價值。他說得對，但其實不只歐洲需要這樣的價值，這樣的人；每一個時代的每一個地方，都需要這樣的人為我們見證人性的尊嚴與價值。

暴力與救贖的法蘭克福

在這個「在職責之外」展中，很可惜的，沒有記錄另外兩位曾在法蘭克福拯救過猶太人的外交官。

法蘭克福幾百年來與德國政治與歷史緊緊糾纏在一起，德國法西斯歷史的陰影尤其籠罩在這座猶太人群居的城市。倘若要瞭解德國，不能略過法西斯的過去；而要瞭解法西斯的過去就不能略過法蘭克福。這座城市，背負著德國之沉重命運。

所幸，在黑暗的歷史中並不只有黑暗，走在這座城市的巷弄中，我時常能發現正義與勇氣的蹤跡。法蘭克福是一座雙面的城市，既有暴力，也有救贖，例如晚年居住在這座城市的辛德勒，正是黑暗中的一絲光明。

而我每個星期打球的籃球館旁，有一棟不起眼的藍白色房子，兩位外交官曾在這工作，也是人性光明面的另一個確證。

位在吉歐列街六十二號（Guiollettstraße 62）的這棟房子，現在是一般住家，但在第三帝國時期，這裡是英國駐法蘭克福總領事館。當時在這裡的兩位英國外交官，在德國迫害猶太人最嚴重時，對好幾萬個受害者伸出了援手。當時的領事館館長是總領事史莫波斯（Robert T. Smallbones），副領事為道登（Arthur Dowden），從希特勒上臺起，這兩位外交官對猶太人發出了約五萬張簽證，讓他們得以移居英國，躲避政治迫害。

史莫波斯來到法蘭克福前，已在英國外交部服務多年。他在一九三二年被任命為駐法蘭克福總領事，沒多久納粹便上臺，他親眼目睹了整個德國法西斯化的過程，也積極幫助法蘭克福的猶太人逃到英國。他給予簽證的作為，當然都被祕密警察一五一十記錄下來——幾十公尺外就是祕密警察的辦公室。他也知道自己受到監視，但他並不畏懼，甚至還親自到集中營裡，要求釋放部分猶太囚犯，並且為這些囚犯製發簽證。也因此，他與道登都被祕密警察列入英國特別追捕名單（Sonderfahndungsliste G.B.）中。

「不能讓那些猶太人進來」

可是他的勇敢，並不是毫無爭議。做為公務員必須服從國家政策，而當時的英國並不歡迎猶太難民（甚至，根據法蘭克福猶太博物館的資料，當時的英國也存在強大的反猶主義。在納粹上臺後，即有英國外交官向英國政府建議，應當跟進德國的反猶行動）。因為簽證文件數量有限，領事館不可能無限發放，史莫波斯曾回到倫敦，向內政部請示是否能為猶太人做些什麼，卻被明確地拒絕了。當時內政部的回答是：「我們什麼都不能做，不能讓那些猶太人進來，而造成我們自己人失業。」

在那個經濟大蕭條的年代，英國政府這種態度可以理解。然而，這位總領事選擇無視自己政府的立場，簡單說就是抗命。不過，他並非全然不理會倫敦的禁令，他持續與上級協商，最後終於獲得同意，在符合以下條件的情況下可以發放臨時簽證：這些難民只是過境英國，未來會再移居美國；申請者經濟狀況無虞，不會在英國求職。於是，駐法蘭克福總領事館繼續簽發有條件簽證，直到一九三九年被迫關閉為止。

也因為他抗命的態度，使得英國外交部對他的行徑一直保持低調，有關他的檔案幾乎都是密件——這也可以理解，英國政府又能以什麼立場表揚他們？不管怎麼說，似乎都會凸顯英國官方在那段時期為了國家利益站在道德上不正確的位置。也因此，即使被拯救的五萬人及其家庭都見證他們的義行，史莫波斯與道登的事蹟還是在戰後歷史中被埋沒了，以色列也不像紀念辛德勒一樣為他們種下紀念之樹，更不用說是頒予義人榮耀了。一直到二〇〇八年，戰爭結束多年後，倫敦才設立了表揚其義行的紀念碑。

他們兩人的無畏，尤其在一九三八年十一月九日迫害猶太人之夜（Pogromnacht）清楚展現。那是德國歷史上極為黑暗的一頁，被視為揭開了大規模、系統性的國家暴力用以迫害、甚至屠殺一個種族的開端。而那一夜的導火線也與一位外交官有關。

迫害與毀滅之夜

一九三八年十月底，納粹德國與波蘭關係緊張，上萬名在德國境內的波蘭猶太人被遣送回波蘭，史稱「波蘭行動」（Polenaktion），但波蘭拒絕這些人入境，這上萬人因而成為人球，被囚禁於邊界的集中營裡。一個名叫何雪・金斯潘（Herschel Grynszpan）的十七歲猶太少年，原來也是居住在德國的波蘭裔，後見到納粹迫害猶太人的情景便逃到

「波蘭行動」中，被困在邊界的猶太人。
（Wikimedia Commons）

法國。他在巴黎收到消息，知道自己的雙親在波蘭行動中被囚禁於集中營，焦躁且憤怒的他，遂於十一月七日進入德國駐法大使館，朝著德國外交官封拉特（Ernst Eduard vom Rath）連開五槍。

這個暗殺事件震驚了德法兩國，也改變了歐洲、甚至世界的歷史。希特勒派出自己的御醫，連夜飛至巴黎，但在德法名醫聯手救助下，封拉特仍於九日死亡。那天晚上，憤怒的納粹衝鋒隊上街，捕捉並毆打猶太人，縱火焚燒猶太教堂及學校，砸毀猶太人店鋪，有多人被殺害。那天晚上全德有一千四百間猶太教堂陷入火海，約三萬人在幾天內被逮捕、囚禁並解送到集中營。法蘭克福的知名地標慶典大廳（Festhalle），就在那一夜被徵用為臨時拘禁所及政府臨時辦公場所，大約三千人在此被囚禁。隔天，他們全部坐上了開往集中營的列車。

這次暴動，也被稱為「水晶之夜」（Kristallnacht），用以比喻那個晚上因猶太店鋪被砸而四處散落的碎玻璃。但是，我並不喜歡這個說法，因為這委婉地掩飾了暴行，以語言為赤裸的邪惡披上外衣。那個改變了一切的夜裡，沒有華麗炫目的水晶，只有迫害與毀滅。

那個夜裡，這兩名英國外交官在領事館以及史莫波斯的官邸裡，收容了好幾百個躲避暴民的法蘭克福猶太市民——做為英國使領館的這棟房子，被視為英國領土，納粹黨員不被允許踏入。當時史莫波斯也把暴動的嚴重性報回倫敦，但沒有受到英國外交部的重視。而道登則開著公務車去街上收購食材，以照顧領事館裡的幾百位難民，並且把糧食分送到那些躲在家裡不能出門的猶太人手上——在迫害之夜後，猶太人整整九天不被允許出門上街。

隔年，德軍突襲東歐，英國對納粹德國宣戰，使得兩國外交關係斷裂，這座總領事館也必須關閉。兩位外交官也就離開了法蘭克福。他們在法蘭克福那幾年內，總計製發約五萬份簽證，挽救了五萬條生命。

展現非比尋常的勇氣

二〇〇八年，在那些獲救的猶太人奔走下，倫敦外交部外設立了紀念碑，表彰包括史莫波斯及道登在內的多位納粹時期救助猶太人的英國外交官們。二〇一二年，法蘭克福猶太博物館策劃了特展「逆流——支持並協助法蘭克福與黑森邦的受迫害猶太人」（Gegen den Strom–Solidarität und Hilfe für verfolgte Juden in Frankfurt und Hessen），展示了在那個動亂年代裡展現道德勇氣的人們，兩位英國外交官的事蹟也在其中。

其中一位參觀者，就是當年獲得簽證逃離德國的難民後裔。他之前只從家族口耳相傳知道兩位外交官是家族的恩人，在特展中才第一次讀到相關資料。他向法蘭克福市建議，應該設立紀念碑讓更多人知道。於是，二〇一三年五月八日，也是集中營解放紀念日，在英國駐德大使麥當諾（Simon McDonald）及法蘭克福市長費德曼（Peter Feldmann）的見證下，在吉歐列街六十二號前正式設立紀念碑。典禮上，費德曼致詞讚譽，這兩位外交官所做的，遠多於英國外交部要求的，甚至是在外交部正式表示禁止下的偉大行動。[1]這不正呼應了德國外交部的展覽主題「在職責之外」嗎？

他們所揭示的紀念碑上刻著：

這兩位外交官勇敢而無私地救助了猶太人，並且在一九三八年的暴動中，為難民提供了庇護。

紀念碑同時刻上了猶太教士薩爾茲貝格（Georg Salzberger）的話：「這兩位男士多月來，每日給予湧至領事館等待大廳的窮苦人們承諾、建議及幫助他們的所作所為，是對於人類之愛的最光明的例子。」薩爾茲貝格正是當年坐在大廳裡，等待著簽證的其中一人，他所任職的猶太教堂，在迫害之夜中被砸毀，倘無這兩位外交官，他不可能有機會存活。

薩爾茲貝格的說法提示了我們，為什麼兩位外交官不惜抗命，沒有「好官我自為之」的態度，也要救助這些素昧平生的人們：正在於愛。這種對人類、對世界的大愛，是對抗暴政的解方。鄂蘭在對世界之愛（amor mundi）的立論上，思考政治行動的必要與重要，而史莫波斯與道登的行動，正是對於鄂蘭政治哲學的最佳注解。

這個碑文，經過兩位外交官的後代同意，也由英國外交部認可。這個認可，顯示英國外交部在戰爭結束多年後表達了立場：兩位抗命的外交官，做的是正確的事。兩位外交官的義行長期被忽視的情況告訴我們，不只在獨裁國家才有未被克服的過往（unbewältigre Vergangenheit），在民主國家亦然；對歷史之掌握與克服，並非只針對犯罪者之罪責，也必須給予義行應得之評價。耶路撒冷後來終於種下了兩株紀念他們的樹，而英國外交部，也釐清了歷史，克服其過往，做了正確的事。

很可惜，他們並未獲得「國際義人」的稱號，「在職責之外」的展覽也因而沒有收入他們的事蹟。但是，猶太大屠殺紀念館如此定義「國際義人」：「在一個道德全面崩壞的世界裡，曾有過那麼一小部分人，在那一天展現了非比尋常的勇氣，以維繫人性價值。這些人就是國際義人。」在我心中，他們早已當之無愧。

注釋

1 Hans Riebsamen, „Späte Ehrung zweier Helden," http://www.tribuene-verlag.de/Riebsamen_SmallbonesDowden.pdf

沒有正義之戰——尼莫勒牧師傳頌全世界的那首詩

離我法蘭克福住處走路約兩分鐘的地方，曾住過一位很有名的詩人鄰居，他一生可能只寫了一首詩，被全世界引用的次數卻超過千萬次。

但其實他不是詩人，而是服事上帝的人，是被送到集中營的人，是反抗納粹、差點被處決的人，是戰後德國教會的領導者，是黑森邦基督教會主席，是終身的和平與反核主義者，是聯邦大十字勳章得主。

今日，在他當年服事神的房子外牆，有一個紀念碑，記載著此處曾經住過一位詩人：馬丁·尼莫勒牧師（Martin Niemöller），上面這樣記錄他的事蹟：黑森與那紹第一位教會主席，反抗希特勒的法西斯主義以及在上帝的大地上捍衛和平之見證者。

許多我的鄰居每日走過，大概不會注意這塊紀念碑，不會想起他是誰；然而我每次經過，總是要默念那首詩。

當納粹抓了共產黨人的時候，
我沉默了；

我又不是共產黨人。
Als die Nazis die Kommunisten holten,
habe ich geschwiegen;
ich war ja kein Kommunist.

當他們關了社民黨人的時候，
我沉默了；
我又不是社民黨人。
Als sie die Sozialdemokraten einsperrten,
habe ich geschwiegen;
ich war ja kein Sozialdemokrat.

當他們抓工會成員的時候，
我沒有抗議；
我又不是工會成員。
Als sie die Gewerkschafter holten,

habe ich nicht protestiert;
ich war ja kein Gewerkschafter.

當他們抓猶太人的時候，
我沉默了；
我又不是猶太人。
Als sie die Juden holten,
habe ich geschwiegen;
ich war ja kein Jude.

當他們抓我的時候，
不再有什麼人，能夠為我抗議。
Als sie mich holten,
gab es keinen mehr, der protestieren konnte.

經歷過那段獨裁歲月後，德國人不再能對政治暴力無動於衷，在每次極右派遊行裡，幾乎都能見到反對極右派的群眾上街與排外勢力針鋒相對。而在每一次對峙中，都可見到反戰、反排外的人們拿著標語：「絕不再發生」（Nie wieder）。必須承擔歷史責任，必須在每一次政治暴力出現時挺身而出，熄滅其滋長的可能性，遂成為多數德國人的共識。

而能清楚敘述這種「絕不再發生」的姿態的，正是這首傳遍全世界的詩，或者，一首祈禱文。

從潛艇指揮官到牧師

尼莫勒出生於威廉帝國時代，一九一〇年加入皇家海軍，成為潛艇軍官，在一次世界大戰時參與無數戰役。一九一八年開始成為指揮官。他原以為這一生就是從軍報效國家，但德國在一次世界大戰的敗戰改變了他，做為戰敗國的德國，必須把潛艇運到英國以為賠償，尼莫勒拒絕這項任務，便離開了海軍。

離開海軍後，他到了敏斯特大學就讀神學。畢業後於一九二四年正式成為基督教福音派神職人員，一九三一年在柏林成為牧師。此時正是納粹黨興起時，尼莫勒一開始支持該黨主張，但很快地發現其政黨的意識形態與其宗教信念相違，對希特勒失去好感，並轉而反對納粹。

一九三三年，希特勒掌權，擬在德國社會各領域驅逐猶太人，包括宗教領域。當時尼莫勒與其他七十位牧師自稱為牧師緊急聯盟（Pfarrernotbund），聯名反對教會驅逐猶太人基督徒，並反對教會內許多親納粹者，因意識形態而曲解聖經。這個聯盟，就是後來知名的反抗希特勒的教會組織「認信教會」（Bekennende Kirche）。

很快的，他因為拒絕在傳道時宣揚當權者的政治意識形態，被禁止布道。一九三五年他與許多其他神職人員一起抗議納粹意識形態理論家及納粹高層羅森堡（Alfred Rosenberg）對教會的干預，因而被捕；一九三七年，再次被捕，並被送到集中營。他失去自由的時間極長，一直到戰爭結束前教會人士奔走營救，都沒有辦法把他帶出集中營。一九四五年，美軍解放了集中營，他成為倖存者。

戰後他投入教會重建工作以及歷史責任的追究，最終，德國新教教會承認了自身在納粹時期的共犯角色。一九四六年，尼莫勒被選為黑森及那紹地區福音教會主席。

反對再軍備化

尼莫勒在德國戰後歷史上，參與了一次重要的政治論爭：再軍備化問題（Wiederbewaffnung）。那是一九五五年。西德在阿德諾總理帶領下，開始尋思國家正常化的可能，而國防就是當時國家重建最重要的問題。一九五〇年九月在紐約召開的西方國家外長會議，阿德諾已提交書面資料，說明其外交國防政策之兩大重點：再軍備化及獲得國家自主權，而前者是後者的前提。就在這個基調下，西德擬設置聯邦軍隊。當時戰爭結束不久，可想而知這個整軍備武的姿態是一顆炸彈，尤其，阿德諾不只想成立軍隊，還想強化軍備，其計畫中的武器甚至包括可以使用核武的裝備。於是再軍備化的計畫不只引起國際社會的戒心，也在國內引發激烈的抗議，最後，在法蘭克福爆發了「保羅教堂運動」(Pailskirchenbewegung)。

一九五五年一月，許多反戰人士及反對黨人士，聚集在法蘭克福的保羅教堂，擬借助這一八四八立憲運動發生處的民主精神，發動一場反戰和平運動。其中參與者也包括尼莫勒領導的教會勢力。一月二十九日，發表了「德國宣言」(Deutsches Manifest)，表明反對再軍事化立場。

然而，阿德諾並未在這個宣言下退讓，當時德國的再軍事化也受到英美等西方國家支持，德國國會亦通過加入北約之決議。阿德諾強烈的軍事化意志受到支持的原因：反共。自從一九四七年開始，西方陣營達成共識，德國應以「兩個分裂區」(Bizone)的方式存在，此後西德即被同盟國各政府視為自由陣營盟友，之後冷戰局勢逐漸形成，西德也必須思考如何提升自己做為自由世界一員的防禦能力。在冷戰時期，共產主義陣營的陰影比戰爭的陰影更大，阿德諾訴諸國家安全，認為只有健全的軍隊才能威嚇鐵幕中的國家，確保和平與穩定。這個為了安全必須把西德建立成一個擁有完整軍隊的武力國家之堅硬立場，立刻引起大規模抗議，尤其對當時的西德來說，最大的敵人自然是東德，因此這個再軍事化的政策，比納粹時候的軍事化政策更挑動德國人敏感神經，因為針對的是自己的同胞。

當時的反對黨社會民主黨製作了一個抗議海報：「德國人打德國人？絕不！」（Deutsche gegen Deutsche? Nein!）許多人民及公眾知識分子也寫了公開信給阿德諾，呼籲勿再走上軍國主義的道路。一位從戰俘營裡獲釋的二戰退伍軍人克里夫特（Helmut Krifft）的一封信被媒體廣傳，他寫道：「尊敬的聯邦總理先生，倘若您在尋思，要把我再徵召回新編的軍隊，在此我向您宣告：我寧可一死，也不願再次成為一位軍人。」

克里夫特的立場代表了那個「前線世代」（Frontgeneration）的心聲：寧死不願再參戰。他們當中的許多人當年根本就不那麼信服納粹的意識形態，但被徵召參加法西斯戰爭，戰敗了，僥倖經歷過前線地獄生存下來的人，被關在戰俘營裡幾年，回來後許多人不再能尋回原來的家庭。他們是最清楚戰爭有多麼殘酷的人，因此寧死也不願意再為國家戴上鋼盔。這些人的心聲在社會中獲得迴響，最後形成一個更大規模的「別算我在內運動」（Ohne mich Bewegung）：倘若阿德諾真的鐵了心要重組軍隊，那麼請別把我算在內。這就是保羅教堂和平運動的前期。

以一首詩傳頌全世界的尼莫勒牧師。戰後，他參與了一次重要的政治論爭：再軍備化問題。
（J.D. Noske/Wikimedia Commons）

尼莫勒所帶領的福音教會，也表達反對德國再軍事化的路線轉換。不過德國教會內對此並無共識，當時尼莫勒以及同屬認信教會的神學家卡爾・巴特（Karl Barth）認為，西德整軍備武，代表的不只是軍國主義，還是宣告此後兩德分裂態勢再無可挽回。可是，其他偏向保守主義的教會高層與神學家和阿德諾同一立場，認為與美國在國防外交政策上合作，徹底融入西方，才是德國的出路。

最後，保守主義立場勝出。尼莫勒與巴特等人主張的東西陣營和解、去軍事化之立場，在反共的年代裡不被青睞。德國福音教會主席迪貝流斯（Otto Dibelius）於一九五六年與阿德諾及國防部簽訂了「為軍方牧靈協議」（Militärseelsorgevertrag），正式承認了西德軍隊。爭議的是，當時的福音教會是全德性組織，並未如同政治實體被分裂，但在這個事件後，教會也走上兩德分裂的命運。東德的教會對迪貝流斯極為不滿，稱他為「北約主教」（NATO-Bischof），從此拒絕接受西德教會的正當性。

正義之戰與不義之戰的區分

親身經歷過戰爭的尼莫勒，對於阿德諾的國防政策相當反感，更何況，阿德諾不只讓德國再軍備化，還支持核武政策。一九五九年，尼莫勒在卡塞爾演講時這麼批評：「今日受訓成為軍人，就是受專業訓練成為職業的犯罪者。今日的父親母親們應該知道，當他們送孩子到軍方時，他們做了什麼事。他們是在讓孩子們被訓練為犯罪者。」

這是一個非常強烈的說法，當然引起聯邦政府的反擊。當時的國防部部長施特勞斯（Franz Josef Strauß）便控告尼莫勒涉嫌誹謗國軍。老實說，當時尼莫勒的發言內容，並非直接針對軍人，而是想提出一個問題：做為基督徒與軍人身分之間是否難以調和？他認為基督徒必須對軍人的服從命令、上戰場殺敵等本質提出懷疑，尤其在面對核武時，基督徒不應信賴這種毀滅人類的武器——他演講那天所參加的活動，主題就叫作「基督徒反核武危機」（Christen gegen Atomgefahren）。

那個演講以這樣的問題開始：「我們可知，在這情境下，我們在做什麼？」這個問題是引申自《路加福音》中一句耶穌名言：「父啊，赦免他們！因為他們不知道自己在做什麼。」尼莫勒重申這個經典基督教問題：我們知道我們正在做什麼嗎？他所謂的「這情境」，就是西德國會剛剛通過再軍事化、並支持核武的決議，而軍隊成立後，基督徒面對兵役，勢必要自問身為一個軍人是否符合上帝旨意。基督徒被要求，必須保家衛國，可是以核武做為手段的戰爭，真的是保衛祖國的正當手段嗎？

尼莫勒回到一個經典神學論題，也是馬丁・路德援引奧古斯丁試圖闡明的論題：正義之戰與不正義之戰的區分（vom gerechten und ungerechten Krieg）。可是，這種區分對於今日的軍方有何意義？「每個長官都會說，我們所發動的，是一場正義之戰，而在這情形下，誰還會去確認我們今日從事的其實是不義之戰？」今天的戰爭，與路德身處的十六世紀戰爭已經截然不同，他所論斷的正義之戰，還能適用在今日嗎？

尼莫勒訴諸路德，是很好的策略。路德雖然強調存在著正義之戰，但是，在他及其他偉大神學家所談論的正義之戰理論，與其說從神學上維護戰爭的正當性，不如說是在限制戰爭。神學家們為正義之戰設下嚴格條件，例如必須由正當的主權者發動、必須窮盡一切其他非暴力手段以獲和平均不可能、必須存心良善、目的是為建立和平與秩序、必須合乎比例原則、當有疑慮時則不得發動戰爭——即「疑慮時支持和平」（in dubio pro pace）原則等等。而尼莫勒則更推進了一步，否認正義之戰理論。這一推進，讓基督徒拒絕從戰的理由更加明確。

尼莫勒認為，正義與不義之戰的區分僅存於神學理論，實際上路德之後幾百年來所有政府皆稱其投入的是正義之戰，更何況，「今日教會已經給予建議：不要傷腦筋了！如果你的祖國、人民、以及上級發動了戰爭，而你無法確定戰爭之緣由，那麼最安全的方式是，遵循上級的召喚及命令！」在這個氛圍下，基督徒遵循著國家命令，加入軍隊，不再問戰爭之意義。

我們知道我們在做什麼嗎？

尼莫勒丟出了這個令基督徒不安的問題：「我們知道我們在做什麼嗎？」當基督早已點出了，

我們不知道我們在做什麼，我們經過這麼多年，還要盲目地活著嗎？當我們從軍時，我們真的問過這與神的旨意符合嗎？我們賦予國家權力，去強迫其國民殺害他人嗎？

就是在回答這些問題時，尼莫勒做出了宣稱，軍隊，是培育罪犯之處。經歷過第一次世界大戰的他，親身見證了那場戰爭如何演變成一場無所不用其極的戰爭，他親眼見到所有國家都打著正義之戰的旗號、卻又如何以不正義的手段無差別地殘害無辜者，他說，從一戰之後，手段已經成為全面性的，「也就是說，每一種手段都是正當的。」接著他斷言，父母讓孩子受訓成為軍人，就是受專業訓練成為職業的犯罪者。為什麼？「戰爭自身已經變成為達目的不擇手段的全面性戰爭。人們不願知道誰是弱者，而是想殺害、滅絕那些被證明是弱者的人……」

尼莫勒接著說，他知道會受到反駁。有人會說，我們根本不希望戰爭，可是戰爭就是來了，「共犯是罪，可是在這種情況下，不共犯，豈非更嚴重的罪？」這是傳統的正義之戰思維：以戰止戰，只有勝利，才能帶來和平。拉丁諺語所言「備戰才能和平」（Si vis pacem para bellum）深入人心；而《尼布龍根之歌》（*Nibelungenlied*）裡的屠龍者齊格菲，必須殺死巨龍才獲取和平，他的名字Siegfried正是勝利（Sieg）與和平（Frieden）的結合。這些都點出了在德國文化裡對於戰爭的期待。可是，尼莫勒強調，那個時候德國要成立的軍隊不只是維持和平的部隊而已，還是與北約各國一同建立核武威嚇陣線的軍隊。他說，從廣島、長崎的原爆已經可以看到，那並非一場戰爭，那是對無辜者的大規模屠殺。

他以這段話結束這個演講：「我向上帝禱告，他們不知道他們在做什麼。因為如果他們其實知道自己的所作所為，那麼他們便必須取消『基督徒』一字。我們知道我們在做什麼嗎？我們能冠上『基督徒』之名嗎？這就是在這個必須捫心自問的時刻裡，伴隨著我們的問題。」

如何無愧於基督徒之名

今日回頭看尼莫勒，我們當然可以質疑，這樣極端的和平主義，是否太過天真？可是，我們也必須理解，尼莫勒堅守其和平立場有他自己的生命緣由。他的宗教信念中存在著「汝不可殺人」的核心教義，任何扮演上帝、奪取他人性命的世俗主權者都與他的信仰相違背；更何況，他親自見識過這樣的主權者能為世人帶來何等浩劫。他上過戰場，見過地獄，知道祖國與家園這樣的詞彙所能產生的動員力量；他也軟弱過、服從過，因而也深刻地反省，因此，他所寫下的「當他們抓了共產黨人」，才有如此打動人心的警醒力量。

他自承，人們時常批評他為「無個性之人」（ein ganz charakterloser Mensch），稱他早年從軍、信奉國家主義，卻又轉變為和平主義者，甚至是社會主義者。他說，並非因為缺乏個性使得他改變了信念，而是他所走過的生命道路，讓他有所學習，「對此我毫不羞愧」。

他的生命道路可以從這一段自省道盡：「我有罪，因為在一九三三年時，我投給了希特勒；

因為在那個活躍的共產黨人未經審判及法庭程序就被逮捕監禁的時候，我沉默了；我在集中營裡也是有罪的，因為所有人被送進焚化爐時，我畏縮在角落，對此暴行未發一語，一次都未曾呼喊。」

於是他有所改變，改變的是他的政治立場，是他不再沉默；但他也有所不變，不變的是他深入到基督教裡發掘出的那種對世人之愛的堅持。戰後，世界教會大會於一九四八年在阿姆斯特丹做成決議：「戰爭違背了上帝之旨意」，那一年德國福音教會也在路德家鄉艾森那赫（Eisenach）做成決議：「暴力之中無賜福」（Auf der Gewalt kein Segen）。這些都是他的和平主義的理論根基，也是他那個演講的核心問題由來：如何才能無愧基督徒之名？

這個問題，其實也是自問，我們真的知道我們在做什麼嗎？這個問題不只基督徒應該問，每一個人都應該仔細省視。在這個科技時代，戰爭如此容易，殺人如此簡便，我們不再必須置自身性命於險地才能打一場戰爭，我們只需要在冷氣房裡按鈕，遠方誰因而喪生、誰在哭泣，我們聽不見也毋須看見。當現代人習慣了這樣的戰爭時，更必須想想尼莫勒的控訴：「人們不願意知道誰是弱者，而是想殺害、滅絕那些被證明是弱者的人……」

終章　一場在河畔的閱讀與追尋

二〇一八年，法蘭克福近郊一個小鎮弗里德貝格（Friedberg），紅綠燈的圖樣改了。現在燈號變動時，是一位搖滾歌手在唱跳的模樣。那是為了紀念搖滾樂之王，貓王艾維斯・普里斯萊（Elvis Presley）。

普里斯萊於一九五七年被徵召入伍，隔年飛抵法蘭克福，駐紮在弗里德貝格的美國陸軍基地，直到一九六〇年退伍返美。他在此服役生活的那幾年，這個小鎮居民為他瘋狂，現在，除了紅綠燈裡有他的身影在閃動外，也有一條路以他命名。

普里斯萊在法蘭克福留下的足跡，可以從一首歌曲聽到。他一退伍，立即開拍以他駐德兩年生涯為藍本的音樂片《軍中春宵》（*G.I. Blues*）。其中一首他親自演唱的歌曲配樂〈法蘭克福特快車〉（Frankfort Special），是他與軍中同袍在火車上愉快地合唱，其中副歌是這麼唱的：「去吧，特快車，鳴笛吧；法蘭克福特快車，有一條特別的道路。」

這句歌詞，唱出了這本書想說的話：法蘭克福走在一條特別的道路上，那德國其他城市不可能複製的道路。我試圖描繪清楚這條道路，看清楚這座城市這些年來是如何成為如今的樣貌，而曾是法蘭克福人、或選擇法蘭克福為家鄉的人，又如何與這座城市的命運緊密纏繞，於是便有了文學、科學、社會學、學運、歷史、轉型正義等不同面向的觀察。當然，沒有任何作者能夠窮盡對一座城市的書寫，這些面向並不是法蘭克福的全部，但都是最吸引我的風貌。

我與普里斯萊一樣，曾短暫住過法蘭克福，我不知道他是否把這個生命中的一站視為家鄉，他的那首歌裡還有一句：「從基地裡我們聽說，法蘭克福女孩們有漂亮的臉蛋。」也許法蘭克福對美國大兵來說，就只代表著有漂亮女孩的地方。然而對我來說，我早已認定法蘭克福是我選擇的家鄉。（當然，我不否認法蘭克福的女孩們漂亮。）

格林童話作者之一雅各・格林（Jacob Grimm）有句德國人喜歡引用的名言：「愛著家鄉的人，也必然想理解家鄉！而想要理解家鄉的人，就必須在家鄉的歷史中四處尋覓，以能真正看透。」我在法蘭克福的歷史中四處尋覓後，寫了這本書，因為我想理解這個家鄉。尋覓過程中，閱讀了大量與法蘭克福相關的文獻資料與傳記，感覺自己走入了一座千折百繞的迷宮，每個轉角都是一段歷史，都是一則故事，需要細心閱讀、推敲、考掘。

法國哲學家傅柯在書寫歷史時，始終主張窮盡一切的研究、試圖支配一整個時代的文獻檔案，「你應該要能夠閱讀一切東西」。[1] 多麼簡單的做法，可是又多麼不可能達成。許多對德國感興趣的人曾問我如何理解這個國家，然而，我無法宣稱自己很瞭解德國（因此，抱歉，許多人對我提出有關於德國的問題我也沒有答案），因為要理解這個巨大豐富的文化國度，必須採用傅柯對待歷史研究的態度，你必須窮盡一切的閱讀，不管什麼領域。而這也是我解讀這座城市的態度，在每一個街角、每一家書店、每一個酒吧都好奇地觀看，不管是廣告、小說、哲學、政治、新聞、訃聞、詩歌、街上的字條、競選文宣、折價券、水電帳單等，我們得試著支配一整個城市的文獻檔案，借用法蘭克福知名的已故檢察總長鮑爾的名言：「我們所見的都只是一小部分，冰山的大部分還在不可見之處。」

當然沒有人可能看得到全貌，我不可能支配一整個城市的文獻檔案，但我並不灰心，在書寫法蘭克福的過程中時有驚奇愉悅處，總可以看見值得理解的陌生處，每踏出一步都是新的世界。

是的，這對我來說是個新的世界。其實來到法蘭克福前，我對德國並不陌生，先前已多次來德讀書，並寫了一本研究德國哲學的論文。但是，等到以法蘭克福為核心去寫這本書後，我感覺到自己對於德國的理解更深也更廣了。這個城市是我的學校，書中的這些人都是我的老師，他們帶我看到一個不一樣的德國，並提供我那麼多的養分，把我教育成一個不一樣的人。

這本書醞釀多年，從移居法蘭克福時開始構想，當時沒有想到，必須經歷這些年、閱讀那麼多文獻、走過那麼多地方，才終於能記下我對於法蘭克福的思索。交出這近二十萬字的書寫後，必須決定書名，我心中的第一個選擇便是《美茵河畔思索德國》（*Denk ich an Deutschland am Main*）。熟悉德國文學的讀者必然知道，書名靈感來自德國最後一位浪漫主義詩人海涅於一八四四年寫下的名句：「當我在夜裡想起德國，便難以入眠。」（Denk ich an Deutschland in der Nacht / Dann bin ich um den Schlaf gebracht）我不是憂國憂民的愛國詩人，但這個城市與國家曾發生那麼多值得驕傲、那麼多應該憤怒之事，確實使我激動。這本書記錄的，是當我在美茵河畔想起德國時，度過的那些不眠的讀書寫作之夜。

「如果你夠幸運，在年輕時待過巴黎，那麼巴黎將永遠跟隨著你，因為巴黎是一席流動的饗宴。」海明威這麼形容影響他一生、不可能忘記的異鄉城市。在這個意義上，法蘭克福是我的巴黎，我在此讀過的書、結識的朋友、寫過的字、走過的巷弄、聽過的課、與愛人共度的時光……這美茵河畔的饗宴，這些他人沒有幸運深入、而只能匆匆略過的城市風景，都將一生跟隨着我。

或者，這樣說對法蘭克福太不公平了。不，法蘭克福不是巴黎，美茵河不是塞納河。雖然在六八學運時，這兩座城市都搭起了學生革命的舞臺，但法蘭克福終究沒有法蘭西首都那樣浪漫、華麗與宏偉。法蘭克福也許更醜陋，更市民氣息，更不優雅，可是我還是愛我所選擇的家鄉。從別處遷居至法蘭克福的作家伊娃．德姆斯基（Eva Demski），在《法蘭克福不一樣》（*Frankfurt ist anders*）中，以一句話描述這座城市：法蘭克福是「一隻醜陋的狗」（einen hässlichen Hund）。她深深愛著自家的狗，美或醜都改變不了這份情感。

她寫道：「法蘭克福不一樣，每天都不一樣。當您讀到這裡時，這座城市又再次變化了。而這也是某種讓人安心的特質。」確實，法蘭克福很不一樣，這讓人安心，尤其是試圖在此找到歸屬的異鄉人，總是能在不一樣中找到自己的角落。可是它的不一樣之處，常常被忽略。我的鄉親們是資本家，但也搞革命；穿西裝為跨國金融體系服務卻又上街丟石塊；愛阿多諾卻又恨阿多諾；既愛馬克思也愛歌德。這個始終在變化中的城市裡，誰才算是真正的法蘭克福人呢？也許沒有人是，也許每個人都是，每個在這裡居住工作閱讀寫作交友戀愛笑鬧歌哭的人，也包括拿起這本書、一起進入這座城市精神的每一個人。

注釋

1 Michel Foucault, "The Order of Things," in Sylvere Lotringer ed., *Foucault Live. Collected Interviews, 1961–1984.* LA: Semiotext(e), 1989, p. 14.

Voice
春山之聲　001

美茵河畔思索德國
從法蘭克福看見德意志的文明與哀愁
Denk ich an Deutschland am Main

作　　者　蔡慶樺
總 編 輯　莊瑞琳
責任編輯　夏君佩
行銷企畫　甘彩蓉
封面設計　王小美
內文排版　黃暐鵬
出　　版　春山出版有限公司
地址：11670臺北市文山區羅斯福路六段297號10樓
電話：(02)2931-8171　傳真：(02)8663-8233
總 經 銷　時報文化出版企業股份有限公司
電話：(02)23066842
地址：桃園市龜山區萬壽路二段351號
製　　版　瑞豐電腦製版印刷股份有限公司
初版一刷　2019年1月28日

定　　價　460元

春山 出版
Email　SpringHillPublishing@gmail.com
Facebook　www.facebook.com/springhillpublishing/

填寫本書線上回函

國家圖書館預行編目資料

美茵河畔思索德國：從法蘭克福看見
德意志的文明與哀愁／蔡慶樺作
－初版. －臺北市：春山出版，2019.01
面；　公分.－(春山之聲001)
ISBN　978-986-97359-0-2(平裝)
1. 文化 2. 德國法蘭克福
743.753　　　107022914

Denk ich
an Deutschland
am Main

All Voices from the Island

島嶼湧現的聲音